財産評価の体系

相続税法第22条

相続、遺贈又は贈与により取得した**財産の価額**は、当該財産の取得の時における**時価**による。

相続税法に定める財産評価（時価評価の例外）

- 第23条（地上権及び永小作権の評価）
- 第23条の2（配偶者居住権等の評価）
- 第24条、第25条（定期金に関する権利の評価）
- 第26条（立木の評価）
- 第26条の2（土地評価審議会）

財産評価基本通達1(2)

- 財産の価額は、時価による。
- **時価とは、課税時期において、それぞれの財産の現況に応じ、不特定多数の当事者間で自由な取引が行われる場合に通常成立すると認められる価額**をいう。
- その価額は、この通達の定めによって評価した価額による。

財産評価基本通達6

財産評価基本通達による画一的な財産評価が、**実質的な租税負担の公平に反する事情がある場合**

➡国税庁長官の指示を受けて財産評価

財産評価基本通達に定める財産評価

《通達に評価の定めがある財産》

- 土地（評基通7〜87-7）
- 家屋、構築物等（評基通88〜97-2）
- 果樹及び立竹木（評基通98〜127）
- 動産（評基通128〜136）
- 無体財産権（評基通140〜166）
- その他の財産（有価証券・預貯金等；評基通168〜215）

《通達に評価の定めがない財産》

- 評基通5　この通達に評価方法の定めのない財産の価額は、この通達に定める評価方法に準じて評価する。

財産評価基本通達を準用

パッとわかる！

令和6年度版

相続税・贈与税コンパクトブック

改正事項をつかみやすく、相談業務に活用できる！

税理士法人チェスター
CST法律事務所

［著］

第一法規

はしがき

　全国では８人に１人、東京都では４人に１人の割合で、相続が発生すると相続税の申告書が提出されています（国税庁・東京国税局報道発表資料「令和４年分相続税の申告事績の概要」）。また、近年の税制改正に伴う暦年贈与の相続財産への加算期間延長、相続時精算課税贈与の基礎控除新設、マンション通達の発布などにより、生前対策に高い関心が寄せられています。

　まさに、相続税・贈与税は、国民一人一人に身近で、かつ、難しそうだけれど興味のある税といえるでしょう。ただ、税理士でも毎日のように接する税ではないこと、また、財産評価は複雑で通達に沿って評価しても税務署から否認されることもあるわかりにくい税ともいえます。

　本書の目的は、税理士・会計事務所職員のみならず、金融機関、保険会社、住宅メーカー、不動産会社のほか、相続対策を検討されている方など、相続税・生前対策に携わる多くの方々の参考書籍として活用してもらうことです。

　本書では、最低限の事項・適用要件をわかりやすく把握でき、さらに、深掘りできるよう工夫しています。そのため、根拠条文や索引を充実させるほか、２色刷りとし、図表・フローチャートを使って解説しています。なお、二次元コードから根拠条文や相続の実務に役立つ関係ホームページのリンク集を確認できるようにしています。

　また、相続税専門の税理士事務所関係者が執筆者である特色を活かし、頻出事例、誤りやすい事項、注目判決などのトピックを随所に入れています。きっと、実務の参考となり、魅力的な読み物にもなっているでしょう。

　本書が、相続税や生前対策に関する実務書として、広く利用されるとともに、皆さまの実務や生前対策などに役立つことを願っています。

　最後に、本書の企画から編集に至るまでご助言をいただきました第一法規株式会社の大谷貴明氏、森田さやか氏をはじめ、執筆にご尽力いただいたチェスターグループの執筆者各位に、心より厚くお礼申し上げます。

　令和６年４月

税理士法人チェスター

河合　厚

目次

凡 例

1　主な法令の等の略称

　本書では、本文中は原則として正式名称を用い、主に（　）内において根拠法令等を示す場合には略称を用いています。解説中に引用した主な略称は、以下のとおりです。

法令・通達名	略称
相続税法	相法
相続税法施行令	相令
相続税法施行規則	相規
相続税法基本通達	相基通
財産評価基本通達	評基通
使用貸借に係る土地についての相続税及び贈与税の取扱いについて	使用貸借通達
租税特別措置法	措法
租税特別措置法施行令	措令
租税特別措置法施行規則	措規
租税特別措置法関係通達	措通
所得税法	所法
所得税法施行令	所令
所得税法施行規則	所規
所得税基本通達	所基通
法人税法	法法
法人税法施行令	法令
登録免許税法	登法
消費税法	消法
消費税法施行令	消令
国税通則法	通法
地方税法	地法

中小企業における経営の承継の円滑化に関する法律	円滑化法
不動産登記法	不登法
所得税法等の一部を改正する法律（令和5年法律第3号）附則	令5改正法附則
所得税法等の一部を改正する法律（令和3年法律第11号）附則	令3改正法附則

（表記例）

相続税法第3条第1項第1号……………相法3①一

2　内容現在

　本書は、令和6年3月1日現在において施行・適用されている法令通達等に基づいて執筆しています。なお、令和6年度改正については、令和5年12月22日に閣議決定された「令和6年度税制改正の大綱」や令和6年2月2日に国会に提出された「所得税法等の一部を改正する法律案」等をもとに執筆しています。

3　リンク集について

　相続の実務に役立つ法令や情報をまとめたリンク集をサイトに掲載しております。下記二次元コードを読み取り、本書とあわせてご利用ください。

第一法規／お客様サポート／正誤情報・追加情報
https://www.daiichihoki.co.jp/info/info2-detail.php?id=189

第 1 節　令和 5 年度及び令和 6 年度税制改正の概要等

一　令和 5 年度税制改正の概要（相続税・贈与税関連）

POINT

◆相続時精算課税制度の見直し

・暦年課税贈与と相続時精算課税贈与の選択制は引き続き維持。

・毎年110万円までの基礎控除が新設。

・新設された基礎控除の範囲内の贈与であれば、贈与税の申告と納税は不要。

・相続税の課税価格に加算等される金額は、当該基礎控除額を控除後の金額を加算。

・相続時精算課税贈与により取得した不動産が災害により被害を受けた場合の価額の特例が新設。

◆暦年課税贈与に係る改正

・暦年課税贈与に係る生前贈与加算について、加算対象者（相続人及び受遺者）は変更なし。

・暦年課税贈与に係る生前贈与加算について、相続税の課税価格に加算される贈与の期間が相続開始前 7 年以内に延長。

・延長された加算期間 4 年間に受けた贈与については、総額100万円までは相続税の課税価格に加算不要の措置が新設。

◆その他の改正

・教育資金一括贈与を受けた場合の非課税制度について適用期限が令和 8 年 3 月31日まで延長。

・結婚・子育て資金一括贈与を受けた場合の非課税制度について適用期限が令和 7 年 3 月31日まで延長。

1 相続時精算課税制度の見直し

改正一覧	本書参照箇所
(1) 相続時精算課税に係る贈与税の基礎控除の創設（相法21の11の2、措法70の3の2） 　相続時精算課税に係る贈与税の計算において、**毎年110万円の基礎控除**（複数の特定贈与者がいる場合には、基礎控除額の調整規定あり）が新設された。当該**基礎控除は、受贈者ごとに毎年認められるもので、特別控除2,500万円を控除する前に贈与税の課税価格から控除する。** ※令和6年1月1日以降の贈与から適用。	第6節3
(2) 相続税の課税価格に加算される相続時精算課税適用財産の価額の改正（相法21の15、21の16） 　相続時精算課税贈与について、**相続税の課税価格に加算される相続時精算課税適用財産の価額は、上記(1)の基礎控除額を差し引いた後の価額を加算等する。** ※令和6年1月1日以降の贈与から適用。	第6節3(3)
(3) 相続時精算課税に係る土地又は建物の価額の特例の創設（措法70の3の3） 　**相続時精算課税贈与により取得した土地又は建物が、贈与日から特定贈与者の死亡に係る相続税の申告期限までの間に災害により相当の被害を受けた場合、**相続税の課税価格に加算等される当該不動産の価額は、**災害による被害額を控除した残額とする。**なお、当該特例の適用を受けるには、贈与税の納税地の所轄税務署長の承認を要する。 ※令和6年1月1日以降に災害により被害を受けた場合に適用。同日前の相続時精算課税贈与により取得した土地建物等についても適用可。	第6節3(3)
(4) 相続時精算課税選択届出書の提出方法の見直し（相法28①②、相令5①） 　令和6年以降に相続時精算課税制度の適用を受けようとする者について、贈与額が相続時精算課税制度の**基礎控除額以下である場合は贈与税の申告書提出は不要になった。**この場合、相続時精算課税選択届出書の提出のみで足りる。	第6節4(2)

2　暦年課税贈与に係る改正

改正一覧	本書参照箇所
(1)　加算対象期間の見直し 　相続又は遺贈により財産を取得した者が被相続人から受けた贈与について、相続税の課税価格に加算される**加算対象期間が相続開始前 3 年以内から 7 年以内に延長**された。 ※令和 6 年 1 月 1 日以降に行われる贈与に対し適用し、贈与者の相続開始日により加算対象期間は次のとおりとなる（令 5 改正法附則19②③）。	第 3 節 3 (1)⑥

贈与者の相続開始日	加算対象期間
令和 6 年 1 月 1 日から 令和 8 年12月31日まで	相続開始前 3 年以内
令和 9 年 1 月 1 日から 令和12年12月31日まで	令和 6 年 1 月 1 日から その相続開始までの間
令和13年 1 月 1 日以降	相続開始前 7 年以内

改正一覧	本書参照箇所
(2)　加算される財産の価額の見直し 　上記(1)により延長された加算期間 4 年間に被相続人から受けた贈与については、総額100万円までは相続税の課税価格に加算されない。 ※令和 6 年 1 月 1 日以降に行われる贈与に対し適用。	第 3 節 3 (1)⑥

3　その他の改正

改正一覧	本書参照箇所
(1)　教育資金一括贈与を受けた場合の贈与税の非課税の改正（措法70の 2 の 2 ） ・**適用期限が令和 8 年 3 月31日まで延長。** ・令和 5 年 4 月 1 日以降に取得する信託受益権等について、①死亡した**贈与者に係る相続税の課税価格の合計額が 5 億円を超える場合**、受贈者が23歳未満等に該当しても、その贈与者の死亡日における**管理残額を相続等により取得したものとみなされる**とともに、②**教育資金管理契約が終了した場合**（例：受贈者が30歳に達した場合等）における贈与税の課税については**特例税率ではなく一般税率**を適用する。	第 7 節 2

(2) 結婚・子育て資金一括贈与を受けた場合の贈与税の非課税の改正（措法70の2の3） ・適用期限が令和7年3月31日まで延長。 ・令和5年4月1日以降に取得する信託受益権等について、**結婚・子育て資金口座に係る契約が終了した場合**（例：受贈者が50歳に達した場合等）における贈与税の課税については**特例税率ではなく一般税率**を適用する。	第7節3
(3) 相続税についての更正・決定等の期間制限の特則の創設（相法36） 　令和5年4月1日以降に相続税の申告期限が到来する相続税申告について、共同相続人等のうち一部の者から更正決定等をすることができないこととなる日前6か月以内に相続税について更正の請求がされた場合に、税務署長は、その請求に係る更正に伴いその請求をした者以外の共同相続人等に係る相続税の課税価格又は相続税額に異動を生ずるときは、その請求があった日から6か月を経過する日まで、次の①又は②の更正、決定等をすることができる。 ①　更正の請求をした者以外の共同相続人等に係る上記の課税価格又は税額に異動を生ずる相続税に係る更正又は決定 ②　①の更正若しくは決定又は①の相続税に係る期限後申告書若しくは修正申告書の提出に伴い相続税に係る加算税についてする賦課決定	―
(4) 医業継続に係る贈与税・相続税の納税猶予制度等の改正 ・本特例の対象となる認定医療法人の認定期限が令和8年12月31日まで延長（措法70の7の9〜70の7の14）。 ・認定移行計画による持分なし医療法人への移行期限が、認定移行計画の認定の日から5年（改正前：3年）とされた（良質な医療を提供する体制の確立を図るための医療法等の一部を改正する法律附則10の3④三）。	―
(5) 特定計画山林についての相続税の課税価格の計算の特例等の改正 　相続時精算課税制度の見直しに伴い、次の措置に係る相続税の課税価格又は納税猶予税額の計算について所要の規定が整備された。 ・特定計画山林についての相続税の課税価格の計算の特例（措法69の5） ・山林についての相続税の納税猶予及び免除（措法70の6の6） ・特定の美術品についての相続税の納税猶予及び免除（措法70の6の7） ・個人の事業用資産についての納税猶予及び免除（措法70の6の8	―

～70の6の10） ・非上場株式等についての納税猶予及び免除（及びその特例）（措法70の7～70の7の8）	

二　令和6年から適用されるその他の改正

◆区分所有マンションの評価の創設

・相続等又は贈与により取得する区分所有マンション（2階建て
　までのマンション、一定の二世帯住宅等を除く。）について、
　評価水準が1を超える場合又は0.6未満の場合における相続税
　評価額は、自用地・自用家屋としての評価額に区分所有補正率
　を乗じて算定。

　※上記改正は、令和6年1月1日以降開始の相続・贈与により
　　取得した区分所有マンションの評価に適用。

◆空き家譲渡3,000万円特別控除の特例の改正

・従来は譲渡時までに行う必要のあった被相続人居住用家屋の耐
　震改修又は取壊し等について、譲渡年の翌年2月15日までに耐
　震改修又は取壊しを行えばよいことに要件緩和。

・被相続人居住用家屋及びその敷地等を相続等により取得した相
　続人の数が3人以上の場合は、その控除額が1人当たり3,000
　万円から2,000万円に縮減。

◆不動産登記制度の見直し

・令和6年4月1日以降、不動産の相続登記が義務化。

・この義務化は、令和6年3月31日以前発生の相続にも適用。こ
　の場合、令和9年3月31日までに登記が必要。

・相続登記の義務化に伴い、その申請義務を簡易に履行できるよ
　う相続人申告登記という新たな登記制度が新設。

1　区分所有マンションの評価の創設

改正一覧	本書参照箇所
一定の**区分所有マンション**につき、その**評価額**について、**区分所有補正率を乗じて算出する**（市場流通価格の6割程度まで上昇、全国の約75％の区分所有マンションが影響）。	第9節二11

① 対象不動産

　　次のア及びイの要件を満たすマンションが対象となる。

　ア　区分所有者が有するマンション

　イ　評価水準が 1 を超えるか、0.6 未満であるマンション

② 適用対象外となる不動産

　　次のマンションは、対象外となる。

　ア　2 階建て（地階を除く。）までのマンション

　イ　二世帯住宅（区分所有建物内の専有部分数が 3 室以下のもの
　　であり、その全てを区分所有者又はその親族の居住の用に供す
　　るものに限る。）

　ウ　オフィスビル

　エ　区分所有者が存しないマンション

　オ　評価水準が 0.6 以上 1 以下であるマンション

　カ　棚卸商品等に該当するもの

③ 評価乖離率について

　評価乖離率＝ A ＋ B ＋ C ＋ D ＋ 3.220

　A ＝築年数×△ 0.033

　B ＝総階数指数× 0.239（小数点以下第 4 位を切り捨て）

　C ＝マンションの専有部分の所在階数× 0.018（区分所有部分が
　　　地階の場合、所在階数＝ 0 とする）

　D ＝敷地持分狭小度×△ 1.195（小数点以下第 4 位を切り上げ）

④ 評価水準の算定及び相続税評価額の算定

　ア　評価水準の算定

　　　$評価水準 = \dfrac{1}{評価乖離率}$

　イ　評価水準が 1 を超える場合

　　　土地の評価額＝自用地評価額×区分所有補正率（評価乖離率）

　　　家屋の評価額＝自用家屋の評価額×区分所有補正率（評価乖離率）

　ウ　評価水準が 0.6 以上 1 以下の場合

　　　自用地・自用家屋としての評価額をそのまま採用

　エ　評価水準が 0.6 未満の場合

　　　土地の評価額＝自用地評価額×区分所有補正率（評価乖離率× 0.6）

　　　家屋の評価額＝自用家屋の評価額×区分所有補正率（評価乖離
　　　　　　率× 0.6）

※令和 6 年 1 月 1 日以降開始の相続、遺贈又は贈与により取得した
　区分所有マンションの評価に適用。

2 空き家譲渡の3,000万円特別控除の特例の改正

改正一覧	本書参照箇所
・適用期限を令和 9 年12月31日まで延長（措法35③）。 ・譲渡する資産の耐震基準適合又は取壊しの時期についての要件緩和（措法35③）。	—

改正前	改正後
譲渡時までに適合又は取壊し	譲渡年の翌年 2 月15日までに適合又は取壊し

※令和 6 年 1 月 1 日以降に行う対象譲渡から適用。
・相続又は遺贈による被相続人居住用家屋及びその敷地等の取得をした相続人の数が 3 人以上である場合における特別控除額の縮減（措法35④）。

改正前	改正後
各人ごとに3,000万円を控除	各人ごとに2,000万円を控除

※令和 6 年 1 月 1 日以降に行う対象譲渡から適用。

3 不動産登記制度の見直し

改正一覧	本書参照箇所
(1) 相続登記の申請の義務化（不登法76の 2 ） ・令和 6 年 4 月 1 日以降、不動産を取得した相続人に対し、その取得を知った日から 3 年以内※に相続登記の申請を義務付け。 ※令和 6 年 3 月31日以前に相続発生の場合も、相続登記の申請が義務付けられ、この場合、令和 9 年 3 月31日までに登記が必要。 ・正当な理由なくその申請を怠った場合には、10万円以下の過料(不登法164)。	第12節 2
(2) 相続人申告登記の新設（不登法76の 3 ） 　相続人が、登記名義人について相続が開始した旨と自らがその相続人である旨を申請義務の履行期間内（ 3 年以内）に登記官に申し出ることにより(1)の申請義務を履行したものとみなされる。 ※令和 6 年 4 月 1 日より適用。	第12節 3

三　令和6年度税制改正の概要

POINT

◆令和6年度税制改正では、資産税関連の大きな改正はなし。

◆住宅取得等資金贈与の非課税については、適用期限を令和8年12月31日まで3年延長。また、非課税額が上乗せされる省エネ住宅については要件が厳格化。

◆非上場株式等に係る相続税・贈与税の納税猶予制度については、特例承継計画の提出期限を令和8年3月31日まで2年延長。令和6年度税制改正大綱（与党大綱）において、法人版事業承継税制の特例措置について、令和9年12月末までの適用期限の延長を行わない旨記載された。

改正一覧	本書参照箇所
(1) **住宅取得等資金贈与の非課税制度の改正**（措法70の2） ① 適用期限を令和8年12月31日まで3年延長。 ② 非課税額が上乗せされる住宅のうち、省エネ住宅については断熱等性能等級5以上かつ一次エネルギー消費量等級6以上と要件が厳格化。 ③ 省エネ住宅の要件が厳しくなったことにつき、令和6年1月1日以降の住宅取得等資金贈与であったとしても、断熱等性能等級4以上又は一次エネルギー消費量等級4以上の注文住宅・新築建売住宅が次のいずれかに該当する場合には省エネ住宅とみなされる（すなわち1,000万円まで非課税となる）。 イ　令和5年12月31日以前に建築確認を受けているもの ロ　令和6年6月30日以前に建築されたもの	第7節1
(2) **住宅取得等資金贈与を受けた場合の相続時精算課税制度の特例の改正**（措法70の3） ・適用期限を令和8年12月31日まで3年延長。	第7節1
(3) **非上場株式等に係る相続税・贈与税の納税猶予制度の改正** ・特例承継計画の提出期限を令和8年3月31日まで2年延長。 ※なお、令和6年度税制改正大綱（与党大綱）において、法人版事業承継税制の特例措置について、「令和9年12月末までの適用期限については今後とも延長を行わない」と記載された。	第10節

(4) 贈与税の非課税財産の改正（相法21の3） ・特定公益信託から交付される金銭のうち、贈与税が非課税となるものは①学術に関する顕著な貢献を表彰、②顕著な価値のある学術に関する研究を奨励、③学資の支給に限られていたが、その信託の目的にかかわらず贈与税が非課税になる。 ※公益信託に関する法律の施行の日以降の贈与から適用。	第5節3
(5) 居住用財産の買換特例・交換特例の改正（措法36の2、36の5） ・適用期限を令和7年12月31日まで2年延長。 ・制度内容に改正なし。	―
(6) 居住用財産の買替え等の場合の譲渡損失の繰越控除等の改正（措法41の5） ・適用期限を令和7年12月31日まで2年延長。 ・制度の大枠に改正なし。	―
(7) 特定居住用財産の譲渡損失の繰越控除等の改正（措法41の5の2） ・適用期限を令和7年12月31日まで2年延長。 ・制度内容に改正なし。	―
(8) 税務代理権限証書の様式の整備（税理士法30） ・所属税理士会等の欄の記載事項を簡素化。 ※令和8年9月1日以降に提出する税務代理権限証書から適用。	―

（参考）

検討事項	本書掲載箇所
延納・物納制度の見直し ・令和6年度税制改正大綱（与党大綱）の検討事項において、「延納制度も含め、物納許可限度額の計算方法について早急に検討し結論を得る」とされている。	第2節3

第2節　相続税の概要

相続税

◆納付すべき相続税額が算出された者は相続税の申告をしなければならない。

◆配偶者の相続税額軽減や小規模宅地等の特例等の申告要件のある規定の適用を受ける場合も、相続の開始があったことを知った日の翌日から10か月以内に相続税の申告書を提出しなければならない。

◆未分割財産の分割が行われ、各人の課税価格が変動した場合には、国税通則法に定める期限後申告、修正申告、更正の請求のほかに、相続税法等の特則の期限後申告、修正申告、更正の請求により当初申告を是正する。

◆相続税の納税について、金銭で一時納付することを困難とする場合には、一定の要件をもとに、金銭一時納付に代えて、延納や物納が認められている。

1　総則

(1) 相続税とは

　相続税は、死亡した人（被相続人）の財産を相続又は遺贈（死因贈与。以下同じ。）により財産を取得した配偶者や子など（相続人等）に対して、その取得した財産の価額をもとに課される税金である。

(2) 相続税の持つ機能

① 富の再分配機能

　相続により相続人等が得た偶然の富の増加に対し、その一部を税として徴収することで、相続した者としなかった者との間の財産保有状況の均衡を図る。

② 所得税の補完機能

　被相続人の生前における所得について相続時に清算的に課税する。

2 相続税の申告

(1) 相続税の期限内申告

① 相続税申告書の提出義務者

相続税申告書の提出義務者は次のいずれかに該当する者である。

ア　納付すべき相続税額が算出された者（相法27①）

イ　納付すべき相続税額はないが、申告要件のある規定[1]の適用を受ける者（相法19の2等）

② 相続税申告書の提出期限（相法27①）

ア　通常の場合

相続の開始があったことを知った日[2]の翌日から10か月以内

イ　相続税申告書の提出義務者が相続税申告書の提出までに日本に住所を有しないこととなる場合

納税管理人[3]の届出をしないで日本に住所及び居所を有しないこととなるときは、その住所及び居所を有しないこととなる日まで

③ 相続税申告書の提出先

ア　通常の提出先

被相続人の住所地を所轄する税務署長（相法27①、附則③）

イ　被相続人の死亡時の住所が国外の場合の提出先

相続又は遺贈により財産を取得した者の納税地の所轄税務署長（相法27①、62①②）

④ 相続税申告書の提出義務者が相続税申告書を提出せずに死亡した場合

ア　相続税申告書の提出義務者

相続税申告書の提出義務者の相続人（包括受遺者を含む。）が、死亡した者が提出すべきであった相続税申告書を提出する（相法27②）。

イ　相続税申告書の提出期限（相法27②）

1　配偶者に対する相続税額の軽減（相法19の2①）、小規模宅地等の特例（措法69の4①）、特定計画山林の特例（措法69の5①）、特定土地等及び特定株式等に係る相続税の課税価格の計算の特例（措法69の6①）、国等に対して相続財産を贈与した場合等の相続税の非課税等（措法70①③⑩）

2　遺贈によって財産を取得した者の場合は自己のために当該遺贈のあったことを知った日をいう（相基通27-4）。

3　納税管理人とは、納税者が日本に住所及び居所を有しない場合において、納税申告書の提出その他国税に関する事項を処理する必要がある場合に、その事項を処理させるために定める日本に住所又は居所を有する者をいう（通法117）。

(ア)　通常の場合

　　死亡した者の相続の開始があったことを知った日の翌日から10か月以内

(イ)　**相続税申告書の提出義務者の相続人が相続税申告書の提出までに日本に住所を有しないこととなる場合**

　　納税管理人の届出をしないで日本に住所及び居所を有しないこととなるときは、その住所及び居所を有しないこととなる日まで

ウ　**相続税申告書の提出先（相法27②、62③）**

　　死亡した者の納税地の所轄税務署長（提出義務者が提出すべきであった場所を、その提出義務者の相続人がそのまま引き継ぐ。）

(2)　相続税の期限後申告、修正申告、更正の請求

①　原則（一般的な期限後申告、修正申告、更正の請求）

　申告期限までに適正に申告手続を行っていない場合には、期限後申告書を提出する（通法18）。

　すでに相続税申告書を提出し、申告税額が誤っていた場合（不足していた場合）には、修正申告書を提出する（通法19）。

　また、申告税額が多すぎた場合には、更正の請求を行う。

　なお、**更正の請求は、法定申告期限から 5 年以内に限り行うことができる**（通法23）。

②　特則（相続税の期限後申告、修正申告、更正の請求）

　次に掲げる**やむを得ない一定の事由が発生した場合**には、所定期日までに相続税の期限後申告、修正申告、更正の請求を行う。

ア　一定の事由（相法32①一〜九、相令 8 ）

(ア)　共同相続人によって未分割財産の分割が行われ、課税価格が変動したこと。

(イ)　民法の規定により相続人に異動を生じたこと。

(ウ)　遺留分侵害額の請求に基づき支払うべき金銭の額が確定したこと。

(エ)　遺贈に係る遺言書が発見され、又は遺贈の放棄があったこと。

(オ)　物納の条件付き許可が取り消される事情が生じたこと。

(カ)　上記(ア)〜(オ)に準ずる事由が生じたこと。

(キ)　相続財産法人に係る財産分与又は特別寄与料の額の確定の事由が生じたこと。

(ク)　遺産の分割が行われたことにより、配偶者について配偶者の税額軽減額

が変動したこと。

　　(ケ)　被相続人に係る所得税法に規定する国外転出時課税等の特例に係る納税
　　　　猶予分の所得税を納付することとなったこと。

　イ　相続税の期限後申告（相法30①）

　　　相続税の期限内申告書の提出期限後において、上記アの「一定の事由(ア)〜
　　(カ)」が生じたため、**新たに相続税申告書の提出要件に該当することとなった
　　場合**は、相続税の期限後申告書を**提出することができる**。

　ウ　修正申告

　　(ア)　任意的修正申告（相法31①）

　　　　相続税の期限内申告書又は期限後申告書を提出した者は、上記アの「一
　　　定の事由(ア)〜(カ)」が生じたため、**既に確定した相続税額に不足を生じた場
　　　合**には、相続税の修正申告書を**提出することができる**。

　　(イ)　義務的修正申告（相法4①②、31②）

　　　　相続税の期限内申告書又は期限後申告書を提出した者は、上記アの「一
　　　定の事由(キ)」が生じたため、**既に確定した相続税額に不足を生じた場合**に
　　　は、その事由が生じたことを知った日の翌日から**10か月以内**に相続税の修
　　　正申告書を**提出しなければならない**。

　エ　更正の請求（相法32①）

　　　相続税申告書を提出した者又は決定を受けた者は、上記アの「一定の事由」
　　のいずれかの事由により**課税価格及び相続税額が過大**となったときは、当該
　　事由が生じたことを知った日の翌日から**4か月以内**に限り、納税地の所轄税
　　務署長に対し、相続税の更正の請求をすることができる。

3　相続税の納付と延納及び物納

（1）　相続税の納付の原則

①　相続税の納付方法

　　相続税は原則として**金銭一時納付**を行う。

　　なお、金銭一時納付が困難な場合には、延納、物納が認められる。

　　また、インターネット等を利用した電子納税による納付も可能である。

②　相続税の納付時期

　ア　相続税の期限内申告の場合

　　　相続税の**申告書の提出期限**（相法33）

イ　相続税の期限後申告又は修正申告書の場合

　　相続税の申告書を提出した日（通法35②一）

ウ　相続税の更正又は決定の通知を受けた場合

　　通知書が発せられた日の翌日から起算して 1 か月を経過する日（通法35②二）

③　**連帯納付義務**

ア　制度の概要

　　各相続人等は相続又は遺贈により受けた利益の額を限度として互いに連帯して相続税を納付しなければならない（相法34①）。

イ　連帯納付義務を負わない場合

　㋐　相続税の申告期限から 5 年を経過した場合（相法34①一）

　㋑　相続税について延納の許可を受けた場合（相法34①二）

　㋒　相続税について納税猶予の適用を受けた場合（相法34①三）

（2）延納

①　**制度の概要**

　　例えば、取得した財産のほとんど全てが不動産の場合等、金銭で一時に納付することを困難とする場合は、一定の要件をもとに年賦延納が認められている。

②　**適用要件（相法38①、④）**

　　以下の全てを満たす必要がある。

ア　納付すべき相続税額が10万円を超えていること。

イ　金銭納付を困難とする事由があること。

ウ　必要な担保を提供すること[4]。

エ　相続税の納期限又は納付すべき日までに延納申請書及び担保提供関係書類を提出すること。

③　**手続要件**

ア　**納税義務者の手続（相法39①）**

　　延納の許可の申請をしようとする者は、次の期限までに、延納申請書及び担保提供関係書類を納税地の所轄税務署長に提出しなければならない。

　㋐　**相続税の期限内申告の場合**

　　　相続税の申告書の提出期限

　㋑　**相続税の期限後申告又は修正申告書の場合**

4　延納税額が100万円以下で、かつ、延納期間が 3 年以下の場合は不要（相法38④）。

相続税の申告書を提出した日

(ウ) **相続税の更正又は決定の通知を受けた場合**

通知書が発せられた日の翌日から起算して1か月を経過する日

イ　**税務署長の手続**（相法39②）

延納申請書の提出があった場合には、延納の要件に該当しているか否かを調査し、その調査に基づいて、当該申請書の提出期限の翌日から起算して3か月以内に延納申請された税額の全部又は一部について、許可又は却下を行う。

④　**延納期間と利子税**

延納できる期間と延納に係る利子税の割合は、相続財産に占める不動産等の割合に応じて、次のとおりとなっている。

区分		延納期間（最高）	延納利子税割合（年割合）	特例割合（R5.1.1現在）
不動産等の割合が75%以上の場合	①動産等に係る延納相続税額	10年	5.4%	0.6%
	②不動産等に係る延納相続税額（③を除く。）	20年	3.6%	0.4%
	③森林計画立木の割合が20%以上の森林計画立木に係る延納相続税額	20年	1.2%	0.1%
不動産等の割合が50%以上75%未満の場合	④動産等に係る延納相続税額	10年	5.4%	0.6%
	⑤不動産等に係る延納相続税額（⑥を除く。）	15年	3.6%	0.4%
	⑥森林計画立木の割合が20%以上の森林計画立木に係る延納相続税額	20年	1.2%	0.1%
不動産等の割合が50%未満の場合	⑦一般の延納相続税額（⑧、⑨及び⑩を除く。）	5年	6.0%	0.7%
	⑧立木の割合が30%を超える場合の立木に係る延納相続税額（⑩を除く。）	5年	4.8%	0.5%
	⑨特別緑地保全地区等内の土地に係る延納相続税額	5年	4.2%	0.5%

⑩森林計画立木の割合が20％以上の森林計画立木に係る延納相続税額	5 年	1.2％	0.1％

なお、各年の延納特例基準割合[5]が7.3％に満たない場合の利子税の割合は、次の算式により計算される割合（特例割合）が適用される。

特例割合＝延納利子税割合（年割合）×延納特例基準割合÷7.3％

※0.1％未満の端数は切り捨て、その割合が0.1％未満の割合である場合は年0.1％

> **トピック**
>
> **上場株式を延納の担保にする場合の証券会社等の口座**
>
> 　上場株式を担保にする場合は、以下の税務署が指定する証券会社に担保提供者の口座を開設する必要がある。
>
> ・ＳＭＢＣ日興証券
>
> ・大和証券
>
> ・野村證券
>
> ・みずほ証券
>
> ・三菱ＵＦＪモルガンスタンレー証券
>
> 　なお、上記5社以外の証券会社の口座に延納の担保予定の上場株式を有する場合には、この5社のいずれかに口座を開設し、担保予定の上場株式を移行することが求められる（2022年12月現在）。

（3）物納

① 制度の概要

　延納によっても金銭で納付することを困難とする事由がある場合には、その納付を困難とする金額を限度として一定の相続財産による物納が認められている[6]。

② 適用要件（相法41）

　以下の全てを満たす必要がある。

　ア　延納によっても金銭で納付することを困難とする事由があること。

5　各分納期間の開始の日の属する年の前々年の9月から前年の8月までの各月における銀行の新規の短期貸出約定平均金利の合計を12で除して得た割合として各年の前年の11月30日までに財務大臣が告示する割合に、年0.5％の割合を加算した割合をいう。

6　令和6年度税制改正大綱（与党大綱）の検討事項において、「延納制度も含め、物納許可限度額の計算方法について早急に検討し結論を得る」とされている。

イ　申請により税務署長の許可を受けること。

ウ　金銭で納付することを困難とする金額の限度内であること。

エ　物納できる財産であること。

オ　相続税の納期限又は納付すべき日までに物納申請書及び物納手続関係書類を提出すること。

③　物納できる財産とその順位

ア　物納できる財産（相法41②、相令18）

㋐　日本国内にある財産であること。

㋑　課税価格計算の基礎となった財産であること[7]。

㋒　相続時精算課税適用財産及び管理処分不適格財産[8]に該当しないこと。

イ　物納する財産の順位

物納劣後財産[9]を含めた物納に充てることのできる財産の順位は次のとおりである[10]。

㋐　第１順位

・不動産、船舶、国債、地方債、上場株式等

・不動産及び上場株式のうち物納劣後財産に該当するもの

㋑　第２順位

・非上場株式等

・非上場株式のうち物納劣後財産に該当するもの

㋒　第３順位

・動産

4　納税猶予

相続税の納税猶予に関する制度としては、以下のものがある。

①　農地等についての相続税の納税猶予及び免除等（措法70の６）

②　山林についての相続税の納税猶予及び免除（措法70の６の６）

③　特定の美術品についての相続税の納税猶予及び免除（措法70の６の７）

④　個人の事業用資産についての相続税の納税猶予及び免除（措法70の６の10）

⑤　非上場株式等についての相続税の納税猶予及び免除（措法70の７の２）

7　生前贈与加算の対象となった財産を含む（相基通41-５）。

8　担保権の設定の登記がされている不動産、譲渡制限株式等をいう。

9　物納に充てることのできる順位が後れるものとして取り扱う財産のことをいう（相令19）。

10　物納に充てようとする財産が特定登録美術品であるときは、納税義務者の申請により当該順位によることなく物納が認められる（措法70の12①）。

相続税

⑥　非上場株式等についての相続税の納税猶予及び免除の特例(措法70の 7 の 6)

⑦　医療法人の持分についての相続税の納税猶予及び免除（措法70の 7 の12）

　なお、⑤の非上場株式等についての納税猶予及び免除（措法70の 7 の 2 ）並びに⑥の非上場株式等についての納税猶予及び免除の特例（措法70の 7 の 6 ）については、第10節の「事業承継税制」を参照。

5　延滞税・加算税

(1)　延滞税（通法60）

①　概　要

　相続税が納期限までに納付されない等、以下のような場合には、法定納期限の翌日から完納する日までの日数に応じて、利息に相当する延滞税が課される。

　ア　申告などで確定した税額を法定納期限までに完納しないとき。

　イ　期限後申告書又は修正申告書を提出した場合で、納付しなければならない税額があるとき。

　ウ　更正又は決定の処分を受けた場合で、納付しなければならない税額があるとき。

　なお、延滞税は本税だけを対象として課されるものであり、加算税などに対しては課されない。

②　延滞税の割合（通法60②、措法94①）

令和 3 年 1 月 1 日以後の延滞税の割合

期間	原則	特例
納期限[11]の翌日から 2 か月を経過する日まで	年7.3%	年「7.3%」と「延滞税特例基準割合[12] ＋ 1 %」のいずれか低い割合
納期限の翌日から 2 か月を経過した日以後	年14.6%	年「14.6%」と「延滞税特例基準割合＋7.3%」のいずれか低い割合

11　納期限は次のとおりである。

・期限内に申告された場合には、法定納期限（相続の開始があったことを知った日の翌日から10か月以内）

・期限後申告又は修正申告の場合には、申告書を提出した日

・更正・決定の場合には、それぞれの通知書が発せられた日の翌日から起算して 1 か月を経過する日

12　延滞税特例基準割合とは、各年の前々年の 9 月から前年の 8 月までの各月における銀行の新規の短期貸出約定平均金利の合計を12で除して得た割合として各年の前年の11月30日までに財務大臣が告示する割合に、年 1 %の割合を加算した割合をいう。

（2）加算税

① **概　要**

　　加算税は、申告納税制度の定着と発展を図るため、申告が適正になされない場合に課されるもので、行政制裁的な性格を有する。

　　相続税が関連する加算税は、過少申告加算税、無申告加算税及び重加算税の３種類がある。

② **課税要件**

　ア　**過少申告加算税**

　　　・期限内申告について、修正申告・更正があった場合

　イ　**無申告加算税**

　　　・期限後申告・決定があった場合

　　　・期限後申告・決定について、修正申告・更正があった場合

　ウ　**重加算税**

　　　・隠ぺい・仮装行為が認められた場合

③ **課税割合**

　ア　**過少申告加算税（通法65）**

追加で納める税額のうち	税務調査の事前通知を受ける前に自主的に修正申告した場合	税務調査の事前通知を受けてから更正・決定予知前に修正申告した場合	税務調査を受けてから修正申告した場合又は更正を受けた場合
当初の納税額と50万円のいずれか多い方以下の部分	なし	5％	10％
当初の納税額と50万円のいずれか多い方を超える部分		10％	15％

イ　無申告加算税（通法66）

相続税額のうち	税務調査の事前通知を受ける前に自主的に申告した場合	税務調査の事前通知を受けてから更正・決定予知前に申告した場合	税務調査を受けてから申告した場合
50万円以下の部分		10%	15%
50万円を超え300万円以下の部分	5 %	15%	20%
300万円を超える部分		25%	30%

（注1）過去5年以内に、無申告加算税（更正・決定予知によるものに限る。）又は重加算税を課されたことがある場合は、10％が加算される。

（注2）納付すべき税額が300万円を超えることに納税者の責めに帰すべき事由がない場合は、「50万円を超え300万円以下の部分」の税率が適用される。

（注3）前年及び前々年の国税に無申告加算税又は重加算税が課され、さらに同じ税目で無申告があった場合は、当年分の税率に10％が加算される（（注1）といずれかが適用される。）。

ウ　重加算税（通法68）

申告書提出の有無	税率
申告書を提出していた場合	35%
申告書を提出していなかった場合	40%

（注1）過去5年以内に、無申告加算税（更正・決定予知によるものに限る。）又は重加算税を課されたことがある場合は、10％が加算される。

（注2）前年及び前々年の国税に無申告加算税又は重加算税が課され、さらに同じ税目で無申告があった場合は、当年分の税率に10％が加算される（（注1）といずれかが適用される。）。

第3節　相続税の計算・特例

相続税

◆相続税の納税義務者の区分によって、課税財産の範囲や債務控除ができる範囲等、取扱いが異なる。

◆相続又は遺贈により財産を取得していなくても、過去に相続時精算課税制度の適用を受けている場合は相続税の納税義務者に該当するため、相続税の申告が必要である。

◆相続税の総額は、課税の公平を考慮して算出するため、相続の放棄があっても、その放棄がなかったものと考えて遺産に係る基礎控除額を計算し、さらに課税遺産総額を仮に法定相続分で取得したとして計算する。

◆一方で、各人の算出相続税額は、各相続人等が実際に財産を取得した割合に応じて相続税の総額を分担して負担するため、各人の課税価格の合計額に占める割合をもって計算する。

◆令和6年1月1日以降の贈与から、相続時精算課税適用財産の加算や生前贈与加算の対象となる贈与が改正されている。

◆相続時精算課税適用財産については、毎年110万円までの部分は相続開始前7年間のものも含めて相続税の計算に加算不要である。

◆暦年課税贈与に係る生前贈与加算については、生前贈与の加算期間が相続開始前7年以内に延長する改正が行われ、延長された4年間に受けた贈与については、総額100万円までは相続財産に加算しない。

◆各人の納付すべき相続税額の計算においては、贈与税額控除（暦年課税贈与）から外国税額控除までは、差引税額が0未満となった場合は0となる。ただし、贈与税額控除（相続時精算課税贈与）については、相続税額から控除しきれない贈与税額については還付を受けることができる。

（1）相続税の納税義務者の区分及び判定

相続税の納税義務者の区分及び判定は、以下のとおりである。

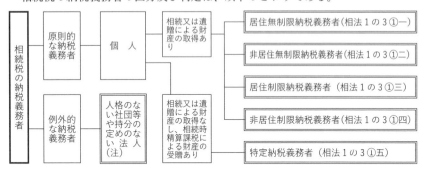

（注1）財産の取得に伴い人格のない社団等又は持分の定めのない法人に課されるべき法人税等相当
　　　　額がある場合には、相続税額の計算上、これを控除する（相法66⑤）。

（注2）持分の定めのない法人については、遺贈者の親族などの相続税の負担が不当に減少する結果
　　　　になる場合に限られる（相法66④）。

（注3）代表者若しくは管理者の定めのある人格のない社団若しくは財団又は持分の定めのない法人
　　　　を設立するための遺言による財産の提供があった場合も含まれる（相法66②、④）。

（注4）「居住無制限納税義務者」などの用語の意義については、第8節1を参照。

参考：国税庁税務大学校講本「相続税法（令和5年度版）」

《納税義務者の判定》

相続人・受遺者／被相続人	日本国内に住所あり	日本国内に住所なし			
		一時居住者	日本国籍あり		日本国籍なし
			相続開始前10年以内に住所あり	相続開始前10年以内に住所なし	
日本国内に住所あり		居住制限納税義務者		非居住制限納税義務者	
	外国人被相続人	居住制限納税義務者		非居住制限納税義務者	
日本国内に住所なし　相続開始前10年以内に住所あり		居住無制限納税義務者	非居住無制限納税義務者		
非居住被相続人		居住制限納税義務者	非居住制限納税義務者		
相続開始前10年以内に住所なし		居住制限納税義務者	非居住制限納税義務者		

※用語の定義については、第8節1（1）①参照。

相続税

2　相続税額の計算手順

相続税額は以下の(1)〜(3)に従って計算する。

(1) 各人の相続税の課税価格の計算（第1段階）

(2) 相続税の総額の計算（第2段階）及び各人の算出相続税額の計算（第3段階）

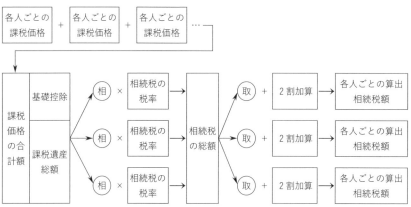

法定相続人に法定相続分であん分　　　取得者ごとの課税価格の比率であん分

(3) 各人の納付すべき相続税額の計算（第4段階）

3　各人の相続税の課税価格の計算

(1) 課税価格の計算

① 本来の相続財産（上記2(1)①）

　ア　本来の相続財産とは

被相続人に帰属していた財産上の権利義務のうち、相続又は遺贈（死因贈与を含む。）により相続人又は受遺者が取得するもので、**金銭に見積もることができる経済的価値のある全てのもの**である（相基通11の2－1）。

イ　具体例
　・不動産や動産の所有権や占有権などの物権
　・預金、貸付金などの債権
　・特許権、著作権などの無体財産権
　・信託受益権、電話加入権
　・営業権のような法律上の根拠を有しないものであっても経済的価値が認められているもの

② **みなし相続財産（上記2（1）②）**

ア　**みなし相続財産とは**
　　被相続人から相続又は遺贈により取得したものではないが、**実質的には相続又は遺贈により取得した財産と同視すべきもの**である。

イ　具体例
　㋐　**相続又は遺贈により取得したものとみなすもの**
　　・生命保険金等（相法3①一）
　　・退職手当金等（相法3①二）
　　・生命保険契約に関する権利（相法3①三）
　　・定期金給付契約に関する権利（相法3①四）
　　・保証期間付定期金に関する権利（相法3①五）
　　・契約に基づかない定期金に関する権利（相法3①六）
　　・特定贈与者から相続又は遺贈により財産を取得しなかった相続時精算課税適用者の受贈財産（相法21の16①）
　　・農地等の贈与者が死亡した場合の相続税の課税の特例（措法70の5）
　　・個人の事業用資産の贈与者が死亡した場合の相続税の課税の特例（措法70の6の9）
　　・非上場株式等の贈与者が死亡した場合の相続税の課税の特例（措法70の7の3、70の7の7）
　　・教育資金の一括贈与に係る贈与税の非課税の適用を受けた場合の管理残額（死亡日において受贈者が23歳未満である一定の場合などを除く。）（措法70の2の2）

　　　　・結婚・子育て資金の一括贈与に係る贈与税の非課税の適用を受けた場合
　　　　　の管理残額（措法70の2の3）

　　(イ)　**遺贈により取得したものとみなすもの**

　　　　・相続財産法人からの財産の分与（相法4①）

　　　　・特別寄与料（相法4②）

　　(ウ)　**（贈与又は）遺贈により取得したものとみなすもの**

　　　　・低額譲受（相法7）

　　　　・債務免除等（相法8）

　　　　・その他の利益の享受（相法9）

　　　　・信託に関する権利（相法9の2）

③　**非課税財産（上記2(1)③）**

　ア　**非課税財産とは**

　　　　相続又は遺贈により取得した財産（みなし相続財産を含む。）であっても、
　　　財産の性格、社会政策上の問題、国民感情等を考慮した場合に、課税するこ
　　　とが好ましくないものである。

　イ　**非課税財産の種類**

　　(ア)　**相続税法上の非課税財産（相法12①）**

　　　　a　皇室経済法第7条の規定により皇位とともに皇嗣が受けた物

　　　　b　墓所、霊びよう及び祭具並びにこれらに準ずるもの

　　　　c　一定の公益事業を行う者が取得した公益事業用財産

　　　　d　条例による心身障害者共済制度に基づく給付金の受給権

　　　　e　相続人が取得した生命保険金等のうち一定の金額（下記ウ）

　　　　f　相続人が取得した退職手当金等のうち一定の金額（下記エ）

　　(イ)　**租税特別措置法上の非課税財産（措法70）**

　　　　・国等に対して相続財産を贈与した場合

　ウ　**相続人が取得した生命保険金等のうち一定の金額（相法12①五）**

　　(ア)　**趣旨**

　　　　　被相続人の死亡後の相続人の生活保障のためや、生命保険制度を通じて
　　　の貯蓄の増進のために非課税とされている。

　　(イ)　**非課税とされる一定の金額**

　　　　生命保険金等の非課税限度額＝500万円×法定相続人の数

　　　　＜相続人一人当たりの非課税限度額＞

a　生命保険金等の非課税限度額≧全ての相続人の取得した生命保険金等の合計額

　　→その相続人の取得した生命保険金等の金額

b　生命保険金等の非課税限度額＜全ての相続人の取得した生命保険金等の合計額

　　→生命保険金等の非課税限度額 × $\dfrac{その相続人の取得した生命保険金等の合計額}{全ての相続人の取得した生命保険金等の合計額}$

エ　相続人が取得した退職手当金等のうち一定の金額（相法12①六）

　(ア)　趣旨

　　　被相続人の死亡後の相続人の生活保障のために非課税とされている。

　(イ)　非課税とされる一定の金額

　　　生命保険金等の非課税と同様である。

トピック

デジタル財産は相続財産になるか？

　デジタル財産とは一般的に、ネット銀行の預金、ネット証券の有価証券、暗号資産やプリペイド型電子マネー、YouTubeのアカウントなど、デジタル形式で保管している財産のことを指す。

　デジタル財産には他者に引き継ぐことができない一身専属的なデジタル財産と他者に引き継ぐことが可能なデジタル財産がある。

　相続の開始があった場合、相続人は、被相続人の一身に専属したものを除き、被相続人の財産に属した一切の権利義務を承継することから（民法896）、一身専属的なデジタル財産以外のデジタル財産は相続財産となる。

　例えばFacebookやLINEのアカウントなどはアカウントを他者に引き継ぐことができないので、被相続人の一身専属権に属し、相続財産にはならない一方で、例えばビットコインのような引き継ぎ可能であるデジタル財産については相続財産になる。

---

④　**相続時精算課税適用財産**[1]（上記2 (1)④）

ア　適用対象者（相法21の15①、21の16①）

　　　特定贈与者である被相続人に係る相続時精算課税適用者

1　第6節参照。

イ　課税価格に加算される期間

相続時精算課税選択届出書に係る年分以後の贈与

ウ　課税価格に加算される金額（相法21の15①、21の16③）

贈与時期	加算される金額
令和 6 年 1 月 1 日以降	財産の贈与時の価額（ただし年間110万円の基礎控除後の額）
令和 5 年12月31日まで	財産の贈与時の価額

⑤　債務控除（相法13）（上記 2 (1)⑤）

ア　制度の概要

　財産の取得者が、被相続人の債務を負担した場合や被相続人の葬式費用を負担する場合、その財産取得者の担税力が減少することになる。

　したがって、相続又は遺贈により取得した財産の価額から当該債務及び葬式費用を控除して、課税価格を計算する。

イ　適用対象者（相法13①②）

以下のいずれかの者である。

(ｱ)　相続人

(ｲ)　包括受遺者[2]

ウ　債務

(ｱ)　**課税価格から控除できるもの（相法13①、14①）**

以下のいずれも満たすものをいう。

a　被相続人の債務で、相続開始の際に現に存するもの

b　確実と認められるもの

（例）借入金、未払金、公租公課

(ｲ)　**課税価格から控除できないもの**

上記以外のものや非課税財産に係る債務

（例）墓地購入に係る未払金、生命保険金で自動的に弁済される住宅ローン（団信）

エ　葬式費用

(ｱ)　**課税価格から控除できるもの（相基通13-4）**

a　葬式若しくは葬送に際し、又はこれらの前において、埋葬、火葬、納

2　包括受遺者とは、財産を特定せずに、積極財産も消極財産も含めて遺産を譲り受けた者をいう。一方、特定受遺者とは、財産を特定して譲り受けた者をいう。

骨又は遺がい若しくは遺骨の回送その他に要した費用（仮葬式と本葬式とを行うものにあっては、その両者の費用）

b　葬式に際し、施与した金品で、被相続人の職業、財産その他の事情に照らして相当程度と認められるものに要した費用

c　a又はbに掲げるもののほか、葬式の前後に生じた出費で通常葬式に伴うものと認められるもの

d　死体の捜索又は死体若しくは遺骨の運搬に要した費用

(イ)　**課税価格から控除できないもの（相基通13-5）**

a　香典返戻費用

b　墓碑及び墓地の買入費並びに墓地の借入料

c　法会に要する費用

d　医学上又は裁判上の特別の処置に要した費用

> **誤りやすい事項**
>
> **葬儀時に支払った法会に要する費用の取扱い**
>
> 　葬儀時に初七日法要や四十九日法要を併せて行っても、その法要に係る費用は課税価格から控除することができない。

オ　納税義務者ごとの課税価格から控除できる債務及び葬式費用の範囲

(ア)　**居住無制限納税義務者、非居住無制限納税義務者の場合（相法13①）**

　・被相続人の債務であれば全て控除できる

　・葬式費用も控除できる

(イ)　**居住制限納税義務者、非居住制限納税義務者の場合（相法13②）**

　・自己が取得した課税財産に係る債務しか控除できない

　・葬式費用は控除できない

> **誤りやすい事項**
>
> **債務控除の対象者**
>
> 　債務控除の適用対象となる者は相続人又は包括受遺者であるため、相続人でない特定受遺者は債務控除できない。
>
> 　したがって、例えば孫が特定遺贈を受けた場合、当該孫が負担する債務や葬式費用は控除できない。

相続税

⑥　生前贈与加算（相法19）（上記 2 (1)⑥）

ア　制度の概要

　　相続又は遺贈で財産を取得した者が、その相続開始前 7 年以内[3]に暦年課税贈与により財産を取得した場合、その取得した財産の価額を相続税の課税価格に加算した価額を相続税の課税価格とみなす。

イ　適用対象者（相法19①）

　　相続又は遺贈により財産を取得した者

ウ　課税価格に加算される期間（相法19①、令 5 改正法附則19①〜③、相基通19- 2 ）

贈与の時期	贈与者の相続開始日	加算される期間
令和 6 年 1 月 1 日以降	令和 6 年 1 月 1 日から令和 8 年12月31日まで	相続開始前 3 年以内（相続開始日の 3 年前の応当日から相続開始の日まで）
	令和 9 年 1 月 1 日から令和12年12月31日まで	令和 6 年 1 月 1 日からその相続開始までの間
	令和13年 1 月 1 日以降	相続開始前 7 年以内（相続開始日の 7 年前の応当日から相続開始の日まで）
令和 5 年12月31日まで	―	相続開始前 3 年以内（相続開始日の 3 年前の応当日から相続開始の日まで）

エ　課税価格に加算される財産（相法19①）

　　被相続人から贈与を受けた財産（特定贈与財産[4]を除く。）

オ　課税価格に加算される金額（相基通19- 1 ）

贈与時期	加算される金額
令和 6 年 1 月 1 日以降	財産の贈与時の価額（ただし、延長した 4 年間に受けた贈与については、総額100万円までの金額を除く）
令和 5 年12月31日まで	財産の贈与時の価額

3　令和 5 年度税制改正により、暦年課税贈与により取得した財産が相続財産に加算される期間が相続開始前 3 年以内から 7 年以内に延長された。

4　特定贈与財産とは、贈与税の配偶者控除（相法21の 6 ）の対象となった受贈財産のうち、その配偶者控除に相当する部分（最高2,000万円）をいう（相法19②）。

（2）課税価格の計算の特例

① **未分割の場合（相法55）**

ア　未分割とは

　　未分割とは相続税の申告期限までに遺産の全部又は一部が共同相続人又は包括受遺者によって分割されていないことをいう。

イ　課税価格

　　各共同相続人又は包括受遺者が民法の規定による相続分[5]又は包括遺贈の割合に従って、その財産を取得したものとして課税価格を計算する（相法55）。

② **小規模宅地等の特例（措法69の4）**

　　相続又は遺贈により取得した財産のうちに、被相続人等の事業の用又は居住の用に供されていた宅地等で、一定の建物又は構築物の敷地の用に供されているもののうち一定のものがある場合には、これらの宅地等を取得した全ての相続人等の同意により選択したものについては、限度面積までの部分に限り、相続税の課税価格に算入すべき金額の計算上、8割～5割減額することができる（第9節三参照）（措法69の4）。

4　相続税の総額の計算

（1）遺産に係る基礎控除額（相法15①）

① **計算**

　　3,000万円＋600万円×法定相続人の数

② **法定相続人の数（相法15②）**

　　相続税法上の相続人の数のことをいい、民法上の相続人の数と次の点で異なっている。

ア　相続の放棄があった場合には、その放棄がなかったものとする。

イ　被相続人に養子がいる場合には、次の区分に応じて、「法定相続人の数」に算入する養子の数が次の人数に制限される。

　　㋐　被相続人に実子がいる場合：1人

　　㋑　被相続人に実子がいない場合：2人

　　この場合、次の者は実子とみなして㋐又は㋑の数を計算する（相法15③、相令3の2）。

5　第11節一3参照。

・特別養子縁組（民法817の2①）による養子となった者

・配偶者の実子で被相続人の養子となった者

・配偶者の特別養子縁組による養子となった者で被相続人の養子となった者

・実子等の代襲相続人

(2) 相続税の総額（相法16）

① 計算（法定相続分課税方式）

　課税の公平を考慮し、**被相続人の財産を仮に法定相続分で取得したものとし**て以下のとおり相続税の総額を計算する。

　ア　「課税価格の合計額」から「遺産に係る基礎控除額」を控除した残額（課税遺産総額）を計算し、

　イ　その残額を「法定相続人の数」に算入された相続人が法定相続分に応じて取得したものと仮定して各人ごとの取得金額を計算し、

　ウ　その各人ごとの取得金額に相続税の税率を乗じた金額を計算し、

　エ　それらを合計した金額を相続税の総額とする。

② 法定相続分

　法定相続分とは、民法第900条及び第901条に規定される相続分である。

配偶者の相続分	子の相続分	直系尊属の相続分	兄弟姉妹の相続分
1/2	1/2		
2/3		1/3	
3/4			1/4

※子、直系尊属又は兄弟姉妹各自の相続分は、相等しいものとする。

③ 相続税の税率（相続税の速算表）

法定相続分に応ずる取得金額	税率	控除額
1,000万円以下	10%	―
3,000万円以下	15%	50万円
5,000万円以下	20%	200万円
1億円以下	30%	700万円
2億円以下	40%	1,700万円
3億円以下	45%	2,700万円
6億円以下	50%	4,200万円
6億円超	55%	7,200万円

④ 具体例

　課税価格の合計額が2億円、法定相続人が配偶者と子2人の場合

ア　2億円（課税価格の合計額）－4,800万円（遺産に係る基礎控除額）

　　＝1億5,200万円（課税遺産総額）

イ　配偶者：1億5,200万円×法定相続分1/2＝7,600万円

　　子：1億5,200万円×法定相続分1/4＝3,800万円

ウ　配偶者：7,600万円×30％－700万円＝1,580万円

　　子：3,800万円×20％－200万円＝560万円

エ　配偶者1,580万円＋子560万円×2人＝2,700万円

5　各人の算出相続税額の計算（相法17）

（1）算出相続税額の計算

① 計算

　相続税の総額×あん分割合

② あん分割合

ア　計算

$$あん分割合＝\frac{各人の課税価格}{各人の課税価格の合計額}$$

イ　端数

　あん分割合に小数点以下第2位未満の端数が生じた場合には、各相続人等の全員が選択した方法により、その合計値が1になるように端数を調整して各相続人等の相続税額を計算して差し支えないものとされている（相基通17-1）。

　なお、あん分割合の桁数は、小数点以下第2位～第10位まで任意に選択できる。

（2）相続税額の2割加算（相法18）

① 制度の概要

　相続又は遺贈により財産を取得した者が被相続人との血縁関係の薄い者である場合には、その財産の取得には偶然性が強く、また、被相続人が子を越えて孫に財産を遺贈する場合には、相続税の課税を1回免れることになるため、これらの者に対しては、**算出相続税額にその2割相当額を加算した金額**をもってその者の納付すべき相続税額としている。

② **適用対象者（相法18①②）**

　下記以外の者である[6]。

　ア　配偶者

　イ　一親等の血族（被相続人の直系卑属（代襲相続人である者を除く。）が被
　　相続人の養子となっている場合のその養子を除く[7]。）

　ウ　直系卑属が相続開始以前に死亡し、又は相続権を失ったため、代襲相続人
　　となった被相続人の直系卑属

③ **相続税額に加算する額（相法18①）**

　算出相続税額×20/100

6　各人の納付すべき相続税額の計算

（1）相続税の税額控除

① **贈与税額控除（暦年課税贈与）（相法19）**

　ア　制度の概要

　　相続又は遺贈により財産を取得した者が、相続開始前 7 年以内[8]に暦年課
　　税贈与により財産を取得していた場合、その者の相続税の課税価格に加算し
　　て相続税を計算することとなるため、同一の贈与財産に対し、贈与税と相続
　　税とが二重に課税されることとなる。この二重課税を排除するために、**生前
　　贈与加算の対象となった財産に係る贈与税額をその者の算出相続税額から控
　　除する**ものである。

　イ　適用対象者（相法19①）

　　生前贈与加算の対象となった財産を取得した者で、その財産の取得につき
　　贈与税を課された者

　ウ　相続税額から控除する額（相令 4 ①）

$$\text{生前贈与加算の対象と} \atop \text{なった財産を取得した} \atop \text{年分の贈与税額} \times \frac{\text{生前贈与加算の対象となった財産の価額}}{\text{その年に贈与により取得した財産の価額の合計額}}$$

6　相続時精算課税適用者にあっては、被相続人の一親等の血族であった期間内に贈与を受けた相続
　時精算課税の適用を受ける財産の価額に対応する相続税額については 2 割加算の対象とならない
　（相法21の15②、21の16②、相令 5 の 2 ）。

7　被相続人の養子となっている場合には、民法上は被相続人の一親等の法定血族に該当するが、2
　割加算の対象となる。

8　令和 5 年度税制改正により、令和 6 年 1 月 1 日以降の暦年課税贈与に対し、生前贈与により取得
　した財産が相続財産に加算される期間が相続開始前 3 年以内から 7 年以内に延長された。

② 配偶者の相続税額軽減（相法19の２）

ア　制度の概要

　　配偶者については、次の観点より、その課税価格が、**課税価格の合計額の**
うち配偶者の法定相続分までである場合、又は１億6,000万円以下である場
合には、税額控除を適用し、納付すべき相続税額を算出する。

(ア)　被相続人の死亡後における配偶者の生活の保障

(イ)　遺産の維持形成に対する配偶者の寄与貢献

(ウ)　同一世代間の財産の移転のため、次の相続開始の時期が相対的に早いこ
と

イ　適用要件（相法19の２①②）

(ア)　法律上の婚姻の届出をした被相続人の配偶者であること。

(イ)　未分割財産でないこと。ただし、申告期限までに遺産分割が行われなく
とも、「申告期限後３年以内の分割見込書」を提出していた場合は、次に
応じてその適用が受けられる（相法19の２②、相令４の２、相基通19の２-
１～19の２-19）。

a　「申告期限後３年以内の分割見込書」を提出し、申告期限後３年以内
に遺産分割が行われた場合…その分割が行われた日の翌日から４か月以
内に更正の請求を行うこと。

b　申告期限後３年以内に遺産分割が行われないことにつき、やむを得な
い事情がある場合…「遺産が未分割であることについてやむを得ない事
由がある旨の承認申請書」を申告期限後３年を経過する日の翌日から２
か月以内に税務署長に提出し、その事情がなくなった日の翌日から４か
月以内に遺産分割し、更正の請求を行うこと。

ウ　相続税額から控除する額（相法19の２①）

(ア)、(イ)いずれか少ない金額

(ア)　配偶者の算出相続税額（贈与税額控除（上記①）後の金額）

(イ)　次の算式により算出した金額

$$相続税の総額 \times \frac{次のa又はbのうちいずれか少ない金額}{課税価格の合計額}$$

a　課税価格の合計額に配偶者の法定相続分を乗じた金額、又は１億6,000
万円のいずれか多い金額

b　配偶者の課税価格

エ　手続要件（相法19の2③④）

次のとおり必要な事項を記載した相続税申告書を提出する必要がある。

(ア)　申告書の種類

・期限内申告書（期限後申告書及び修正申告書を含む。）

・更正の請求書

(イ)　記載事項

・当該規定の適用を受ける旨

・配偶者税額軽減の金額の計算に関する明細

(ウ)　添付書類

・被相続人の全ての相続人を明らかにする戸籍謄本等

・遺言書の写し又は遺産分割協議書の写し

・相続人全員の印鑑登録証明書（遺産分割協議書に押印したもの）

③　**未成年者控除**（相法19の3）

ア　制度の概要

未成年者である子供が自立し得るまでに必要とする養育費は、相続財産から負担すべき性格であることを考慮して、**相続又は遺贈により財産を取得した者が未成年である場合は、その者の算出相続税額から満18歳に達するまでの1年につき10万円を乗じた金額を控除する。**

イ　適用対象者（相法19の3①）

(ア)　相続又は遺贈により財産を取得した者（居住制限納税義務者又は非居住制限納税義務者を除く）であること。

(イ)　法定相続人であること。

(ウ)　18歳未満の者[9]であること。

ウ　相続税額から控除する額（相法19の3①）

10万円×その者が18歳に達するまでの年数[10]（1年未満切上）

エ　扶養義務者から控除する場合（相法19の3②）

未成年者控除額は、まず、未成年者の算出税額から控除されるが、その者から控除しきれない控除不足額は、その者の扶養義務者（配偶者並びに民法第877条に規定する親族（相基通1の2-1））で、同一の被相続人から相続や遺贈により財産を取得した者の相続税額から控除される。

9　令和4年3月31日以前に相続又は遺贈により財産を取得した場合は「20歳未満の者」

10　令和4年3月31日以前に相続又は遺贈により財産を取得した場合は「20歳に達するまでの年数」

④ 障害者控除（相法19の4）

　ア　制度の概要

　　　心身障害者を扶養してくれていたであろう被相続人が死亡した場合には、その特殊事情に応じた特別の配慮を払い、**相続又は遺贈により財産を取得した者が、85歳未満の障害者である場合には、その者の算出税額から満85歳に達するまでの1年につき10万円（特別障害者は20万円）を乗じた金額を控除**する。

　イ　適用対象者（相法19の4①）

　　㈠　相続又は遺贈により財産を取得した者（居住無制限納税義務者及び特定納税義務者（相続開始の時において日本に住所を有する者に限る。））であること。

　　㈡　法定相続人であること。

　　㈢　85歳未満の障害者であること。

　ウ　相続税額から控除する額（相法19の4①）

　　㈠　障害者の場合

　　　　10万円×その者が85歳に達するまでの年数（1年未満切上）

　　㈡　特別障害者の場合

　　　　20万円×その者が85歳に達するまでの年数（1年未満切上）

　エ　扶養義務者から控除する場合（相法19の4③）

　　　未成年者控除の場合と同様である。

⑤ 相次相続控除（相法20）

　ア　制度の概要

　　　短期間に続けて相続の開始があった場合には、同一の財産について相続税が課税されることになり、長期間にわたり相続の開始がなかった場合と比較して、相続税の負担が過重となるため、その負担の軽減を図ることとしている。

　イ　適用要件（相法20）

　　㈠　被相続人の相続人であること。

　　㈡　1次相続から2次相続までの期間が**10年以内**であること。

　　㈢　1次相続の時に被相続人に対し相続税が課税されたこと。

　ウ　相続税額から控除する額（相法20、相基通20-3）

$$A \times \frac{C}{B-A} \ (\text{※}) \times \frac{D}{C} \times \frac{10-E}{10}$$

　　　A ＝ 2 次相続に係る被相続人が 1 次相続により取得した財産につき課せら
　　　　　れた相続税額

　　　B ＝ 2 次相続に係る被相続人が 1 次相続により取得した財産の価額

　　　C ＝ 2 次相続により相続人及び受遺者の全員が取得した財産の価額

　　　D ＝ 2 次相続により控除対象者が取得した財産の価額

　　　E ＝ 1 次相続開始の時から 2 次相続開始の時までの期間に相当する年数

　　　※100/100を超える場合には100/100

⑥　**外国税額控除（相法20の 2 ）**

　ア　制度の概要

　　　国外にある財産を取得した場合に、日本の相続税及び外国の法令に基づき
　　相続税に相当する税が課せられたときには、二重課税が生ずることとなるた
　　め、その課せられた相続税に相当する金額は、その者の算出相続税額から控
　　除する。

　イ　適用要件（相法20の 2 ）

　　㋐　相続又は遺贈により国外にある財産を取得したこと。

　　㋑　当該財産について日本の相続税とその財産の所在地国において相続税に
　　　相当する税が課せられたこと。

　ウ　相続税額から控除する額

　　㋐　財産所在地国の法令に基づいて課された相続税相当額

　　㋑　相次相続控除まで適用
　　　後の算出相続税額 $\times \dfrac{\text{国外にある財産の価額}}{\substack{\text{相続又は遺贈により取得した財産の価額のうち}\\\text{課税価格計算の基礎に算入された部分の金額}}}$

　　㋒　㋐、㋑いずれか少ない金額

⑦　**贈与税額控除（相続時精算課税贈与）（相法21の15③、21の16④）**

　ア　制度の概要

　　　相続時精算課税制度は相続税と贈与税の一体化課税を目的として導入され
　　た制度であり、贈与段階で支払う贈与税については、**最終的に相続時に精算**
　　されることを前提にした相続税の概算払いという性格を有することから当該
　　税額控除が設けられている。

　イ　適用対象者

　　　被相続人に係る相続時精算課税適用者で、その財産の取得につき贈与税を
　　課された者

ウ　相続税額から控除する額

　　相続時精算課税適用財産につき課された贈与税額

(2) 相続税の税額控除の控除順序

　(1)①贈与税額控除（暦年課税贈与）から⑥外国税額控除においては、先順位の控除をした結果、相続税額が0未満となる場合は0とし、それ以降の控除をすることなく、その者の納付すべき相続税額はないものとなる。

　なお、(1)⑦贈与税額控除（相続時精算課税贈与）の控除において、相続税額から控除しきれない贈与税額については、(1)①の控除とは異なり、還付を受けることができる。

> **トピック**
>
> **贈与税額控除（暦年課税贈与）と贈与税額控除（相続時精算課税贈与）の相違点**
>
> 　暦年課税贈与に係る贈与税額は算出された相続税額より多くとも還付を受けることはできないが、相続時精算課税贈与に係る贈与税額は算出された相続税額より多ければ、相続税の還付を受けることができる。

第4節　贈与税の概要

POINT

◆贈与契約は、贈与者と受贈者の双方の意思確認があって成立する。

◆贈与契約書は作成しておく方が好ましい。

◆暦年課税贈与を受け基礎控除額を超える場合、翌年2月1日から3月15日までの間に贈与税申告書を提出しなければならない。

◆相続時精算課税贈与を選択しており、令和6年1月1日以降の贈与で、その額が基礎控除額以下である場合、贈与税申告書を提出することは要さない。

◆未分割財産の分割が行われ、各人の課税価格が変動した場合には、国税通則法に定める期限後申告、修正申告、更正の請求のほかに、相続税法等の特則の期限後申告、修正申告、更正の請求により当初申告を是正する。

◆贈与税の更正、決定等の期間制限（時効）は6年である。

◆贈与税の納税について、金銭で一時納付することを困難とする場合には、一定の要件をもとに、金銭一時納付に代えて、延納が認められている。

1　贈与税とは

　贈与税は、個人から贈与により財産を取得した者に対し、贈与を受けた財産の価額を基礎に課される税である。

　贈与税は、相続税の補完をする役割があり、贈与税法という法律はなく、相続税法に定められている。

　贈与税があることで、相続開始前に財産を相続人に贈与し、相続税を逃れることを防いでいる。

2 贈与契約の成立要件

民法第549条では、「贈与は、当事者の一方がある財産を無償で相手方に与える意思を表示し、相手方が受諾をすることによって、その効力を生ずる」とある。つまり、贈与は、贈与者が一方的に贈与することはできない。また、受贈者が一方的に贈与を受けることもできない。贈与は双方の意思確認があって、はじめて成立する。

このことから贈与契約書は必ずしも要するものではないが、将来のこと（親族間、対税務署）を考慮すると作成しておく方が好ましい。

親が子供に自分の財産を贈与したいと考え、子供名義の口座を作り、親が管理し、子供に告げずに毎年贈与税の基礎控除額を越えない金額を入金したとしても、それでは贈与が成立していないため、親の相続発生時には親の預金として取り扱われる。そのような口座を名義預金（名義財産）という。

3 贈与税の申告

(1) 贈与税の期限内申告

① 贈与税申告書の提出義務者（相法28①）

贈与によって財産を取得した者で、次に該当する者は、贈与税の申告書を提出しなければならない。

ア 暦年課税贈与（第5節3参照）

その年分の贈与税の課税価格について、**110万円の基礎控除額**を控除し、贈与税の税率を適用して算出した税額から在外財産に対する贈与税額の控除をしても、なお納付すべき贈与税額がある者

イ 相続時精算課税贈与（第6節参照）

令和6年1月1日以降	相続時精算課税制度の基礎控除額（110万円）を超える場合、申告書の提出が必要
令和5年12月31日まで	少額であっても申告書の提出が必要

② 贈与税申告書の提出期限

ア 通常の場合（相法28①）

贈与により財産を取得した年の**翌年2月1日から3月15日まで**

イ 贈与税申告書の提出義務者が贈与税申告書の提出までに日本に住所を有しないこととなる場合（相法28①）

納税管理人の届出をしないで日本に住所及び居所を有しないこととなるときは、その**住所及び居所を有しないこととなる日**まで

ウ　贈与税申告書の提出義務者が年の中途で死亡した場合（相法28②一）

その相続人又は包括受遺者が、**相続の開始があったことを知った日の翌日から10か月以内**

③　**贈与税申告書の提出先**

贈与により財産を取得した者の納税地の所轄税務署長（相法28①、62①②）

(2)　贈与税の期限後申告、修正申告、更正の請求

原則（一般的な期限後申告、修正申告、更正の請求）

申告期限までに適正に申告手続を行っていない場合には、期限後申告書を提出する（通法18）。

既に贈与税申告書を提出し、申告税額が誤っていた場合（不足していた場合）には、修正申告書を提出する（通法19）。

また、申告税額が多すぎた場合には、更正の請求を行う。

なお、**更正の請求は、法定申告期限から5年以内**に限り行うことができる（通法23）。

(3)　贈与税の期限後申告等の特則

①　**期限後申告の特則（相法30②）**

贈与者が年の中途で死亡し、生前贈与加算の対象となり贈与税の申告対象とならなかった贈与について、その後、相続税の期限後申告等に係るやむを得ない一定の事由（第2節2(2)②参照）が生じたことにより、相続又は遺贈により財産を取得しないこととなった結果、新たに贈与税の申告書の提出要件に該当する場合がある。このような場合には、期限後申告書を提出することができる。

②　**修正申告の特則（相法31④）**

上記①と同様の事由が生じたことにより、既に確定した贈与税額に不足を生じた場合には、修正申告書を提出することができる。

(4)　贈与税の更正の請求の特則

①　**更正の請求をすることができる事由（相法32①十）**

贈与税の課税価格の計算の基礎に算入した財産のうち、相続開始の年に被相続人から贈与により取得した財産で、相続税の課税価格に加算されるものがあったことにより納付すべき贈与税額が過大となった場合には、その**事由が生**

じたことを知った日の翌日から4か月以内に更正の請求をすることができる。

② 更正の請求をすることができる期間

　一般的な更正の請求は、法定申告期限から「5年以内」とされているが（通則法23）、贈与税申告書に係る更正の請求については、法定申告期限から「6年以内」にすることができる（相法32②）。

4 贈与税の更正、決定等の期間制限（時効）

　申告期限内に申告及び納税をしないと、本税のほかにペナルティの税金として加算税・延滞税も負担することになる。

　更正、決定等及びこれに基づく加算税の賦課決定をすることができる期間には期間制限（時効）がある。国税通則法第70条（国税の更正、決定等の期間制限）の規定では、所得税、相続税等の通常の場合の期間制限は、法定申告期限から5年を経過する日までとされているが、贈与税は**6年を経過する日**までとされ（相法37①）、偽りその他不正行為によりその全部又は一部の税額を免れるなど**悪質な場合は7年を経過する日**までとされている（相法37④）。

　親が毎年子供に贈与をしていたが、子供が贈与税申告を失念していた場合に、後から気付いて過去の贈与税申告をする際は、6年以内の贈与であれば、期限後申告書を提出できる。

〔留意点〕

　贈与税には原則6年という更正、決定等の期間制限が設けられているが、贈与契約が成立していない名義預金や預け金は贈与ではないことから、贈与税の期間制限は適用されない。

　このことから、相続税の調査で10年以上前の名義預金が把握された場合、その名義預金は相続財産と認定され、是正対象となり得る。

　名義預金と認定されないための対策としては、①贈与契約書を作成しておくこと、かつ、②贈与された人が口座を管理しておくことなどが挙げられる。

誤りやすい事例1

贈与と名義預金の違い

　被相続人甲は、長女と長男に毎年4月1日に200万円の現金を贈与していたつもりだった。長女については贈与の都度、贈与契約書を交わして、長女の給与振込みの口座に振り込んでいたが、長女は贈与税申告をしていなかった。長男については、本人に大金を贈与している

ことを伝えると全て使ってしまう心配があることから、長男には告げずに長男名義の預金口座に長女と同じ金額を入金していた。

　20年目となる令和26年１月に甲に相続が発生。長女については、贈与税が無申告だったため、６年分の贈与税の期限後申告をした上で、相続開始から７年以内の贈与の1,300万円（1,400万円－100万円）が相続財産として生前贈与加算され、期限後申告した６年分[1]の1,200万円について期限後申告により支払った贈与税が贈与税額控除として控除された。

　長男は相続開始後に自分のために甲がお金を残していてくれたことを知り、長女と同じように６年分の贈与税の期限後申告をした上で７年分の贈与の1,300万円が相続財産に生前贈与加算されると考え相続税申告書を税務署に提出したものの、税務調査により、20年分の入金額の残高である4,000万円が名義預金として相続財産となる旨の指摘があった。

　長女と長男の取扱いの違いは、長女は民法第549条にある双方の意思表示があり、贈与が成立していたのに対し、長男は相続開始後まで当該自分名義の預金口座のことを知らなかったことから、贈与が成立していない点である。

贈与税

	長女	長男
取扱い	贈与	名義預金
贈与契約の成立	あり	なし
双方の合意	あり	なし
財産の所在	長女の固有口座に振込	長男の知らない口座に振込
	長女の給与振込口座であるから長女の通常使っている口座であることは明確	甲が長男名義で作った口座で、甲の入金と預金利息の記載のみ
口座の維持管理	長女	甲
更正、決定等の期間制限	６年（悪質な場合７年）	なし

1　生前贈与加算される期間は７年であるから、贈与税の期限内申告を行っていた場合は７年分の贈与税が贈与税控除の対象になるが、更正、決定等の期間制限により６年分しか期限後申告していないため、６年分の贈与税が贈与税額控除の対象となる。

贈与と預け金、名義預金との違い

　被相続人甲は、退職金2,000万円を利回りの有利な定期預金に預けたいと考えたが、当該利回りの有利な定期預金は一人1,000万円までという限度額があったため、1,000万円については妻に預けて、妻の定期預金口座で運用してもらいたいと考えた。妻も預かることを承諾し、被相続人と一緒に金融機関に出向いて定期口座を作成した。定期口座開設の書類も妻自身が記入した。妻は通帳を自分で管理し、毎年利払日には通帳を記帳し、残高が増えるのを楽しみにしていた。10年後に相続開始。妻は、贈与税の時効が6年と聞いたため、当該1,000万円を預かったのは10年前であるから、この1,000万円については時効が成立し、贈与税もかからないし、7年以内の贈与でもないから相続財産に計上する必要もないと考え相続税申告書を提出したものの、税務調査により預け金に期間制限はないため、1,000万円を相続財産として計上すべき旨の指摘があった。

　まず、贈与と預け金の違いについては、被相続人は自分の財産を有利に運用するために妻の口座で運用してもらっただけで、贈与の意思はなく、妻も預かる事を承諾しただけで、自分のものになった認識もないため贈与は成立していない。

　次に、預け金と名義預金の違いは、「誤りやすい事例1」の時と違い、妻は自分自身で定期口座を開設し、口座の維持管理も自分で行っている。

贈与、名義預金、預け金の違い

	贈与	名義預金	預け金
贈与契約の成立 （双方の贈与の合意）	あり	なし	なし
所有権の移転	あり	なし	なし
口座の維持管理	受贈者	被相続人	預り人
更正決定等の 期間制限	6年 （悪質な場合7年）	なし	なし

5　贈与税の納付と延納

(1) 贈与税の納付の原則

① 贈与税の納付方法

贈与税は原則として金銭一時納付を行う。

なお、金銭一時納付が困難な場合には、延納が認められる。

また、インターネット等を利用した電子納税による納付も可能である。

② 贈与税の納付時期

ア　贈与税の期限内申告の場合

贈与税の**申告書の提出期限**（相法33）

イ　贈与税の期限後申告又は修正申告書の場合

贈与税の申告書を提出した日（通法35②一）

ウ　贈与税の更正又は決定の通知を受けた場合

通知書が発せられた日の翌日から起算して**1か月を経過する日**（通法35②二）

③ 連帯納付義務

連帯納付義務者	連帯納付義務の内容
同一被相続人から相続又は遺贈により財産を取得した全ての者	被相続人の納付すべき贈与税について、相続又は遺贈により受けた利益の価額に相当する金額を限度として、連帯納付義務がある（相法34②）
財産を贈与した者	贈与により財産を取得した者のその年分の贈与税額のうち、贈与した財産の価額に対応する部分の金額について、その財産に相当する金額を限度として、連帯納付義務がある（相法34④）

(2) 延納

① 制度の概要

納付すべき贈与税額が10万円を超える場合において、金銭で納付することを困難とする事由があるときに、その困難とする金額を限度として認められる。延納できる期間は5年以内であり、原則年6.6%の割合による利子税が課されるが特例割合は0.8%である（R5.1.1現在）。

② 手続要件

所定の期限までに所轄の税務署長へ延納申請書を提出するほか、原則として担保の提供が必要であるなど、おおむね相続税の延納の場合と同様である。

※納税猶予、延滞税・加算税については、第2節4、5を参照。

第5節　贈与税の計算

POINT

- ◆贈与には、暦年課税贈与と相続時精算課税贈与がある。
- ◆贈与税の納税義務者は受贈者である。受贈者が日本在住の場合は、財産の所在地にかかわらず全て課税対象となる。
- ◆扶養義務者相互間の生活費・教育費に充てるための贈与は、非課税となる。
- ◆直系尊属から贈与を受けた場合には、受贈者が贈与年1月1日において18歳以上の場合、特例税率が適用される。
- ◆贈与税の配偶者控除の適用により、居住用不動産又はその取得資金の贈与が行われた場合には、基礎控除110万円のほか最高2,000万円まで控除できる。
- ◆相続税の計算において暦年課税贈与に係る贈与税額控除の控除不足額は還付されない。

1　制度の概要

　贈与の方法には、暦年課税贈与と相続時精算課税贈与がある。

　この2つの制度は、贈与の都度選択できるわけではなく、一度、特定の贈与者からの贈与について相続時精算課税制度を選択したら、その贈与者からの贈与については暦年課税贈与には戻れない。

2　納税義務者と対象となる財産

　贈与税の納税義務者は、財産の贈与者ではなく受贈者である。国外在住の受贈者に国内の財産を贈与した場合は、贈与税が課税される[1]。

　受贈者が日本在住の場合は、国内財産及び国外財産にかかわらず全て課税対象となる（相法1の4、2の2）。

1　第8章参照。

贈与者＼受贈者		日本国内に住所あり		日本国内に住所なし		
				日本国籍あり		日本国籍なし
			一時居住者	贈与前10年以内に住所あり	贈与前10年以内に住所なし	
日本国内に住所あり		居住無制限納税義務者		非居住無制限納税義務者		
	外国人贈与者		居住制限納税義務者	非居住制限納税義務者		
日本国内に住所なし	贈与前10年以内に住所あり	**居住無制限納税義務者**		**非居住無制限納税義務者**		
	非居住贈与者		居住制限納税義務者	非居住制限納税義務者		
	贈与前10年以内に住所なし					

※用語の定義については、第8節1(1)①参照。

3 贈与税の計算方法

(1) 暦年課税贈与の概要[2]

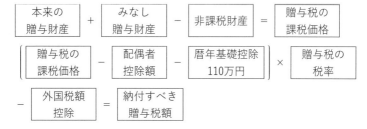

$$\boxed{\begin{array}{c}\text{本来の}\\\text{贈与財産}\end{array}} + \boxed{\begin{array}{c}\text{みなし}\\\text{贈与財産}\end{array}} - \boxed{\text{非課税財産}} = \boxed{\begin{array}{c}\text{贈与税の}\\\text{課税価格}\end{array}}$$

$$\left(\boxed{\begin{array}{c}\text{贈与税の}\\\text{課税価格}\end{array}} - \boxed{\begin{array}{c}\text{配偶者}\\\text{控除額}\end{array}} - \boxed{\begin{array}{c}\text{暦年基礎控除}\\\text{110万円}\end{array}}\right) \times \boxed{\begin{array}{c}\text{贈与税の}\\\text{税率}\end{array}}$$

$$- \boxed{\begin{array}{c}\text{外国税額}\\\text{控除}\end{array}} = \boxed{\begin{array}{c}\text{納付すべき}\\\text{贈与税額}\end{array}}$$

　暦年課税贈与の贈与税額は、その年1月1日から12月31日までの間に贈与により取得した財産の価額の合計額（贈与税の課税価格）から基礎控除（110万円）及び配偶者控除を控除した金額に対して税率を乗じて算出する。税率は超過累進税率で、贈与額の課税価格から基礎控除を差し引いた額が大きくなるほど高くなる。

○生前贈与加算

　相続又は遺贈により財産を取得した者が被相続人から相続開始前3年間（令和6年1月1日以後の贈与については7年間）の期間において受けた贈与については、基礎控除（110万円）以外の贈与を含め相続財産に加算する（第3節

2　相続時精算課税贈与については、第6節参照。

3 (1)⑥参照)。

(2) 贈与税の課税価格

　贈与税の課税価格は、本来の贈与財産にみなし贈与財産を加算し、非課税財産を差し引いた額である。

①　**本来の贈与財産とみなし贈与財産**

　対価の授受があり（現物での贈与も含む。）、実際に贈与をした本来の財産のほかに、贈与したとみなされる財産がある。これをみなし贈与財産という。みなし贈与財産は、相続税法で列挙された以下の 6 つである。

ア　生命保険金等（相法 5 ）

　生命保険契約や損害保険契約において、①死亡保険金のうち死亡した被相続人及び受取人が負担した保険料に対応する部分以外の保険金（第三者負担対応部分）、②満期保険金のうち受取人以外の者（第三者）が負担した保険料に対応する保険金は、保険料負担者から贈与により取得したものとみなす。

イ　定期金給付契約に関する権利（相法 6 ）

　定期金給付契約の定期金給付事由が発生した場合、その契約の掛金又は保険料（の一部）を定期金受取人以外の者が負担したときにおいて、定期金受取人が取得した定期金給付契約に関する権利のうち、定期金受取人以外の者が負担した掛金等の全額に対する割合に相当する部分は、掛金等負担者から贈与により取得したものとみなす。

ウ　低額譲渡による利益（相法 7 ）

　著しく低い価額の対価で財産の譲渡を受けた場合は、その譲渡時に、その譲渡を受けた者が、その対価と、その時の時価との差額を、譲渡した者から贈与により取得したものとみなす（相続税法においては、所得税法に規定されているような「著しく低い価額」の判定基準は規定されていない。）。

エ　債務免除益等による利益（相法 8 ）

　対価を支払わない（又は著しく低い価額の対価）で債務の免除、引受け又は第三者のためにする債務の弁済による利益を受けた場合には、その時に、利益を受けた者がその債務の免除、引受け又は弁済した債務の金額に相当する金額をその債務の免除、引受け、弁済をした者から贈与により取得したものとみなす。

オ　その他の利益の享受（相法 9 ）

上記以外で、法律的には相続、遺贈又は贈与により取得した財産でなくて
　も、その取得した事実によって実質的にこれらと同様の経済的効果が生ずる
　場合には、贈与により取得したものとみなす。

カ　信託に関する権利（相法9の2～9の6）

　　信託の効力が生じた場合、適正な対価を負担せずにその信託の受益者とな
　る者は、その信託の効力が生じた時に、その信託の受益者は、その信託に関
　する権利をその信託の委託者から贈与により取得したものとみなす。

②　贈与税の非課税財産

ア　法人からの贈与財産（相法21の3①一）

イ　扶養義務者相互間の生活費又は教育費に充てるための贈与で、通常必要と
　認められるもの（非課税となるのは必要な都度、直接これらに充てるものに
　限る。）（相法21の3①二）

ウ　宗教、慈善、学術その他公益を目的とする一定の者が取得した財産で、そ
　の公益を目的とする事業に使われることが確実なもの（相法21の3①三）

エ　奨学金の支給を目的とする一定の特定公益信託から交付される金品で一定
　のもの（相法21の3①四）

オ　地方公共団体の条例により精神や身体に障害のある人又はその人を扶養す
　る人が心身障害者扶養共済制度に基づいて支給される給付金を受ける権利
　（相法21の3①五）

カ　公職選挙法の適用を受ける選挙における公職の候補者が選挙運動に関し取
　得した金品その他の財産上の利益で、公職選挙法の規定による報告がなされ
　たもの（相法21の3①六）

キ　特定障害者扶養信託契約に基づく信託受益権（相法21の4）

ク　個人から受ける香典、花輪代、年末年始の贈答、祝物又は見舞いなどのた
　めの金品で、社会通念上相当と認められるもの（相基通21の3-9）

ケ　直系尊属から贈与を受けた住宅取得等資金のうち一定の要件を満たすもの
　として、贈与税の課税価格に算入されなかったもの（措法70の2①）

コ　直系尊属から一括贈与を受けた教育資金のうち一定の要件を満たすものと
　して、贈与税の課税価格に算入されなかったもの（措法70の2の2①）

サ　直系尊属から一括贈与を受けた結婚・子育て資金のうち一定の要件を満た
　すものとして、贈与税の課税価格に算入されなかったもの（措法70の2の3
　①）

シ　相続や遺贈により財産を取得した人が、**相続があった年に被相続人から贈
　与により取得した財産**（相法21の2④）

> **トピック**
>
> **教育資金の一括贈与を使わなくても贈与税が課税されない例**
>
> 　祖父（甲）が、孫（乙）の大学の入学金300万円を負担する場合、
> 事前に孫（乙）の親（丙）に金銭で300万円を贈与した後に、孫の親
> （丙）がそれを大学の入学金に充てた場合は贈与税の対象となり得る。
> この場合、祖父（甲）が直接大学に振り込む場合は、贈与税の基礎控
> 除額を超えていたとしても扶養義務者相互間の生活費・教育費に充て
> るための贈与として非課税となり、贈与税の対象とならない。教育資
> 金贈与の非課税財産として、直系尊属からの教育資金の一括贈与を受
> けた場合の非課税の特例（措法70の2の2）があるものの、手続の煩
> 雑さから同特例の適用を断念するケースもあるところ、扶養義務者相
> 互間の生活費・教育費に充てるための贈与の非課税は、要件を押さえ
> れば生前対策として活用できる。

(3)　一般贈与と特例贈与の税率

　直系尊属から贈与により取得した財産を「特例贈与財産」といい、特例贈与財
産を取得した受贈者（財産の贈与を受けた年の1月1日において18歳以上の者[3]
に限る。）は、「特例税率」を適用して税額を計算する。特例税率の適用がない財
産のことを「一般贈与財産」といい、「一般税率」を適用して税額を計算する。

　これは、高齢者の保有する資産が子や孫世代に移転するようになることを促し
ている。

　贈与税の速算表

　＜一般贈与財産用＞（一般税率）

基礎控除後の 課税価格	200万 円以下	300万 円以下	400万 円以下	600万 円以下	1,000万 円以下	1,500万 円以下	3,000万 円以下	3,000万 円超
税　率	10%	15%	20%	30%	40%	45%	50%	55%
控除額	—	10万円	25万円	65万円	125万円	175万円	250万円	400万円

3　民法改正前の令和4年3月31日以前に贈与により取得した財産に係る贈与税については、「20歳
　以上の者」となる。

<特例贈与財産用> （特例税率）

基礎控除後の課税価格	200万円以下	400万円以下	600万円以下	1,000万円以下	1,500万円以下	3,000万円以下	4,500万円以下	4,500万円超
税　率	10%	15%	20%	30%	40%	45%	50%	55%
控除額	—	10万円	30万円	90万円	190万円	265万円	415万円	640万円

贈与金額と贈与税　早見表

<一般贈与財産用>

贈与金額	150万円	200万円	300万円	500万円	1,000万円	1,500万円	3,000万円
贈与税	4万円	9万円	19万円	53万円	231万円	450万5千円	1,195万円

<特例贈与財産用>

贈与金額	150万円	200万円	300万円	500万円	1,000万円	1,500万円	3,000万円
贈与税	4万円	9万円	19万円	48万5千円	177万円	366万円	1,035万5千円

（4）贈与税の配偶者控除（相法21の6）

① 概要

　　婚姻期間が20年以上の夫婦の間で、**居住用不動産又は居住用不動産を取得するための金銭の贈与**が行われた場合、通常の基礎控除110万円のほかに、特例として**最高2,000万円まで控除（配偶者控除）**することができる（いわゆる「おしどり贈与」）。

② 要件

　ア　**婚姻期間が20年以上である配偶者から行われた贈与**であること。

　　　※婚姻期間は、婚姻の届出のあった日から贈与の日までの期間（1年未満切り捨て）により計算する（相基通21の6-7）。

　イ　配偶者から贈与された財産が、**居住用不動産であること又は居住用不動産を取得するための金銭**であること。

　　　※**借地権も対象。**

　　　※店舗兼住宅の場合は、あん分計算により居住の用に供している部分のみ適用あり。ただし居住用部分が90％以上の場合は全体を居住用部分とする。

　ウ　贈与を受けた年の翌年3月15日までに、贈与により取得した居住用不動産又は贈与を受けた金銭で取得した居住用不動産に、贈与を受けた者が現実に住んでおり、その後も引き続き住む見込みであること。

③ 手続

以下の書類を添付して、贈与税の申告をすることが必要である。

ア　財産の贈与を受けた日から10日を経過した日以後に作成された戸籍の謄本又は抄本

イ　財産の贈与を受けた日から10日を経過した日以後に作成された戸籍の附票の写し

ウ　居住用不動産の登記事項証明書その他の書類で贈与を受けた人がその居住用不動産を取得したことを証するもの

エ　居住用不動産の贈与を受けた場合は、その居住用不動産を評価した評価明細書

④　メリット・デメリット、留意点

〔メリット〕

・贈与税の配偶者控除の適用を受けた受贈財産のうち贈与税の配偶者控除相当額は、**生前贈与加算の対象から除外**される（相法19）。

・贈与税の配偶者控除を適用して自宅持分の一部を配偶者に贈与し、自宅を**夫婦共有名義**にしておくと、将来自宅を売却した際に、売却益からそれぞれ3,000万円ずつ、**あわせて6,000万円まで譲渡所得の特別控除の適用**を受けられる（措法35）。

〔デメリット〕

・相続財産として小規模宅地の特例を適用する場合には、財産がどんなに高額でも限度面積の範囲内であれば80％の評価減が受けられる。おしどり贈与をした場合は、2,000万円の控除は受けられるものの、控除額を超える場合は贈与の高い税率で課税されるケースもあり、あえて贈与税の配偶者控除の適用を受けず、相続財産として小規模宅地等の特例の適用を受けた方が有利な場合も考えられる。

〔留意点〕

・同じ配偶者からの贈与は一生に一度しか受けられない。

・居住用不動産購入資金の贈与の場合には、民法第903条第4項に定める持ち戻し免除の推定規定はない。

（5）贈与税の還付

贈与税額控除を適用してもなお相続税額から控除しきれない贈与税額、つまり「控除不足額」が発生した場合には、相続時精算課税贈与では還付されるものの、暦年課税贈与では還付されない。

① 暦年課税贈与の場合の具体例（特例贈与財産）

　一昨年に父が所有していた不動産（3,500万円）を暦年贈与課税で贈与してもらい、贈与税を1,280万円納付した。今年相続が発生し、相続税額は80万円だった。

1,280万円＞80万円

　（注）一昨年支払った贈与税額のうち相続税額を超える金額は還付されない。

② 相続時精算課税贈与の場合の具体例

　一昨年に父が所有していた不動産（3,500万円）を相続時精算課税で贈与してもらい、贈与税を178万円納付した。今年相続が発生し、相続税額は80万円だった。

80万円－178万円＝△98万円

98万円は還付される。

第6節　相続時精算課税制度

◆贈与時に贈与税の負担なく（あるいは少なく）贈与が可能な制度。なお、贈与財産は特定贈与者の相続発生時に相続財産に加算し、精算される。

◆父母・祖父母から子・孫への贈与が対象。一度選択するとその贈与者からの贈与に関しては暦年課税贈与に戻せない。

◆令和6年1月1日以降の贈与より年間110万円の基礎控除適用。

◆基礎控除額（年間110万円）以下の贈与は暦年課税贈与の生前贈与7年加算の対象とならない、贈与時の評価額をもって相続時の評価額とできる、などのメリットがある。

1　制度の概要

　直系尊属（父母、祖父母）から直系卑属（子、孫）に対し、贈与時の税金負担なく（あるいは少なく）贈与が可能な制度。**特定贈与者の死亡時に贈与財産が相続財産に加算され、相続税計算において精算される。**贈与者ごとに暦年課税贈与に代えて選択可能だが、**相続時精算課税制度の適用を行った場合、その贈与者からの贈与に関しては暦年課税贈与へ戻せない。**

　令和6年1月1日以降の相続時精算課税贈与につき、**受贈者1人当たり年間110万円の基礎控除あり**（相法21の9、措法70の2の6①）。

2　適用要件

贈与者	贈与をした年の1月1日において**60歳以上**[1]**の父母又は祖父母**

1　**住宅取得等資金の非課税制度**（第7節参照）を適用し、かつ相続時精算課税制度を適用する場合は、**60歳未満でも可能**（措法70の3）。

2　令和4年3月31日以前の贈与については、「20歳以上」。

3　法人版事業承継税制の特例措置（第10節参照）を適用して非上場株式を贈与により取得する場合又は個人版事業承継税制を適用して事業用資産を贈与により取得するには、子・孫ではない（推定相続人以外の）者も可能（措法70の2の7、措法70の2の8）。

受贈者	贈与を受けた年の 1 月 1 日において**18歳以上**[2]**の子又は孫**[3]
贈与財産	贈与財産の種類、金額、贈与回数に制限はない。
贈与税課税	**特別控除額**（特定贈与者ごとに**累計2,500万円**）を超える額に対し**20％の贈与税が課税**される。なお、特別控除額は、贈与財産の価額から基礎控除額（年間110万円）を差し引いた額により算出する。

3　税額計算

（1）贈与税額の計算（相法21の10～21の13、相令 5 の 2 、措法70の 3 の 2 ）

$$\left(\begin{array}{c} 贈与財産の \\ 価額…① \end{array} - \begin{array}{c} 基礎控除額 \\ （年間110万円）…② \end{array} - \begin{array}{c} 特別控除額 \\ （累計2,500万円）…③ \end{array} \right) \times 20\%$$

〔留意点〕

① 相続時精算課税贈与の贈与者ごとに、その年に受けた贈与の価額を合計する。

② 令和 5 年12月31日以前の贈与については、基礎控除額なし。なお、令和 6 年以降に相続時精算課税贈与を複数の特定贈与者から受けた場合は、特定贈与者ごとの贈与税の課税価格に基づき基礎控除額の110万円を按分する。

③ 以前に特別控除額を適用している場合は、2,500万円から適用額（基礎控除部分を除く。）を差し引いた残額とする。

（2）贈与税額計算の具体例（令和 6 年 1 月 1 日以降の贈与）

① **父から3,000万円の相続時精算課税贈与**

3,000万円

相続時精算課税贈与

3,000万円－110万円（※ 1 ）＝2,890万円

（2,890万円－2,500万円（※ 2 ））×20％＝78万円

贈与税額：78万円　特別控除額残額：0 円

※ 1 　令和 5 年12月31日以前の贈与の場合、基礎控除額110万円なし。

※ 2 　特別控除適用初年度と仮定。

② **祖父から800万円（相続時精算課税贈与）、祖母から200万円（相続時精算課税贈与）の贈与**

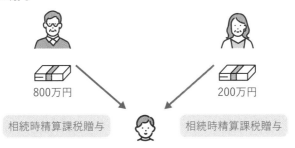

基礎控除額（※1）…祖父：88万円、祖母：22万円

祖父：（800万円−88万円）＝712万円　712万円−712万円＝0（712万円＜2,500万円（※2））

祖母：（200万円−22万円）＝178万円　178万円−178万円＝0（178万円＜2,500万円（※2））

贈与税額：0円　特別控除額残額：祖父　1,788万円、祖母　2,322万円

※1　相続時精算課税贈与の基礎控除額110万円は特定贈与者ごとの贈与税の課税価格で按分する。令和5年12月31日以前の贈与の場合、基礎控除額110万円なし。

※2　特別控除適用初年度と仮定。特別控除額は特定贈与者1人当たりにつき2,500万円となる。

③ **父から1,110万円（相続時精算課税贈与）、母から500万円（暦年課税贈与）の贈与**

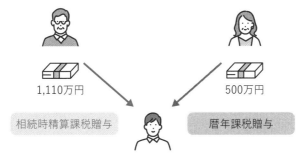

相続時精算課税贈与（父）：1,110万円−110万円（※2）−1,000万円＝0（1,000万円＜2,500万円（※3））➡税額0円

暦年課税贈与（母）：500万円−110万円＝390万円　➡税額48.5万円（特例税

率で計算）

贈与税額：48.5万円　特別控除額残額：1,500万円（父からの贈与に対する残額）

※1　相続時精算課税贈与の基礎控除額110万円と暦年課税贈与の基礎控除額110万円は、重複適用可。

※2　令和5年12月31日以前の贈与の場合、基礎控除額110万円なし。

※3　特別控除適用初年度と仮定。

〔手続上の留意点〕

・適用初年度においては**贈与税の申告期限**（翌年3月15日）までに**相続時精算課税選択届出書の提出が必要。**

・贈与を受けた財産が相続時精算課税贈与の**基礎控除額（110万円）以下であれば申告不要。基礎控除額を超えた場合**、相続時精算課税贈与の特別控除額を適用し贈与税額が0円となった場合を含め、**申告必要。**

(3) 相続税額の計算（相法21の14～21の16）

①　相続時精算課税贈与に係る**特定贈与者の死亡時、相続財産に次の額を加算**する。

> 相続時精算課税贈与により贈与税の課税価額に算入された価額
> （基礎控除適用分は除く。）

〔留意点〕

・相続又は遺贈により財産を取得していない者においても加算する。

・相続時精算課税贈与により取得した土地又は建物につき、令和6年1月1日から相続開始までの間に災害により一定の被害[4]を受けた場合、一定の申請[5]を行うことで災害による被災価額を控除した残額とすることができる（措法70の3の3、措令40の5の3）。

②　受贈者の相続税額から以下を控除する。

> 相続時精算課税贈与により課せられた贈与税額

〔留意点〕

・相続税額から控除しても控除しきれなかった金額がある場合は、相続税申告書の提出により還付を受けることができる（相法33の2）。

4　冷害、雪害、干害、落雷、噴火その他自然現象の異変による災害及び鉱害、火薬類の爆発その他の人為による異常な災害等であり、一定の被害額があるもの

5　災害が発生した日から3年を経過する日までに納税地の所轄税務署長へ提出する必要がある。

（4）相続税額の計算の具体例

① **父が死亡し、子への相続時精算課税贈与3,500万円（令和 5 年12月31日以前の贈与）があった場合（下記以外に相続時精算課税贈与はないものとする）**

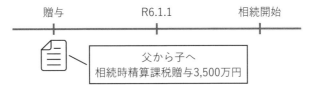

ア　贈与時の申告内容　贈与税額200万円

　　（3,500万円－2,500万円）×20％＝200万円

イ　相続時の計算

　（ア）相続税の課税価格に加算する贈与財産の価額　3,500万円

　（イ）子の相続税額から控除する贈与税額　200万円

② **祖父が死亡し、孫への相続時精算課税贈与3,500万円（令和 6 年 1 月 1 日以降の贈与）があった場合（下記以外に相続時精算課税贈与はないものとする）**

ア　贈与時の申告内容　贈与税額178万円

　　（3,500万円－110万円－2,500万円）×20％＝178万円

イ　相続時の計算

　（ア）相続税の課税価格に加算する贈与財産の価額　3,390万円（3,500万円－110万円）

　（イ）孫の相続税額から控除する贈与税額　178万円

③ 母が死亡し、長男への相続時精算課税贈与を令和6年1月1日前と以後に複数回行っていた場合（下記以外に相続時精算課税贈与はないものとする）

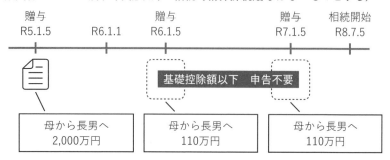

ア　贈与時の申告内容

(ア)　令和5年　　　　　税額0円（特別控除額残額：500万円（※1））

(イ)　令和6年、7年　税額0円（両年の贈与とも相続時精算課税贈与の基礎控除額以下）

※1　令和5年12月31日以前の相続時精算課税贈与なので、基礎控除なし。

イ　相続時の計算

(ア)　相続税の課税価格に加算する贈与財産の価額　2,000万円　（※2）

(イ)　子の相続税額から控除する贈与税額　0円

※2　令和6年、7年の贈与は基礎控除額以下なので、相続税の課税価格へ加算不要。

④ 祖父が死亡し、暦年課税贈与を複数回行い、後に相続時精算課税贈与を孫へ行っていた場合（下記以外に贈与はないものとする）

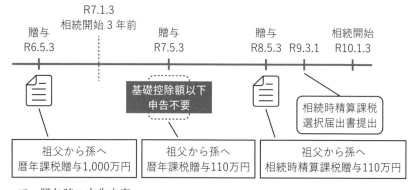

ア　贈与時の申告内容

(ｱ)　令和 6 年　　　　　　税額（1,000万円－110万円）×30％－90万円＝177万円（特例税率で計算）

(ｲ)　令和 7 年、8 年　税額 0 円（令和 7 年は暦年課税贈与の基礎控除額以下、令和 8 年は相続時精算課税贈与の基礎控除額以下）

イ　相続時の計算

(ｱ)　相続財産に加算する額　合計1,010万円

a　暦年課税贈与　110万円＋（1,000万円－100万円（※））＝1,010万円

b　相続時精算課税贈与　0 円（相続時精算課税贈与の基礎控除額以下ののため相続税の課税価格への加算なし）

※相続開始前 3 年より前につき100万円を控除

(ｲ)　孫の相続税額から控除する贈与税額　合計177万円

a　暦年課税贈与　　177万円

b　相続時精算課税贈与　0 円

4　手続要件（相法21の 9 、相令 5 、相規10〜11）

(1)　相続時精算課税選択届出書の提出

贈与者ごとに作成し、戸籍謄本その他の書類（※）を添付して贈与があった年の翌年 3 月15日までに受贈者が提出（(2)の申告書を提出する場合は申告書に添付して提出）。

※受贈者の氏名、生年月日、受贈者が贈与者の推定相続人又は孫と確認できるもの

(2)　贈与税申告書の提出

相続時精算課税贈与の適用を受ける内容の申告書を、贈与があった年の翌年 3 月15日までに、受贈者が提出する。ただし、令和 6 年 1 月 1 日以降の贈与の場合、基礎控除額以下の贈与であれば贈与税申告書の提出は要しない。

5　留意点

(1)　相続時精算課税制度を選択すると、その贈与者からの贈与はその年分以後相続時精算課税贈与となる[6]。

6　年の途中に養子縁組等により贈与者の子又は孫となった場合は、養子縁組以前の贈与は暦年課税贈与、養子縁組以後に相続時精算課税贈与を行ったもののみが相続時精算課税贈与となる。また、その後養子縁組が解消された場合であってもその贈与者からの贈与は相続時精算課税が適用される（相法21の 9 ）。

(2) 令和5年12月31日以前の相続時精算課税贈与において、**基礎控除額**はない。

6 受贈者が特定贈与者より先に死亡した場合（相法21の17）

相続時精算課税贈与の受贈者が特定贈与者より先に死亡した場合、相続時精算課税贈与に関する権利義務については、死亡した受贈者の相続人[7]が承継する。ただし、当該相続人に相続時精算課税贈与の特定贈与者本人が含まれる場合、特定贈与者はその権利義務を承継しない。

選択届出書	相続時精算課税選択届出書の提出前に受贈者が死亡した場合、相続人が提出期限内に届出書を提出することで相続時精算課税贈与を選択できる[8]。
特定贈与者の相続時	相続時精算課税贈与の特定贈与者が死亡した際には、亡くなった受贈者の相続人が、受贈者の相続税申告及び納税義務を承継し、申告による還付金がある場合はそれを受ける権利を承継する。
相続人が複数の場合	上記義務及び権利について、法定相続分で按分する（相続時精算課税贈与の特定贈与者は含めない[9]。）。

（例）父から子へ相続時精算課税贈与を行った数年後、子が先に死亡

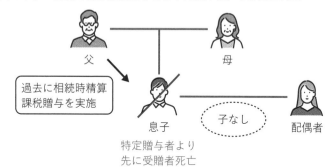

法定相続分：配偶者2/3、父1/6、母1/6
相続時精算課税贈与の権利義務：配偶者2/3、母1/3

---

7 包括受遺者を含む。

8 ただし、相続時精算課税贈与の特定贈与者も死亡しておりその相続税の申告期限が先に到来する場合は、相続税の申告期限までに、相続税申告書に添付して提出する（相令5④）。

9 相続時精算課税贈与を行った特定贈与者本人のみが相続人である場合、相続時精算課税贈与に関する権利義務はその他の者に承継されることなく消滅する（相基通21の17-3）。

7　住宅取得等資金贈与の非課税の適用を受ける場合の特例

→　第7節1(6)を参照。

8　暦年課税贈与と相続時精算課税贈与における生前対策としてのメリット＆デメリット・使い分け

(1)　メリット＆デメリット

	暦年課税贈与	相続時精算課税贈与
メリット	・生前贈与加算対象期間（相続開始前3年〜7年）より前の贈与は、相続財産への加算不要 ・孫・子の配偶者など、相続又は遺贈により財産を取得した者以外の者への暦年課税贈与は生前贈与加算の対象外	・基礎控除額以下の相続時精算課税贈与は、相続財産への加算不要 ・贈与時の評価額が相続財産に加算されるため、資産価値が上昇する場合は有利 ・相続時に、相続時精算課税贈与税額＞相続税額となった場合には還付される ・基礎控除額（年間110万円）及び特別控除の累計適用額（2,500万円）以内であれば贈与時の税金負担なし
デメリット	・生前贈与加算対象期間（相続開始前3年〜7年）内の贈与は、基礎控除額以下の贈与を含め、相続財産に加算 ・生前贈与加算対象の贈与に係る贈与税は相続税額から控除可能だが、贈与税＞相続税であっても還付は不可	・一度相続時精算課税贈与を選択すると、その贈与者からの贈与は暦年課税贈与に戻せない ・贈与時の価額が相続財産に加算されるため、資産価値が下落する場合は不利（※1） ・相続又は遺贈により財産を取得していない者であっても相続時の精算及び相続税申告が必要 ・制度選択時に相続時精算課税選択届出書の提出が必須 ・直系尊属−卑属の関係でのみ利用可能で、年齢制限もあり

※令和6年1月1日以降、相続時精算課税贈与により取得した土地又は建物について、災害により一定の被害を受けた場合の減額措置あり

(2) 一般的な使い分け

財産規模	近い将来相続が発生すると見込まれる者からの贈与		左記以外	
①相続税の適用税率が10％又は0	推定相続人・受遺者	年間110万円以内の相続時精算課税贈与	推定相続人・受遺者	年間110万円以内の相続時精算課税贈与
	上記以外	暦年・精算両方可年間110万円以内とする	上記以外	暦年・精算両方可年間110万円以内とする
②相続税の適用税率が20％以上の場合	推定相続人・受遺者	年間110万円以内の相続時精算課税贈与	推定相続人・受遺者	贈与税適用税率＜相続税適用税率となるような金額で暦年課税贈与
	上記以外	贈与税適用税率＜相続税適用税率となるような金額で暦年課税贈与	上記以外	

〔留意点〕

　「近い将来相続が発生すると見込まれる者」とは、生前贈与加算（3年～7年）の対象になると見込まれる者のことをいう。

〔ポイント〕

・贈与自体が否認されないように、**意思能力への配慮が必要**（※1）。意思能力がない者が行った贈与は無効となる。

・近い将来相続が発生すると見込まれる者からの暦年課税贈与は、生前贈与加算に該当するリスクが高くなる。その場合は相続時精算課税贈与の基礎控除額を有効活用することを検討する。

・相続税の**適用税率**（※2）が10％の場合は、相続時精算課税贈与による基礎控除以内の贈与が有効。

・相続税の適用税率が10％を超える資産規模で、かつ近い将来相続が発生することが見込まれる者に該当しない者からの贈与は、相続税の適用税率よりも低い贈与税の適用税率による暦年課税贈与が有効。

・孫、子供の配偶者などの「推定相続人以外の者」への贈与は、暦年課税贈与が有効。ただし、これらの者が①遺言書により受遺者となった場合、②保険金の受取人になった場合、③代襲相続人となった場合は、生前贈与加算が発

生する。

※1　**意思能力への配慮**：民法第549条に「贈与は、当事者の一方がある財産
　　を無償で相手方に与える意思を表示し、相手方が受諾をすることによっ
　　て、その効力を生ずる」とあるため、贈与者の意思表示が必須である。

※2　**適用税率**：税率表で示される税率。相続人の構成／受贈者の関係性に応
　　じたものを採用する。仮に相続税の適用税率20%であれば、贈与税の適用
　　税率10%以下で生前贈与を行うことで、20%課税される相続財産を減らす
　　ことができる。

（参考）相続税・贈与税の税率表

税率	相続税		贈与税（特例税率） 成人直系卑属へ贈与		贈与税（一般税率） 左記以外	
	各法定相続人 の取得価額	控除額	課税価格	控除額	課税価格	控除額
10%	〜1,000万円 以下	―	〜200万円 以下	―	〜200万円 以下	―
15%	〜3,000万円 以下	50万円	〜400万円 以下	10万円	〜300万円 以下	10万円
20%	〜5,000万円 以下	200万円	〜600万円 以下	30万円	〜400万円 以下	25万円
30%	〜1億円 以下	700万円	〜1,000万円 以下	90万円	〜600万円 以下	65万円
40%	〜2億円 以下	1,700万円	〜1,500万円 以下	190万円	〜1,000万円 以下	125万円
45%	〜3億円 以下	2,700万円	〜3,000万円 以下	265万円	〜1,500万円 以下	175万円
50%	〜6億円 以下	4,200万円	〜4,500万円 以下	415万円	〜3,000万円 以下	250万円
55%	6億円超〜	7,200万円	4,500万円 超〜	640万円	3,000万円 超〜	400万円

精算課税

(3) 節税額シミュレーション（推定相続人が子供2人の場合）

		現有資産の状況			
		1億円	2億円	3億円	5億円
対策前相続税額		770万円	3,340万円	6,920万円	1億5,210万円
10年間贈与実施の場合					
	贈与金額（※1）	節税額（※2）			
精算	110万円	<u>330万円</u>	660万円	880万円	990万円
暦年	500万円	（※3）189万円	669万円	989万円	1,149万円
	600万円	120万円	<u>732万円</u>	1,112万円	1,302万円
	1,000万円		553万円	<u>1,378万円</u>	1,708万円
	1,500万円			755万円	<u>1,774万円</u>
20年間贈与実施の場合					
	贈与金額（※1）	節税額（※2）			
精算	110万円	<u>630万円</u>	1,320万円	1,760万円	1,980万円
暦年	300万円	405万円	1,686万円	2,486万円	2,996万円
	400万円	298万円	<u>1,789万円</u>	2,889万円	3,659万円
	500万円	210万円	1,774万円	3,279万円	4,309万円
	600万円	120万円	1,569万円	<u>3,552万円</u>	4,842万円
	1,000万円		553万円	2,363万円	6,128万円

※1　贈与金額欄の額を1人1年当たりの贈与額として10年間又は20年間にわたり子2人に対する生前贈与を行い、10年又は20年後に相続が開始するものとした。また、贈与は財産が相続税の基礎控除額を下回るまで継続するものとした（計算においては50万円を下回る時点で贈与終了としている。）。

※2　対策前相続税額から、贈与税額及び対策後相続税額を控除した額を節税額としている。下線を引いているものが各レンジ・対策期間の中で節税額最大となる。
　　　（計算式）
　　　①相続税額＝資産額に対する法定相続人の数に応じた相続税額
　　　　（生前贈与加算、贈与税額控除の計算を含む。）
　　　②贈与税額＝（贈与財産の価額－110万円）×特例贈与税率－控除額

※3　青色の枠は贈与途中で財産が基礎控除額を下回る結果となる（翌年以降は贈与なしとなる）ものを示し、空欄の枠はかえって税負担が増加し節税とな

らない場合を示している。

〔例〕

・現有資産 3 億円で 1 人当たり1,000万円の贈与を10年間（合計 2 億円）実施
　し、対策開始10年後に相続が発生した場合…1,378万円の節税

・現有資産 3 億円で 1 人当たり600万円の贈与を20年間（合計 2 億4,000万円）
　実施し、対策開始20年後に相続が発生した場合…3,552万円の節税

〔上記シミュレーション例からわかること〕

①　現有資産 1 億円の場合、期間に関わらず暦年課税贈与より相続時精算課税
　贈与が有利。

②　現有資産が増えると相続時精算課税贈与より暦年課税贈与の方が有利とな
　る。

③　暦年課税贈与では現有資産が大きいほど、贈与財産の価額も大きくするこ
　とでより大きな節税効果が得られる。

④　どのケースにおいても、贈与期間が10年より20年の方が有利。

⑤　現有資産と比較し多額の贈与を行うと、かえって納税額が増える場合があ
　る（シミュレーションにおいて空欄の枠が該当）。

> **トピック**
>
> **過去の申告状況の把握　閲覧申請と開示請求**
>
> 　相続税の申告書を作成するにあたっては、過去の贈与状況の確認、特に相続時精算課税贈与を行っていたかどうかについて十分な確認が必要となる。
>
> 　相続時精算課税贈与の難点は、必ずしも相続人が書類を保管しているとは限らない（例えば、贈与者である被相続人が書類の保管を行っていて相続人は関知していない等）という点にある。
>
> 　その一方で税務署は相続時精算課税贈与選択届出書及び贈与税申告書を保管しているため、相続税申告時に相続時精算課税贈与が反映されていない場合、調査等で税務署から指摘を受けることとなる。相続人からのヒアリングのみでは相続時精算課税贈与の有無が確定できない場合や「贈与はあるが書類がない」といった場合には、「閲覧申請」と「開示請求」の 2 つの方法により確認が可能である。
>
> ①　閲覧申請（申告書等閲覧サービス）

納税者が申告書の作成等のため過去に提出した申告書等の内容を確認する必要があると認められる場合に、閲覧が許可される。

閲覧申請の手続概要	
申請者	納税者（※）及びその代理人 ※納税者が死亡している場合は相続人全員が税務署へ赴くか、申請者以外の委任状及び印鑑登録証明書等が必要
対象文書	・各種税務申告書、申請書、請求書、届出書及び報告書等 ・上記の書類に添付して提出した書類
閲覧方法	原則は閲覧又は書き写しのみで複写不可だが、収受日付印や氏名などの個人情報をマスキングした上での写真撮影が可能
申請先	納税地の所轄税務署
申請方法	本人確認書類を持参の上、申請先の窓口へ申請
代理の場合	以下を持参の上、申請先の窓口へ申請 ①代理人本人であることを確認する書類 ②所定の様式の委任状 ③納税者の印鑑登録証明書原本　※申請日前30日以内発行 ④代理人が親族の場合：戸籍謄本等の書類 ⑤代理人が資格者の場合：税理士証票等、資格証明書

・相続時精算課税贈与の有無確認をする場合、相続人・受遺者が直接税務署（贈与税申告を実施した税務署であり、被相続人の納税地とは異なることに注意）へ赴くか、委任を受けて親族や税理士が手続をする。

・相続人が遠隔地に住んでいる場合は必要性を説明の上、本人に閲覧してもらう。

・申請後、改めて閲覧という二段階となり、日数を要する。

・委任の場合は印鑑登録証明書の有効期間が1か月。

・閲覧申請は複写ができないものの写真撮影が可能なので（申請時に申し出る）、相続時精算課税贈与の有無及び申告に必要な情報を得ることができる。

② 　開示請求（相続税法第49条第 1 項に基づく贈与税の申告内容の開示請求手続）

　「閲覧申請」は自分が過去に提出した書類を閲覧するものであるのに対し、「開示請求」は自分以外の相続人の情報を確認するものである。自分以外の相続人の過去の贈与情報が「合計額」で記載されているため、具体的な受贈者や贈与財産、個別の贈与価額といった情報は得られない。

開示請求の手続概要	
申請者	相続税の申告や更正の請求をしようとする者
請求時期	被相続人が死亡した年の 3 月16日以後
請求先	被相続人の死亡時の住所地を管轄する税務署
請求方法	以下の資料を提出 ①　相続税法第49条第 1 項の規定に基づく開示請求書 ②　下記の添付書類 　ア　遺産分割協議書又は遺言書の写し 　イ　上記アがない場合は開示請求者及び開示対象者に係る戸籍謄（抄）本
開示時期	請求があってから 2 か月（以内）
開示結果の受領方法	①　窓口での直接受領　※代理人も可 ②　郵送受領　※代理人不可 　申請者本人住所へ郵送（返信用封筒・切手等が必要）
代理の場合	申請者からの委任状が必要

・開示請求において結果の入手時期は請求してから 2 か月以内であるため、日数を要する。

・開示書に記載されるものは、①開示対象者一覧、②暦年課税贈与に係る相続開始前 3 年以内の贈与税の課税価格の合計額、③暦年課税贈与に係る相続開始前 3 年超から 7 年以内の贈与税の課税価格（100万円控除後の残額）、④相続時精算課税贈与に係る贈与税の課税価格の合計額（110万円の基礎控除後の金額）のみである。よって、例えば「相続人 3 名のうち、 1 名が非協力的で閲覧申請の委任を得られない」といったような場合に利用する。

まとめ

まずは「閲覧申請」を検討し、その実施が難しい場合は「開示請求」を行う。いずれの方法も一定の時間が必要な手続であるので、相続税申告の依頼を受けた場合、優先的に確認するべきだ。

　なお、東京国税局では令和4年10月以降の相続開始分より、相続税の申告案内（いわゆる「お尋ね」）の対象となった被相続人から相続時精算課税に係る贈与を受けた受贈者に対して、「相続時精算課税制度の適用を受ける贈与税の申告をしている」旨などを知らせる書類を送付する試行が開始されている（税務研究会『週刊税務通信』№.3756、令和5年6月12日）。

第7節　その他贈与税の特例

> **POINT**
>
> ◆住宅取得等資金贈与の非課税制度：父母・祖父母から18歳以上
> の子・孫への贈与、最大1,000万円、相続財産への加算なし。
> ◆教育資金贈与の非課税制度：父母・祖父母から30歳未満の子・
> 孫への贈与、最大1,500万円、残額は相続財産への加算対象と
> なる場合あり。
> ◆結婚・子育て資金贈与の非課税制度：父母・祖父母から18歳以
> 上50歳未満の子・孫への贈与、最大1,000万円、残額は相続財
> 産への加算対象となる。

1　住宅取得等資金贈与の非課税制度

(1) 制度の概要（措法70の2）

　直系尊属（父母、祖父母）から18歳以上の直系卑属（子・孫）への贈与により、自身が居住するための住宅の新築・中古購入・増改築を行った場合に1,000万円又は500万円までの贈与が非課税となる制度。非課税とされた住宅取得等資金の額は、贈与者に相続が発生した場合の相続税の課税価格の計算において加算等の対象とならない。

　相続時精算課税贈与と合わせて適用することも可能。

　所得税の住宅ローン控除等、その他の特例との関係に留意。

(2) 非課税限度額（措法70の2②六）

　贈与を受けた者ごとに、次のとおり。

令和6年1月1日〜令和8年12月31日までの贈与	
省エネ等住宅	1,000万円
上記以外	500万円

①　令和6年1月1日以後の贈与により取得する住宅取得等資金に係る省エネ等住宅の要件

次のアからウのいずれかに適合する住宅用家屋として、住宅性能証明書などの一定の書類（（5）②ウ参照）により証明されたもの

ア　次のいずれかに該当する家屋（省エネルギー性能の優れた住宅）

(ア)　断熱等性能等級5以上かつ一次エネルギー消費量等級6以上であること。

(イ)　次の全ての要件を満たすものについては、エネルギーの使用の合理化に著しく資する住宅用の家屋とみなされる。

・令和6年1月1日以後に住宅取得等資金の贈与を受けていること。

・住宅用家屋の新築又は建築後使用されたことのない住宅用家屋を取得すること。

・その家屋が、断熱等性能等級4以上又は一次エネルギー消費量等級4以上であること。

・その家屋が、令和5年12月31日以前に建築確認を受けている又は令和6年6月30日以前に建築されたものであること。

イ　耐震等級（構造躯体の倒壊等防止）2以上又は免震建築物であること（耐震性能の優れた住宅）

ウ　高齢者等配慮対策等級（専用部分）3以上であること（高齢者等配慮性能の優れた住宅）

②　過去に住宅取得等資金贈与の非課税制度を適用した場合

過去に住宅取得等資金贈与の非課税制度を適用している場合は、原則として過去に適用した非課税額を、1,000万円（又は500万円）から控除する[1]。

（3）税額計算（暦年課税贈与）

$$\left(\frac{住宅取得等}{資金の金額} - \frac{住宅取得等資金}{の非課税限度額} + \frac{その他の同年に}{贈与を受けた額} - \frac{暦年課税贈与}{の基礎控除額}\right) × 税率（特例税率）$$

例：父から2,000万円、母から500万円の贈与を受け、全額を充て住宅を取得した場合（父からの贈与に住宅取得等資金贈与の非課税制度を適用[2]。省エネ住宅に適合。）

1　過去に住宅取得等資金贈与の非課税制度の適用を受けた受贈者について、その適用を受けて新築等をした住宅用の家屋が被災者生活再建支援法第2条第2号に規定する政令で定める自然災害（同法の適用を受ける豪雨・地震等の自然災害をいう。）により滅失した場合で、その受贈者が新たに贈与を受けた金銭を住宅用の家屋の新築等の対価に充てたときには、控除不要（国税庁ホームページタックスアンサー「№8007　災害を受けたときの贈与税の取扱い」）。

2　住宅取得等資金の贈与の非課税限度額を按分することも可能。

(ア)　贈与税の課税価格の計算

(2,000万円−1,000万円)＋(500万円−110万円)＝1,390万円

(イ)　贈与税額(特例税率)

1,390万円×40%−190万円＝366万円

※相続時精算課税贈与の計算については、(6)参照。

(4) 適用要件(措法70の2②、措令40の4の2、措規23の5の2)

以下の要件を全て満たす必要がある。

①特定受贈者	ア	贈与を受けた時点で、**贈与者の直系卑属(子、孫)であること**。
	イ	贈与を受けた年の1月1日において、**18歳以上**[3]であること。
	ウ	贈与を受けた年の所得に関し、**合計所得金額**[4]**が2,000万円以下**(対象となる住宅用家屋の床面積が40㎡以上50㎡未満の場合は、1,000万円以下)であること。
	エ	原則として贈与を受けた時に日本国内に住所を有し、かつ日本国籍を有していること[5]。
②住宅用家屋	ア	全般的な要件
		(ア)　対象となる家屋が国内にあること。
		(イ)　土地に関しては、新築する家屋と同時又は先行して取得されるその家屋の敷地用の土地であること、中古購入する家屋の敷地用の土地であること、若しくは増改築等とともに購入されるその敷地用の土地であること。
	イ	新築又は中古購入の場合の要件
		(ア)　**新築又は中古購入した家屋の登記簿上の床面積が40㎡以上240㎡以下**(マンションなどの区分所有建物の場合は、専有部分の床面積)
		(イ)　**その床面積の2分の1以上相当部分を受贈者の居住の用に供すること**。
		(ウ)　その家屋が次のいずれかに該当すること。
		a　建築後使用されたことのない住宅用の家屋
		b　建築後使用されたことのある住宅用の家屋で、昭和57年1月1日以後に建築されたもの
		c　建築後使用されたことのある住宅用の家屋で、bに該当せず、耐震性についての一定の証明がされたもの
		d　建築後使用されたことのある住宅用の家屋で、b・cに該当せ

3　令和4年3月31日以前の贈与については、「20歳以上」。

4　合計所得金額について、2(2)脚注16参照。

5　日本国内に住所を有し、かつ、日本国籍を有しない場合であっても、相続税法第1条の4第1項第1号の居住無制限納税義務者又は同項第2号の非居住無制限納税義務者である場合には、当該要件を満たさないこととなる。

	ず、耐震基準を満たすための一定の工事が取得期限までに実施されるもの
	ウ　増改築の場合の要件
	(ｱ)　増改築後の住宅用家屋の登記簿上の床面積が40㎡以上240㎡以下（マンションなどの区分所有建物の場合は、専有部分の床面積）
	(ｲ)　その床面積の２分の１以上相当部分を受贈者の居住の用に供すること。
	(ｳ)　増改築等の工事が、受贈者が所有しかつ居住している家屋に対するものであること。また、工事費用の額の２分の１以上の額が、受贈者の居住部分に対するものであること。
	(ｴ)　「増改築等工事証明書」等の一定の書類により要件を満たす工事である旨が証明されたこと。
	(ｵ)　増改築等に係る工事に要した金額が100万円以上であること。
③契約や入居時期等	ア　自己の配偶者、親族等の一定の特別の関係がある人から住宅用家屋を取得又は請負契約等により新築若しくは増改築等したものではないこと。
	イ　贈与を受けた年の翌年３月15日までに住宅取得等資金の全額を充当し、住宅となる家屋の取得をすること（受贈者名義あるいは受贈者を含む共有名義であることが必要）。
	ウ　新築の場合は贈与を受けた年の翌年３月15日までに工事が完了又は工事完了に準ずる状態[6]であること、中古購入の場合は同日までに引き渡しを受けていること。
	エ　贈与を受けた年の翌年３月15日までにその家屋に居住すること又は遅滞なく居住することが確実であると見込まれること（贈与を受けた年の翌年12月31日までにその家屋に居住しないときは原則として特例の適用不可[7]。修正申告が必要となる。）。

(5) 手続要件（措規23の５の２⑨）

①　贈与を受けた年の翌年２月１日から３月15日までの間に贈与税申告を行い、非課税特例の適用を受ける旨を記載するとともに、下記②の書類を添付すること。

②　添付が必要な書類

ア	共通

6　「新築の工事の完了に準ずる状態」とは、屋根（その骨組みを含む）を有し、土地に定着した建造物として認められる時以後の状態をいう（措規23の５の２①）。

7　災害による滅失（通常の修繕によっては原状回復が困難な損壊を含む。）の場合、居住要件の免除の規定がある（措法70の２⑧）。また、災害に起因するやむを得ない事情がある場合、取得期限及び居住期限の延長規定（措法70の２⑨）、申告期限の延長規定がある（措法70の２⑪）。

	(ア)　受贈者の戸籍謄本等（氏名・生年月日・贈与者が受贈者の直系尊属であることを確認できるもの） (イ)　源泉徴収票等（贈与を受けた年の合計所得金額が明らかになるもの[8]） (ウ)　所定の事項を記載した明細書
イ	新築又は中古購入の場合 (ア)　新築工事の請負契約書の写し、売買契約書の写し (イ)　住宅用の家屋に関する登記事項証明書[9]（土地の取得を伴う場合は土地も含む。）
ウ	省エネ住宅等の新築又は中古購入の場合 次のいずれかの書類 (ア)　住宅性能証明書 (イ)　建設住宅性能評価書の写し (ウ)　住宅省エネルギー性能証明書 (エ)　次の両方の書類 　　a　長期優良住宅建築等計画等の（変更）認定通知書の写し 　　b　住宅用家屋証明書又は認定長期優良住宅住宅建築証明書 (オ)　次の両方の書類 　　a　低炭素建築物新築等計画の（変更）認定通知書の写し 　　b　住宅用家屋証明書又は認定低炭素住宅建築証明書
エ	新築又は中古購入の場合において、3月15日までに居住しない場合 (ア)　その事情及び居住の用に供する予定時期を記載した書類 (イ)　遅滞なく居住の用に供することを約する書類
オ	中古購入の場合で、昭和57年1月1日以前に建築され、耐震基準を満たすもの（(4)表②イ(ウ)cに該当） 次のいずれかの書類（調査完了時期などについての要件あり。） (ア)　耐震基準適合証明書 (イ)　建設住宅性能評価書の写し (ウ)　既存住宅売買瑕疵担保責任保険契約が締結されていることを証する書類
カ	中古購入の場合で、昭和57年1月1日以前に建築され、耐震改修を行ったもの（(4)表②イ(ウ)dに該当） 上記オ(ア)〜(ウ)のいずれかの書類（申告期限までに耐震基準に適合することになったことを証するものに限る。）及びその申請書（住宅用家屋の取得の日までに申請を行ったものに限る。）

贈与特例

8　受贈者が、所得税の確定申告書を提出した場合は、提出年月日及び提出先税務署を贈与税申告書の所定欄に記載することで足り、源泉徴収票等の添付は不要。合計所得金額については、2 (2)脚注16参照。

9　贈与税申告書の所定欄に、登記事項証明書に記載の不動産番号を記入することで代用可。

キ	増改築等の場合
	(ア) 増改築等の工事に関する請負契約書の写し
	(イ) 住宅用の家屋に関する登記事項証明書[10]（土地の取得を伴う場合は土地についても含む。）
	(ウ) 以下のいずれかの書類
	a 確認済証の写し
	b 検査済証の写し
	c 増改築等工事証明書
	※上記(ア)～(ウ)について贈与の翌年3月15日において完了に準ずる状態[11]にある場合は、工事完了後遅滞なく(ア)～(ウ)の書類を提出することを約する書類をもって(ア)～(ウ)の代用とするとともに、工事請負業者などによる工事完了に準ずる状態であることを証する書類（工事の完了予定日の記載が必須）を提出する。
ク	省エネ住宅等の増改築の場合
	上記キの書類に加え、次のいずれかの書類
	(ア) 住宅性能証明書
	(イ) 建設住宅性能評価書の写し
	(ウ) 増改築等工事証明書（省エネ住宅等の基準に適合させるためのものであることについて証明されたものに限る。）
	※上記(ア)～(ウ)について贈与の翌年3月15日において完了に準ずる状態にある場合は、工事完了後遅滞なく(ア)～(ウ)の書類を提出することを約する書類をもって(ア)～(ウ)の代用とする。

(6) 特定の贈与者から住宅取得等資金の贈与を受けた場合の相続時精算課税の特例（措法70の3）

　平成15年1月1日から令和8年12月31日までの間に住宅取得等資金の贈与を受け、住宅取得等資金贈与の非課税限度額を控除してなお残る金額については、暦年課税贈与として申告するほか、相続時精算課税贈与とすることもできる。また、この場合に**相続時精算課税贈与の贈与者の要件である「60歳以上」は必須でなくなる。**

① 適用要件（措令40の4の2、措令40の5）

　以下を除き、(4)の適用要件と同じ。

10　贈与税申告書の所定欄に、登記事項証明書に記載の不動産番号を記入することで代用可。

11　「増改築等の工事の完了に準ずる状態」とは、増築又は改築部分の屋根（その骨組みを含む。）を有し、既存の家屋と一体となって土地に定着した建造物として認められる時以後の状態をいう（措規23の5の2②）。

12　相続時精算課税の特例においては、住宅取得等資金贈与の非課税制度と異なり240㎡以下の限度要件なし（措通70の3-5）。

ア　対象となる家屋の登記簿上の床面積が**40㎡以上であること**[12]。

イ　受贈者の合計所得金額についての要件なし。

② **手続要件**（措規23の6⑧）

　贈与を受けた年の翌年2月1日から3月15日までの間に贈与税申告を行い、非課税特例の適用を受ける旨、その残額について相続時精算課税贈与の適用を受ける旨を記載するとともに、相続時精算課税選択届出書及び必要な書類（第6節「4　手続要件」参照）、その他住宅取得等資金贈与の特例適用に関して必要な書類（「(5)　手続要件」参照）を添付する。

③ **税額計算**

$$\left(\begin{array}{l}\text{住宅取得等} \\ \text{資金の金額}\end{array} - \begin{array}{l}\text{住宅取得等資金の非課税限度額} \\ \text{（1,000万円又は500万円）}\end{array} + \begin{array}{l}\text{その他の相続時精算} \\ \text{課税による贈与額}\end{array}\right.$$
$$\left. - \begin{array}{l}\text{相続時精算課税贈与の} \\ \text{基礎控除額（110万円）}\end{array} - \begin{array}{l}\text{相続時精算課税贈与の} \\ \text{特別控除額（2,500万円）}\end{array}\right) \times \text{税率（20％）}$$

④ **計算例**

ア　父から長男が3,500万円の贈与を受け、全額を使い自宅（省エネ等住宅）を新築。その後同一年内に父から別途500万円の贈与を受け[13]、住宅取得等資金贈与の非課税と相続時精算課税贈与の両方を適用する（これまでに相続時精算課税贈与の適用なし）。

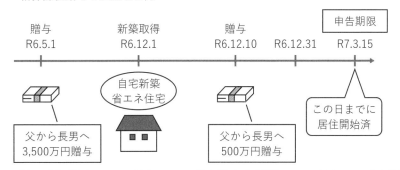

(ア)　贈与税額：3,500万円−1,000万円（住宅非課税）＋500万円−110万円（精算基礎控除）−2,500万円＝390万円

　　　390万円×20％＝78万円

(イ)　特別控除額残高：0円

(ウ)　父が死亡した場合の父の相続に係る相続税の課税価格への加算額：2,890万円

13　なお、相続時精算課税贈与を適用する住宅取得等資金の贈与の前において同一年中に行われていた贈与であっても、相続時精算課税贈与として扱う（措通70の3-4）。

イ　祖父から2,000万円、父から300万円の贈与を受け、その全額を使い自宅(省
エネ等住宅) を新築した。祖父からの贈与については住宅取得等資金贈与の
非課税と相続時精算課税贈与、父からの贈与については暦年課税贈与を適用
して申告する (祖父からの贈与について、これまでに相続時精算課税贈与の
適用なし)。

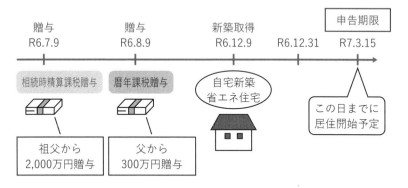

(ア)　贈与税額
a　祖父からの相続時精算課税贈与：2,000万円－1,000万円(住宅非課税)
－110万円 (精算基礎控除) ＝890万円
890万円＜2,500万円
→　相続時精算課税の贈与税額なし
b　父からの暦年課税贈与：(300万円－110万円)×10%＝19万円　∴贈与
税額合計19万円
(イ)　特別控除額残額：2,500万円－890万円＝1,610万円
(ウ)　祖父が死亡した場合の祖父の相続に係る相続税の課税価格への加算額：
890万円
(7)　他の特例との併用について[14]
①　**住宅ローン控除特例（措法41、41の2の2、41の2の3、措令26⑥）**
住宅取得等資金贈与の非課税 (相続時精算課税贈与との併用を含む。) を受
ける者が、所得税において住宅ローン控除特例の適用を受ける場合、以下のア
の金額がイの金額を超える場合、その超える部分については住宅ローン控除の

14　ほかに、過去に存在していた制度のうち、平成19年度税制改正により創設された「取引相場のな
い株式についての相続時精算課税の特例 (平成19年1月1日から平成20年12月31日までの贈与が対
象・平成21年改正前の措置法第70条の3の3)」の適用を受けている場合は、相続時精算課税贈与
による住宅取得等資金の非課税制度は適用不可 (措通70の3－1の2)。

特例を受けることができない。

ア　住宅借入金等の年末残高

イ　住宅用の家屋の新築等の対価の額又は費用の額から、住宅取得等資金贈与の非課税適用額（上記(2)の額）、相続時精算課税贈与の特例適用額（上記(6)の額）を差し引いた額（措令26⑥）

2　教育資金贈与の非課税制度

(1) 制度の概要（措法70の2の2、措令40の4の3、措規23の5の3）

　金融機関等で一定の手続を経ることで、**直系尊属（祖父母、父母）**から30歳未満の**直系卑属（子・孫）**に対する**教育資金**としての**一括贈与**を最大**1,500万円**まで**非課税**とできる制度。贈与後、教育資金以外に使われた部分は非課税にならない。贈与者の死亡時における相続税への影響や契約終了時の税率について贈与年により取扱いが異なる。

〔概要図〕

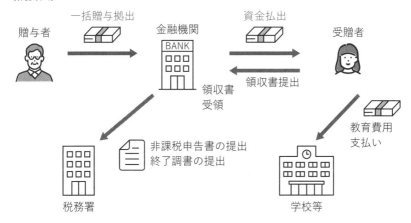

〔流れ〕

① 　贈与金銭等を、金融機関等に開設された受贈者名義の口座に拠出（注）。

② 　受贈者は当該金融機関等を経由し、教育資金非課税申告書を提出。

③ 　受贈者は当該口座の資金を教育費用の支払いに充て、その領収書を金融機関に提出。

④ 　終了時に教育資金として費消されなかった残高がある場合、贈与時期に応じて相続財産へ加算が必要（(2)表の「⑤残高の取扱い」、(3)参照）。

（注）贈与資金の拠出方法については、以下の3パターンがある。

贈与の方法	手続機関	作成される契約書
信託受益権の取得	信託銀行	教育資金管理契約書
贈与資金を金融機関へ預入	銀行等	贈与契約書、教育資金管理契約書
贈与資金により有価証券を購入	証券会社	贈与契約書、教育資金管理契約書

(2) 適用要件等（令和5年4月1日から令和8年3月31日までに贈与資金を拠出）

①適用要件	ア 直系尊属（祖父母、父母）からの贈与であること。 イ 受贈者は、金融機関等で教育資金管理契約を締結した日において30歳未満であること。 ウ 一括贈与を受けた年の前年における受贈者の合計所得金額[15]が1,000万円以下であること。
②手続要件	ア 金融機関等の営業所において**教育資金口座の開設等**を行うこと。 イ 提出期限までに、金融機関等の営業所を通じて一定の書類を添付した「**教育資金非課税申告書**」を提出すること。 ウ 提出期限[16] 　(ｱ) 信託受益権の取得による贈与の場合：信託がされる日 　(ｲ) 預金・貯金の預入による贈与の場合：預金若しくは貯金の預入をする日 　(ｳ) 贈与により取得した金銭等による有価証券購入の場合：有価証券を購入する日
③限度額	**非課税限度額：1,500万円** ※過去に同特例の適用を受けていた場合はその適用額を控除した金額
④対象	ア 対象となる支出 　(ｱ) 学校等[17]に対して直接支払われるもの 　　a 入学金、授業料、入園料、保育料、施設設備費、入学試験料、 　　b 学用品の購入費、修学旅行費、給食費等 　(ｲ) 学校等以外の者に対して直接支払われるもの　※上限500万円 　　次のような支払いで教育費用として社会通念上相当と認められるもの 　　a 学習塾、そろばん、スポーツ教室、音楽教室等の費用

---

15 各種所得の金額の合計額（譲渡所得については特別控除前の金額を合計し、損益通算の適用がある場合は損益通算した後の合計額）をいい、前年以前からの繰越控除や雑損失の繰越控除がある場合はその控除前の金額をいう（措法70の2の2、所法2①三十、所基通2-41）。

16 金融機関の営業所等において非課税申告書が受理された日をもって税務署に提出されたものとみなされる（措法70の2の2⑤）。

17 学校教育法（昭和22年法律第26号）第1条に規定する学校、同法第124条に規定する専修学校、同法第134条第1項に規定する各種学校など。

	（受贈者が23歳以上になった場合は、教育訓練給付金の対象に限る。） 　　b　学用品の購入費等で、学校等が必要と認めたもの 　　c　通学定期券代、留学のための渡航費などの交通費 　イ　必要な手続 　(ア)　一括贈与を受けた教育資金口座から教育費用を支払うこと。 　(イ)　支払いの事実を証する書類を所定の期限までに金融機関等の営業所等に提出すること。
⑤ 残高の取扱い	ア　贈与者が死亡した場合 　　金融機関の営業所等へ届出が必要になるとともに、一定の場合を除き、**受贈者が相続又は遺贈により「管理残高」を取得**したものとみなされる[18]。 　(ア)　管理残高とは 　　　教育資金贈与として申告した金額から、教育資金として支出された金額を控除した金額（金融機関の営業所等により管理されている残高） 　(イ)　相続又は遺贈による取得とみなされない場合 　　　贈与者死亡の日において、受贈者が以下のいずれかの場合（注1） 　　a　23歳未満 　　b　学校等に在籍している（注2） 　　c　教育訓練給付金の支給対象となる教育訓練を受けている（注2） 　　　（注1）ただし、贈与者に係る相続税の課税価格の合計額（教育資金贈与の管理残高の取得がないものとして計算した、相続又は遺贈により取得した者全員の課税価格の合計額）が5億円を超える場合は、上記要件に該当する場合であっても、相続又は遺贈による取得とみなす[19]。 　　　（注2）贈与者の死亡の届出時に、金融機関の営業所等へ証明書類の提出が必要 　(ウ)　2割加算の適用 　　　相続財産を取得したとみなされた受贈者が相続人以外の者（代襲相続人を除く孫など）である場合は、相続税額の2割加算の適用がある[20]。 　イ　契約が終了した場合 　　　以下の事由に該当した場合は教育資金口座に係る契約が終了となり、教育資金贈与額から教育資金として支出された金額を控除した残高を贈与により取得したものとして、贈与税の課税価格に算入する（受贈者死亡の場合を除く。）。なお、贈与税の計算にあっては、一般税率が適用さ

18　平成31年3月31日以前に拠出された教育資金贈与については加算が不要であり、平成31年4月1日から令和3年3月31日までに行われた教育資金贈与については、贈与者の死亡前3年以内のもののみが加算対象（(3)参照）。

19　令和5年3月31日以前に拠出された教育資金贈与については当該規定なし。

20　令和3年3月31日以前に拠出された教育資金贈与については当該規定なし。

れる。

※契約終了日＝以下のうちいずれか早い日

終了事由	終了日
受贈者が30歳に達したこと（在学中又は教育訓練を受けており、それを証する書類を提出した場合を除く。）。	**30歳に達した日**
受贈者が30歳以上の場合で、在学中又は教育訓練を受けていることを証する書類の提出がなかったこと。	提出しなかった年の12月31日
受贈者が40歳に達したこと。	**40歳に達した日**
口座残高が0になり、口座終了の合意があったこと。	合意による終了日
受贈者が死亡したこと。	**死亡の日**

※拠出時期による取扱いの違いについては、(3)を参照。

(3) 拠出時期別相続税計算への加算要不要等

金融機関等で手続を行った（拠出した）時期に応じて、以下の取扱いとなる。

拠出時期	H25.4.1～H31.3.31	H31.4.1～R3.3.31	R3.4.1～R5.3.31	R5.4.1～R8.3.31
管理残高の相続税計算への加算	なし	相続開始前3年以内拠出のみ、原則加算	原則加算	**原則加算**
		以下に該当の場合は**加算しない**。 ・23歳未満 ・学校等に在籍 ・教育訓練を受けている		左記のとおりただし、**相続税の課税価格合計5億円超**の場合は左記要件を満たしても加算する
2割加算	なし	なし	あり	あり
贈与税率	特例／一般	特例／一般	特例／一般	一般

3　結婚・子育て資金贈与の非課税制度

(1) 制度の概要（措法70の2の3、措令40の4の4、措規23の5の4）

　金融機関等で一定の手続を経ることで、**直系尊属**（祖父母、父母）**から18歳以上50歳未満の直系卑属**（子・孫）**に対する結婚・子育て資金としての一括贈与を最大1,000万円まで非課税**とできる制度。贈与後、結婚・子育て資金以外に使われた部分は非課税にならない。贈与者が死亡した場合、受贈者が50歳に達した場合などで管理残高がある場合には、相続・贈与により取得したものとなる。

〔概要図〕

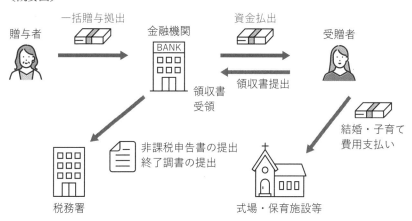

〔流れ〕

① 　贈与金銭等を、金融機関等に開設された受贈者名義の口座に拠出（注）。

② 　受贈者は当該金融機関等を経由し、結婚・子育て資金非課税申告書を提出。

③ 　受贈者は当該口座の資金を結婚・子育て費用の支払いに充て、その領収書を金融機関に提出。

④ 　終了時に結婚・子育て資金として費消されなかった残高がある場合、相続財産へ加算が必要（(2)表の「⑤残高の取扱い」、(3)参照）。

（注）贈与資金の拠出方法については、以下の3パターンがある。

贈与の方法	手続機関	作成される契約書
信託受益権の取得	信託銀行	結婚・子育て資金管理契約書
贈与資金を金融機関へ預入	銀行等	贈与契約書、結婚・子育て資金管理契約書

贈与資金により有価証券を購入	証券会社	贈与契約書、結婚・子育て資金管理契約書

(2) 適用要件等（令和 5 年 4 月 1 日から令和 7 年 3 月31日までに贈与資金を拠出）

① 適用要件	ア　**直系尊属**（祖父母、父母）**からの贈与**であること。 イ　**受贈者**は、金融機関等で結婚・子育て資金管理契約を締結した日において**18歳以上50歳未満**であること。 ウ　一括贈与を受けた年の前年における**受贈者の合計所得金額**[21]**が1,000万円以下**であること。
② 手続要件	ア　金融機関等の営業所において**結婚・子育て資金口座の開設**等を行うこと。 イ　提出期限までに、金融機関等の営業所を通じて一定の書類を添付した**「結婚・子育て資金非課税申告書」を提出**すること。 ウ　提出期限[22] 　(ア)　信託受益権の取得による贈与の場合：信託がされる日 　(イ)　預金・貯金の預入による贈与の場合：預金若しくは貯金の預入をする日 　(ウ)　贈与により取得した金銭等による有価証券購入の場合：有価証券を購入する日
③ 限度額	**非課税限度額：1,000万円** ※過去に同特例の適用を受けていた場合はその適用額を控除した金額
④ 対象	ア　対象となる支出 　(ア)　結婚に際して支払うもの　※上限300万円 　　a　挙式費用、結婚披露費用（婚姻の日の 1 年前の日以後に支払われるもの） 　　b　家賃、敷金等の新居費用・転居費用（一定の期間内に支払われるもの） 　(イ)　妊娠、出産及び育児に要する支出 　　a　不妊治療費用、妊婦健診に要する費用 　　b　分娩費用、産後ケアに要する費用 　　c　子の医療費、幼稚園・保育所等の保育料、ベビーシッター代 イ　必要な手続 　(ア)　一括贈与を受けた結婚・子育て資金口座から該当の費用を支払うこと。

21　合計所得金額について、2 (2)脚注15参照。

22　金融機関の営業所等において非課税申告書が受理された日をもって税務署に提出されたものとみなされる（措法70の 2 の 3 ⑤）。

	（イ）　支払いの事実を証する書類を所定の期限までに金融機関等の営業所等に提出すること。
⑤残高の取扱い	**ア　贈与者が死亡した場合** 　金融機関の営業所等へ届出が必要になるとともに、**受贈者が相続又は遺贈により「管理残高」を取得した**ものとみなされる。 　（ア）　管理残高とは 　　結婚・子育て資金贈与として申告した金額から、結婚・子育て資金として支出された金額を控除した金額（金融機関の営業所等により管理されている残高） 　（イ）　2割加算の適用 　　相続財産を取得したとみなされた**受贈者が相続人以外の者**（代襲相続人を除く孫など）**である場合は、相続税額の2割加算の適用が**ある[23]。 **イ　契約が終了した場合** 　以下の事由に該当した場合は結婚・子育て資金口座に係る契約が終了となり、結婚・子育て資金贈与額から結婚・子育て資金として支出された金額を控除した残高を贈与により取得したものとして、贈与税の課税価格に算入する（受贈者死亡の場合を除く。）。なお、贈与税の計算にあっては、一般税率が適用される。

※契約終了日＝以下のうちいずれか早い日

終了事由	終了日
受贈者が50歳に達したこと	**50歳に達した日**
口座残高が0になり、口座終了の合意があったこと	合意による終了日
受贈者が死亡したこと	**死亡の日**

（3）拠出時期別相続税計算への加算税率等

金融機関等で贈与手続を行った(拠出した)時期に応じて以下の取扱いとなる。

拠出時期	H27.4.1～ R3.3.31	R3.4.1～ R5.3.31	R5.4.1～ R7.3.31
管理残高の 相続税計算への加算	加算	加算	**加算**
2割加算	なし	あり	**あり**
贈与税率	特例	特例	**一般**

---

[23]　令和3年3月31日以前に拠出された結婚・子育て資金贈与については当該規定なし。

相続対策について

　相続対策について相談を受けた場合、個別の事情をヒアリングし、依頼者のニーズは何かを見定めた上で生前贈与のタックスプランニングを策定する。

【これが鉄則！生前対策の3本柱】

・遺産分割対策→相続開始後に、もめないための対策

・納税財源対策→相続税の納税資金を確保する対策

・相続税額引下げ対策→相続税額を引き下げるための対策

(1)　遺産分割対策

【事前対策が望ましい例】

被相続人の状況	想定されるリスク
個人事業を営んでいる	事業の承継者に必要資産が引き継げない、株主総会機能不全等
同族法人のオーナー又は役員である	
前の配偶者との間に子がある、婚外子がある	感情的な部分を含め、遺産分割協議がまとまらない

相続人の状況	想定されるリスク
音信不通の者がいる（特に兄弟姉妹相続の場合で代襲が発生している場合）	遺産分割協議の開始や連絡に支障をきたす可能性が高い
意思能力のない者がいる	遺産分割不可となり成年後見人の対応が必要となるケースも
家族仲が悪い	遺産分割協議がまとまらない
兄弟姉妹間で生前贈与やそれ以外の待遇（教育費等）に関して差がある	自分は冷遇されていると感じている相続人が不満を抱いている可能性
経済的に格差がある　金銭的な価値への執着が強い自己主張が強い	他の要素と相まって遺産分割協議が難航する可能性

　遺産分割対策の具体例としては次の①から④がある。

①　遺言書の作成

【遺言書を作成する主なメリット】

ア　財産内容及び所在（不動産、預金口座、証券口座等）の整理

イ　財産の承継者の指定

ウ　分割協議を経ずに執行可能

エ　感情面への配慮としての付言（公正証書遺言の場合）

※遺言書が相続人にとって受け入れがたいものである場合におい
て、全相続人の意思が一致するときは相続人等による遺産分割協
議は可能と解されている（さいたま地裁平成14年2月7日判決）。

② 生前贈与や保険契約の活用

家族仲が悪い、兄弟姉妹間で待遇に対する不満があるなどのケー
スでは相続人同士の関係性に影響を及ぼす可能性に配慮する。

③ 事業承継税制、M＆A等の検討

④ その他

「デジタル財産（ネット銀行・ネット証券・暗号資産・NFT等）
については、例えばログインIDやパスワード、秘密鍵などの情報
が、財産の引き継ぎには必要とされることも多いためパスワードの
記載を含めたエンディングノートの作成も勧められよう。

(2) 納税財源対策

財産の内訳において不動産が大部分を占める場合は、相続税の納税
資金確保のため、相続開始後に売り急ぎとして安値で不動産を売却せ
ざるを得ないことも想定される。よって生命保険の活用を含めた納税
財源のための財産構成を検討したい。

非上場株の評価が高く相続税額が高額になり納税資金が不足する可
能性がある場合は、事業承継税制の活用を検討するとともに、相続税
額引き下げ対策の一貫として株価対策が必要となる。

(3) 相続税額引下げ対策

相続税引下げ対策として具体的に何が望ましいかという点について
は、資産規模や家族の状況、依頼者の意向を踏まえて選択する。

【主な相続税額引下げ対策】

対策	留意点	本書参考箇所
生命保険の非課税	相続人に対してのみ有効	第14節

教育資金贈与、結婚・子育て資金贈与	管理残高の持ち戻し要件に留意	第 7 節 2、3
住宅取得等資金贈与	贈与税申告が必須	第 7 節 1
暦年課税贈与又は相続時精算課税贈与	生前贈与加算の期間や基礎控除額の取扱いについて留意	第 3 節 第 6 節
養子縁組	相続税の節税のみを目的とする場合は税務署による否認リスクあり（相法63）	第11節一
不動産による評価額圧縮	・区分所有マンションは従前より節税効果が薄まるものの、場所等により依然として高い効果あり ・賃貸不動産を活用する場合は相続開始時期により効果に差が出る ・価値下落やいわゆる負動産となるリスク	第 9 節二
納税猶予の特例	非上場、農地、医療法人等の制度あり 個別にメリット・デメリットを要検討	第10節
非上場株の株価対策	個別性が高いので、ケースバイケースで要検討	第 9 節六

第 8 節　国際相続・贈与

◆納税義務者の区分と課税財産の範囲を確認し、日本における納税義務の有無を判定する必要がある。

◆相続税、贈与税ともに、各種特例の適用にあたっては、制限納税義務者や国外財産には適用がないものがある。

◆準拠法の判断により、相続手続は異なる。（相続は被相続人の本国法による。反致が生じる場合には日本法となる。）

◆1 億円以上の有価証券を保有している場合には、国外転出（相続・贈与）時課税の適用の有無に留意する。

国際相続

1　国際相続における相続税の計算の取扱い

(1) 納税義務と課税財産の範囲

①　納税義務者・課税財産の範囲（相法 1 の 3 、2 ）

《納税義務者の判定（特定納税義務者を除く）》

課税時期：令和 3 年 4 月 1 日〜（令 3 改正法附則11）

被相続人／相続人・受遺者	日本国内に住所あり		日本国内に住所なし		
		一時居住者	日本国籍あり		日本国籍なし
			相続開始前10年以内に住所あり	相続開始前10年以内に住所なし	
日本国内に住所あり		居住制限納税義務者	非居住制限納税義務者		
外国人被相続人					
日本国内に住所なし　相続開始前10年以内に住所あり	居住無制限納税義務者		非居住無制限納税義務者		
非居住被相続人		居住制限納税義務者	非居住制限納税義務者		
相続開始前10年以内に住所なし					

91

［各用語の定義（下記2の国際贈与の場合を含む）］

ア 居住無制限納税義務者（相法1の3①一、1の4①一）

　相続又は遺贈（贈与）により財産を取得した次の者で、当該財産を取得した時において日本に住所を有するもの

（ア）一時居住者でない個人

（イ）一時居住者である個人（被相続人（贈与をした者）が外国人被相続人（外国人贈与者）又は非居住被相続人（非居住贈与者）である場合を除く。）

イ 非居住無制限納税義務者（相法1の3①二、1の4①二）

　相続又は遺贈（贈与）により財産を取得した次の者で、当該財産を取得した時において日本に住所を有しないもの

（ア）日本国籍を有する個人で次のもの

　・ 相続の開始（贈与）前10年以内のいずれかの時において日本に住所を有していたことがあるもの

　・ 相続の開始（贈与）前10年以内のいずれの時においても日本に住所を有していたことがないもの（被相続人（贈与をした者）が外国人被相続人（外国人贈与者）又は非居住被相続人（非居住贈与者）である場合を除く。）

（イ）日本国籍を有しない個人（被相続人（贈与をした者）が外国人被相続人（外国人贈与者）又は非居住被相続人（非居住贈与者）である場合を除く。）

ウ 居住制限納税義務者（相法1の3①三、1の4①三）

　相続又は遺贈（贈与）により日本にある財産を取得した個人で当該財産を取得した時において日本に住所を有するもの（アの者を除く。）

エ 非居住制限納税義務者（相法1の3①四）

　相続又は遺贈（贈与）により日本にある財産を取得した個人で当該財産を取得した時において日本に住所を有しないもの（イの者を除く。）

オ 特定納税義務者（相法1の3①五）

　贈与により相続時精算課税適用財産を取得した個人（アからエの者を除く。）

カ 一時居住者（相法1の3③一）

　相続開始時において次の在留資格を有する者であって、その相続開始前15年以内において日本に住所を有していた期間の合計が10年以下であるものをいう。

　※ 「在留資格」とは、出入国管理及び難民認定法別表第一の資格をいい、

外交、公用、教授、芸術、宗教、報道、高度専門職、経営・管理、法律・会計業務、医療、研究、教育、技術・人文知識・国際業務、企業内転勤、介護、興行、技能、特定技能、技能実習、文化活動、短期滞在、留学、研修、家族滞在、特定活動をいう。

キ　**外国人被相続人（外国人贈与者）（相法1の3③二、1の4③二）**

相続開始時（贈与時）において、上記カの在留資格を有し、かつ、日本に住所を有していた被相続人（贈与者）をいう。

ク　**非居住被相続人（非居住贈与者）（相法1の3③三、1の4③三）**

相続開始時（贈与時）において日本に住所を有していなかった被相続人であって、その相続開始前（贈与前）10年以内のいずれかの時において日本に住所を有していたことがあるもののうちそのいずれの時においても日本国籍を有していなかったもの又はその相続開始前（贈与前）10年以内のいずれの時においても日本に住所を有していたことがないものをいう。

② **納税義務者の区分により取扱いが異なる主な制度**

国際相続

	居住無制限納税義務者	非居住無制限納税義務者	居住制限納税義務者	非居住制限納税義務者
課税財産の範囲（相法2①②）	国内外財産		国内財産のみ	
納税地（相法27①、附則③、相法62①②）	通常は被相続人の住所地	納税地を定めて所轄税務署長に申告。申告がないときは国税庁長官が指定	通常は被相続人の住所地	納税地を定めて所轄税務署長に申告。申告がないときは国税庁長官が指定
債務控除（相法13）	全て控除可		取得した課税財産に係る分のみ	
配偶者の税額軽減（相法19の2）	○			
未成年者控除（相法19の3）	○		×	
障害者控除（相法19の4）	○		×	
外国税額控除（相法20の2）	○		×	

※○：適用あり、×：適用なし

③ 財産の所在（相法10）

財産の所在の判定は、次のとおりである[1]。

財産の種類	所在の判定
動産	その動産の所在
不動産又は不動産の上に存する権利	その不動産の所在
船舶又は航空機	船籍又は航空機の登録をした機関の所在
鉱業権、租鉱権、採石権	鉱区又は採石場の所在
漁業権又は入漁権	漁場に最も近い沿岸の属する市町村又はこれに相当する行政区画
預金、貯金、積金又は寄託金で次に掲げるもの ⑴銀行、無尽会社又は株式会社商工組合中央金庫に対する預金、貯金又は積金 ⑵農業協同組合、農業協同組合連合会、水産業協同組合、信用協同組合、信用金庫又は労働金庫に対する預金、貯金又は積金	その受入れをした営業所又は事業所の所在
生命保険契約又は損害保険契約などの保険金	これらの契約を締結した保険会社の本店又は主たる事務所の所在
退職手当金等	退職手当金等を支払った者の住所又は本店若しくは主たる事務所の所在
貸付金債権	その債務者の住所又は本店若しくは主たる事務所の所在
社債、株式、法人に対する出資又は外国預託証券	その社債若しくは株式の発行法人、出資されている法人、又は外国預託証券に係る株式の発行法人の本店又は主たる事務所の所在
合同運用信託、投資信託及び外国投資信託、特定受益証券発行信託又は法人課税信託に関する権利	これらの信託の引受けをした営業所又は事業所の所在
特許権、実用新案権、意匠権、商標権等	その登録をした機関の所在

1　国税庁ホームページタックスアンサー「No.4138　相続人が外国に居住しているとき」参照。

著作権、出版権、著作隣接権	これらの権利の目的物を発行する営業所又は事業所の所在
上記財産以外の財産で、営業上又は事業上の権利(売掛金等のほか営業権、電話加入権等)	その営業所又は事業所の所在
国債、地方債	国債及び地方債は、法施行地(日本国内)に所在するものとする。外国又は外国の地方公共団体その他これに準ずるものの発行する公債は、その外国に所在するものとする。
その他の財産	その財産の権利者であった被相続人の住所

　ただし、日米相続税条約では、一部異なる取扱いがあるため、留意する。

④　納税義務判定の具体例

[事例1]

被相続人：甲（日本国籍日本居住）

法定相続人：乙（日本国籍日本居住）、丙（米国籍米国居住）

相続財産：乙が相続する財産　日本に所在する財産7,000万円

　　　　　　丙が相続する財産　米国に所在する財産3,000万円

　被相続人は外国人被相続人又は非居住被相続人のいずれにも該当せず、乙及び丙はいずれも無制限納税義務者に該当し、全世界の財産が日本の相続税の課税対象となる。ゆえに、乙の課税価格は7,000万円であり、丙の課税価格は3,000万円である。

　（7,000万円＋3,000万円）＞基礎控除額4,200万円となり、乙及び丙はいずれも納税義務がある。

[事例2]

被相続人：甲（米国籍米国居住　※非居住被相続人に該当する）

法定相続人：乙（日本国籍日本居住）、丙（米国籍米国居住）

相続財産：乙が相続する財産　米国に所在する財産7,000万円

　　　　　　丙が相続する財産　米国に所在する財産3,000万円

　被相続人は非居住被相続人に該当し、乙は無制限納税義務者、丙は制限納税義務者にそれぞれ該当する。ゆえに、乙の課税価格は7,000万円であり、丙の課税価格は日本に所在する財産はないため、0円となる。

国際相続

（7,000万円＋0円）＞基礎控除額4,200万円となり、乙は納税義務があるが、丙はないこととなる。

事例3

被相続人：甲（米国籍米国居住　※非居住被相続人に該当する）

法定相続人：乙（米国籍米国居住）、丙（米国籍米国居住）

相続財産：乙が相続する財産　米国に所在する財産7,000万円

　　　　　丙が相続する財産　日本に所在する財産3,000万円

　被相続人は非居住被相続人に該当し、乙及び丙はいずれも制限納税義務者に該当する。ゆえに、乙の課税価格は日本に所在する財産はないため0円となり、丙の課税価格は3,000万円となる。

　（0円＋3,000万円）＜基礎控除額4,200万円となり、乙及び丙はいずれも納税義務はないこととなる。

> **トピック**
>
> **令和3年度税制改正による納税義務者の見直し**
>
> 　令和3年度税制改正により、相続税及び贈与税の納税義務者についての改正が行われた。改正前は、相続税では、相続開始時において在留資格で一定のものを有し、日本に住所を有していた被相続人であって、その相続開始前15年以内において日本に住所を有していた期間の合計が10年以下であるものは「一時居住被相続人」として、現行の「外国人被相続人」と同様に取り扱われていた。また、贈与税では、贈与時において在留資格で一定のものを有し、日本に住所を有していた贈与者であって、その贈与前15年以内において日本に住所を有していた期間の合計が10年以下であるものは「一時居住贈与者」として、現行の「外国人贈与者」と同様に取り扱われていた。

（2）課税価格の計算

① **国外財産の評価**

　国外にある財産の価額についても、財産評価基本通達に定める評価方法により評価する。なお、通達の定めによって評価することができない財産については、通達に定める評価方法に準じて、又は売買実例価額、精通者意見価格等を参酌して評価する。

通達の定めによって評価することができない国外財産については、課税上弊害がない限り、次の価額により評価することができる（評基通 5 - 2 ）。

ア　その財産の取得価額をもとにその財産が所在する地域若しくは国におけるその財産と同一種類の財産の一般的な価格動向に基づき時点修正して求めた価額

イ　課税時期後にその財産を譲渡した場合における譲渡価額をもとに課税時期現在の価額として算出した価額

特に、国内に所在する財産と評価方法が大きく異なる財産については、次のとおりである。

㋐　不動産

国外に所在する不動産は、路線価や倍率又は固定資産税評価額等が定められていないため、鑑定評価額や査定額を参考に評価することが一般的である。

㋑　非上場株式

外国法人の評価にあたっては、類似業種比準方式に準じて評価することはできないため、純資産価額方式に準じて評価する。その際に控除すべき「評価差額に対する法人税額等に相当する金額」は、その国における税率に基づき計算することができる[2]。

② **邦貨換算**

国外にある財産の邦貨換算は、納税義務者の取引金融機関（被相続人が取引していた金融機関の預金等を相続人等が取得した場合の金融機関を含む。）が公表する課税時期における最終の為替相場（課税時期に当該相場がない場合には、課税時期前の当該相場のうち、課税時期に最も近い日の当該相場とする。）による（評基通 4 - 3 ）。

財産の換算については、**対顧客直物電信買相場（ＴＴＢ）を使用し、債務葬式費用の換算**については、**対顧客直物電信売相場（ＴＴＳ）を使用する**。

③ **生命保険金等**

外国保険業者から支払われる保険金についても、国内の保険会社から支払われる生命保険金と同様に、生命保険金等の**非課税**の対象となる（相法 3 ①一、相令 1 の 2 ①、保険業法 2 ⑥）。なお、非課税となる金額は、日本の民法に基づく法定相続人の数により算定する（相法12①五、15②）。

2　国税庁質疑応答事例「国外財産の評価—取引相場のない株式の場合(1)」

④ 債務控除

　制限納税義務者については、控除することができる債務は、次の債務に限られる（相法13②）。

ア　その国内財産に係る公租公課

イ　その国内財産を目的とする留置権等で担保される債務

ウ　ア及びイの債務を除くほか、その国内財産の取得、維持又は管理のために生じた債務

エ　その国内財産に関する贈与の義務

オ　アからエの債務のほか、被相続人が死亡の際国内に営業所又は事業所を有していた場合においては、当該営業所又は事業所に係る営業上の債務

※葬式費用については控除することができない。

⑤ **小規模宅地等の特例（措法69の4）**

　特例の対象となる宅地等は、**国内に所在する宅地等に限定されておらず**、国外に所在する宅地等であっても、他の要件を満たす限り、**小規模宅地等の特例の適用は可能**である。なお、特定居住用宅地等について、取得者が制限納税義務者のうち**日本国籍を有しない者**である場合には、配偶者及び同居親族以外の親族が取得する場合の、**いわゆる「家なき子」の適用はない**。

⑥ **未分割である場合の課税価格**

　相続財産が未分割である場合の課税価格は、相続人が民法の規定による相続分に従って当該財産を取得したものとして、その課税価格を計算する（相法55）。被相続人が外国人である場合には、被相続人の本国法の規定による相続人の範囲や相続分をもととして計算する（法の適用に関する通則法36）。

(3) **税額計算**

① **法定相続人の数と法定相続分**

　3,000万円＋600万円×法定相続人の数

　法定相続人の数とは、被相続人の本国法にかかわらず、日本の民法による法定相続人及び法定相続分をいう（相法15、相法16）。

② **未成年者控除及び障害者控除（相法19の3、相法19の4）**

・未成年者控除の適用対象者：居住無制限納税義務者及び非居住無制限納税義務者

・障害者控除の適用対象者：居住無制限納税義務者又は日本に住所のある特定納税義務者

③　外国税額控除（相法20の 2 ）

　国際間の二重課税を避けるため、一方の国で課された相続税は、他の国の相続税の計算上控除する。なお、外国税額控除の適用にあたり申告書の提出は要件ではないため、外国税額控除を適用することにより、相続税の申告自体が不要となる場合もある。

ア　外国税額控除の計算

　次のいずれか少ない金額を、算出相続税額（相次相続控除までの規定適用後の金額）から控除する。

(ア)　財産所在地国の法令により課された相続税相当額

(イ)　相次相続控除まで適用後の算出相続税額 $\times \dfrac{\text{分母のうち、国外に所在する財産の価額}}{\begin{array}{l}\text{相続又は遺贈により取得した財産のうち}\\ \text{相続税の課税価格に算入された財産の価額}\end{array}}$

　なお、各国間との租税条約により、相続税の課税対象、計算方法等が異なる場合があるため、留意する。

イ　外国税額控除が適用できない場合

　外国税額控除の適用において、控除することができる相続税額は、財産所在地国の法令により課された相続税額のみである。

＜事例＞

被相続人：A国に居住

相続人：日本国籍日本居住（無制限納税義務者に該当）

財産：B国に所在

A国：被相続人の住所地がA国である場合には、全世界の財産について相続税の課税対象となる。

B国：B国に所在する財産について、相続税の課税対象となる。

日本：相続人は無制限納税義務者に該当するため、全世界の財産について相続税の課税対象となる。

　この事例では、B国に所在する同一の財産について、A国、B国、日本という 3 か国で相続税が課されることとなる。しかし、日本で外国税額控除の適用の対象となるのは、B国で課された相続税のみであり、A国で課された相続税は控除することができない。これは、外国税額控除の制度上、財産所在地国（B国）の法令により課された相続税のみが控除の対象となるためである。

国際相続

なお、制限納税義務者については、日本に所在する財産のみが日本の相続税の課税対象となることから、外国税額控除を適用する余地はない。

ウ 外国税額控除の適用における邦貨換算（相基通20の2−1）

　　財産所在地国の法令により課された相続税相当額についての邦貨換算は、その納付すべき日における対顧客直物電信売相場（ＴＴＳ）による。ただし、送金が著しく遅延して行われる場合を除き、国内から送金する日の対顧客直物電信売相場（ＴＴＳ）によることができる。

（4）納税

① 納税地（相法62、附則③）

		納税地
1	被相続人の死亡時の住所：国内	被相続人の死亡時の住所地
2	被相続人の死亡時の住所：国外	
	居住無制限納税義務者 居住制限納税義務者 国内に住所を有する特定納税義務者	国内の住所地
	非居住無制限納税義務者 非居住制限納税義務者 居住無制限納税義務者、居住制限納税義務者又は特定納税義務者で、国内に住所及び居所を有しないこととなるもの	納税地を定めて所轄税務署長に申告 申告がない場合は国税庁長官が指定
	納税義務者が死亡した場合	その者の死亡当時の納税地

② 納税管理人

　　相続税の納税義務者が非居住者である場合、その非居住者に代わり、税務に係る事務処理を行う者として、国内において納税管理人を定める必要がある。納税管理人は税理士以外であっても就任することができ、国内に居住する親族等がいる場合には、その者などが就任することが一般的である。

2 国際贈与における贈与税の計算の取扱い

(1) 納税義務

① 納税義務者と課税財産の範囲（相法 1 の 4 、 2 ）

《納税義務者の判定（特定納税義務者を除く）》

課税時期：令和 3 年 4 月 1 日〜（令 3 改正法附則11）

		受贈者	日本国内に住所あり		日本国内に住所なし		
贈与者				一時居住者	日本国籍あり		日本国籍なし
					贈与前10年以内に住所あり	贈与前10年以内に住所なし	
日本国内に住所あり			居住制限納税義務者			非居住制限納税義務者	
	外国人贈与者						
日本国内に住所なし	贈与前10年以内に住所あり		**居住無制限納税義務者**		**非居住無制限納税義務者**		
	非居住贈与者		居住制限納税義務者		非居住制限納税義務者		
	贈与前10年以内に住所なし						

※用語の定義については、 1 (1)①参照

② 贈与税の納税義務者の区分に応じて異なる取扱い

	居住無制限納税義務者	非居住無制限納税義務者	居住制限納税義務者	非居住制限納税義務者
課税財産の範囲（相法 2 の 2 ）	国内外全ての財産		国内財産のみ	
特定障害者に対する贈与税の非課税制度(相法21の 4)	○		×	
相続時精算課税制度（相法21の 9 〜21の18）	○ 受贈者について、居住者や日本国籍を有する者といった限定はない。 国外財産も対象となる。			
教育資金贈与・結婚子育て資金贈与の非課税制度（措	○ 受贈者について、居住者や日本国籍を			

通70の2の2-2、 70の2の3-2）	有する者といった限定はない。	
住宅資金贈与の非 課税制度（措法70 の2①、②一）	○ 国内の居住用家屋のみが 対象となる。	×
贈与税の配偶者控 除（相法21の6）	○ 受贈者について、居住者や日本国籍を 有する者といった限定はない。 国内の居住用不動産のみが対象となる。	

※○…適用あり、×…適用なし

③ 無制限納税義務者かつ制限納税義務者に該当する場合の課税財産の範囲

　　無制限納税義務者かつ制限納税義務者に該当する場合には、無制限納税義務者である期間中の贈与により取得した財産については、全世界の財産が課税対象となり、制限納税義務者である期間中の贈与により取得した財産については、日本国内に所在する財産のみが課税対象となるため、それぞれの期間に応じ課税対象となる財産の課税価格の合計額をもって、その年の贈与税の課税価格となる（相法21の2③、相令4の4の2）。

事例

受贈者	1月1日	日本に帰国	12月31日
	外国に住所あり	日本に住所あり	
	非居住制限納税義務者	居住無制限納税義務者	
	贈与A	贈与B	

　贈与A：日本に所在する財産1,000万円＋外国に所在する財産2,000万円を取得。制限納税義務者に該当し、日本に所在する財産1,000万円のみが贈与税の課税価格となる。

　贈与B：日本に所在する財産1,000万円＋外国に所在する財産2,000万円を取得。無制限納税義務者に該当し、日本に所在する財産1,000万円＋外国に所在する財産2,000万円がいずれも贈与税の課税対象となる。

　　この年の贈与税の課税価格は、1,000万円（贈与A）＋1,000万円（贈与B）＋2,000万円（贈与B）＝4,000万円となる。

(2) 外国税額控除（相法21の8）

　　国際間の二重課税を避けるため、一方の国で課された贈与税は、他の国の贈与税の計算上控除する。

① **外国税額控除の計算**

　　次のいずれか少ない金額を、算出贈与税額から控除する。

　ア　財産所在地国の法令により課された贈与税に相当する税額

　イ　算出贈与税額 × $\dfrac{\text{分母のうち、国外に所在する財産の価額}}{\substack{\text{贈与により取得した財産のうち贈与税の} \\ \text{課税価格に算入された財産の価額}}}$

(3)　贈与税に係る各種特例の取扱い

① **相続時精算課税制度（相法21の 9 ）**

　　相続時精算課税制度は、受贈者及び贈与者について、国籍及び住所地の制限はないため、外国籍又は非居住者であっても、他の要件を満たす限り、相続時精算課税制度の適用を受けることができる。また、**対象となる財産**についても、所在地の制限はないため、**国外の財産であっても対象となる**。

② **直系尊属から住宅取得等資金の贈与を受けた場合の非課税制度（措法70の 2 ）**

　　この非課税の適用を受けることができる受贈者（特定受贈者）は、無制限納税義務者に限られるため、受贈者が制限納税義務者に該当する場合には、非課税の適用はないことに留意する。また、対象となる居住用家屋は、日本国内にある家屋に限られるため、**国外における住宅取得のための資金の贈与については、非課税の適用はない**。

3　国際相続における特有の事項

(1)　準拠法の判断

　相続は被相続人の本国法によるため、例えば、被相続人が日本国籍であれば、相続には日本法が適用されることとなる（法の適用に関する通則法36）。なお、重国籍である場合には、国籍のうちいずれかが日本国籍であれば、日本法を準拠法とする（法の適用に関する通則法38①）。

　準拠法の判断により相続手続において影響する事項は、相続人の範囲、相続分、遺産分割の方法などである。準拠法について齟齬が生じることを反致という。反致が生じ、被相続人の本国法によれば日本法が準拠法となる場合には、日本法により相続手続を行うこととなる（法の適用に関する通則法41）。

(2)　**プロベート**

　米国や英国では、相続が開始すると、被相続人の財産は遺産財団（Estate）に帰属し、遺産財団が被相続人の債務を弁済し、各種租税公課を納付の上、残余財

国際相続

産を相続人へ分配する。この手続は裁判所を通して行われ、これをプロベートという。プロベートには、長ければ数年かかることもあり、日本の相続税の申告期限には間に合わないことも多いため、留意する。また、プロベート手続は現地の弁護士に依頼して進めることとなるため、弁護士費用も要する。

（3）ジョイント・アカウント

ジョイント・アカウントとは、2名以上で1つの銀行口座を共同所有できる形態である。例えば、夫婦でジョイント・アカウントを開設しておけば、生活費を夫婦のいずれもが出金できるなどの利便性がある。また、米国では、長期化し費用もかかるプロベートを回避する対策の一つとしても、ジョイント・アカウントが普及している。

① 相続における取扱い

ジョイント・アカウントの名義人の1人に相続が開始した場合には、自動的に生存している権利者にその口座の権利が引き継がれるため、プロベートを経ずとも、財産を承継することが可能である。

ジョイント・アカウントは2名以上の名義となっているが、**日本の相続税を考える際には、そのアカウント内の預金のうち、被相続人が出捐した金額に相当する金額が、相続財産となる。**ジョイント・アカウント内の預金が生存している権利者に承継された場合には、その者が当該財産を相続したものとして、相続税の課税対象となる。

② 贈与となるケース

ジョイント・アカウントへ名義人のうち1名が資金を入金したのみでは、それをもって直ちに他の名義人への贈与とみなされることはない。留意すべきは、アカウントからの出金時である。例えばアカウントの名義がA及びBであり、Aがそのアカウント内の預金の全額を出捐し、Bがその預金を出金し自己のために費消した場合には、AからBへの贈与として、贈与税が課される可能性がある。

（4）ジョイント・テナンシー

ジョイント・テナンシーとは、不動産の所有形態の1つである。日本の不動産における「共有」とは異なり、「**合有**」**不動産権**という。共有の場合には、それぞれの持分の割合に応じ権利を所有することとなるが、**合有の場合には、2名以上の者が不動産について同一かつ均等な権利を持つこととなる。**

① 相続における取扱い

　合有者のうちの1人に相続が開始した場合、日本の相続税を考える際には、その不動産が例えば2名での合有であれば、その不動産の相続税評価額のうち、2分の1が相続財産となる。その権利は自動的に生存している他の権利者へと移転するため、プロベートを経ずとも、財産を承継することが可能である。

　不動産権が生存している権利者へ承継された場合には、その者が当該財産を死因贈与により取得し、又はみなし贈与による利益の移転があったものとして、相続税が課される[3]。

② **贈与となるケース**

　ジョイント・テナンシーは、2名以上の者が均等に権利を有することとなるため、例えばA及びBの合有名義で不動産を購入した際に、Aが購入資金の全額を拠出したような場合には、AからBへ不動産購入資金の贈与があったとみなされ、贈与税の対象となる。

トピック

米国遺族年金受給権は相続税の課税対象となる！

　被相続人に海外勤務歴があるなどの場合、米国年金（ソーシャルセキュリティ）を受給している場合があるが、相続が開始した際には、その配偶者が米国年金の遺族年金や死亡一時金を受け取る場合がある。

　日本における厚生年金保険法等の規定による遺族年金等は、それぞれの法律により非課税規定が設けられているため、相続税は課されない（相法3①六、相基通3-46）。しかし、米国年金など、外国の遺族年金受給権については、契約に基づかない定期金に関する権利に該当し、特段の非課税規定は設けられていないため、相続税の課税対象となる。

　なお、その評価は、終身定期金（相法24①三）として計算する。

3　国税庁質疑応答事例「ハワイ州に所在するコンドミニアムの合有不動産権を相続税の課税対象とすることの可否」参照。

4　国際相続において確認すべき資料

（1）死亡の確認

　被相続人が外国籍である場合には、除籍謄本により死亡の確認はできないため、死亡証明書（Certificate of Death）の入手が必要である。なお、被相続人の住民票が日本にある場合には、住民票の除票でも確認することが可能である。

（2）相続人の確認

　被相続人又は相続人が外国籍である場合には、戸籍謄本を確認することができないため、宣誓供述書（Affidavit）をもって、相続人を確認する必要がある。宣誓供述書とは、被相続人及び相続人が誰であるか等を宣誓する書類であり、公証役場や領事館で宣誓供述を行うことが可能である。また、婚姻証明書や家族証明書など、各国それぞれの公的な身分関係書類をもって、相続人を確認する場合もある。

（3）遺産分割内容の確認

　国際相続の場合には、準拠法により、遺産分割の方法が異なる。

①　準拠法が日本法である場合

　日本の民法に基づく遺産分割協議を行う場合で、相続人の中に非居住者がいる場合には、住民票に代わり在留証明書が、また、印鑑証明書に代わりサイン証明書が必要となる。領事館にて手続を行うことが可能である。

　また、相続人の中に外国籍の者がいる場合には、現地の公証人（Notary Public）によりサインの認証を受けることが必要である。

②　準拠法が外国法である場合

　各国の法律及び制度に基づき、遺産分割内容を確認できる書類を入手する必要がある。

5　国外転出（相続・贈与）時課税

　居住者が有価証券を保有したまま出国をする際に、キャピタルゲイン課税を逃れることを防止するために、出国時にその含み益について譲渡があったものとみなされ所得税が課される（国外転出時課税。所法60の2）。国を跨いで相続又は贈与があった場合には、出国時と同様、有価証券の含み益について所得税が課される（所法60の3）。

（1）国外転出（相続）時課税

① **対象者**

次のいずれにも該当する被相続人から、非居住者へ対象資産の移転があった場合に、課税の対象となる。

ア　相続開始の時において、1 億円以上の有価証券等の対象資産を所有していること。

イ　原則として相続開始日前10年以内において、国内に 5 年を超えて住所又は居所を有していること。ただし、一定の在留資格をもって在留していた期間は含まない。

※対象資産の価額の合計額が 1 億円以上となるか否かについては、非居住者が取得する対象資産の価額のみでなく、被相続人が相続開始時に所有していた対象資産の価額の合計額で判定する。

② **準確定申告**

相続が開始した場合、所得税の準確定申告の期限は、相続開始があったことを知った日の翌日から 4 か月以内であるが、国外転出（相続）時課税の適用がある場合には、その期限内に、対象となる有価証券の含み益について被相続人の準確定申告を行う。

対象資産について非居住者である相続人が取得しないことが確定している場合には国外転出（相続）時課税の適用はない。ただし、準確定申告期限までに未分割であった場合には、非居住者も含め法定相続分で有価証券を取得したものとして準確定申告を行うこととなる。

なお、準確定申告において納付すべき所得税額は、被相続人の債務として、相続税の計算上控除することができる。

③ **納税猶予**

国外転出（相続）時課税の申告期限までに、納税管理人の届出をするなど一定の手続を行った場合には、本規定の適用により納付することとなった所得税について、**相続開始の日から 5 年 4 か月（納税猶予期限の延長をしている場合は10年 4 か月）を経過する日まで、納税を猶予することができる。**ただし、納税猶予期間中に対象資産を譲渡した場合や、猶予期間が満了した場合には、猶予された所得税及び利子税を納付する必要がある。

なお、猶予期間満了前に、**納税を猶予されていた非居住者が日本に帰国した場合には、国外転出（相続）時課税の適用がなかったものとして、課税の取消しをすることができる。**この場合には、帰国の日から 4 か月以内に更正の請求

を行う必要がある。

（2）国外転出（贈与）時課税

① **対象者**

　次のいずれにも該当する贈与者から、非居住者へ対象資産の移転があった場合に、課税の対象となる。

ア　贈与の時において、1億円以上の有価証券等の対象資産を所有していること。

イ　原則として贈与の日前10年以内において、国内に5年を超えて住所又は居所を有していること。ただし、一定の在留資格をもって在留していた期間は含まないものとする。

② **納税猶予**

　贈与者は、贈与をした年分の確定申告期限までに、納税管理人の届出をするなど一定の手続を行った場合には、本規定の適用により納付することとなった所得税について、**贈与の日から5年4か月（納税猶予期限の延長をしている場合は10年4か月）を経過する日まで、納税を猶予することができる。**ただし、納税猶予期間中に対象資産を譲渡した場合や、猶予期間が満了した場合には、猶予された所得税及び利子税を納付する必要がある。

　なお、猶予期間満了前に、**受贈者が日本に帰国した場合には、国外転出（贈与）時課税の適用がなかったものとして、課税の取消しをすることができる。**この場合には、帰国の日から4か月以内に更正の請求を行う必要がある。

第9節　財産評価

一　評価の原則

POINT

◆相続、遺贈又は贈与により取得した財産の価額は時価による（相法22）。

◆時価とは客観的交換価値であり、財産評価基本通達の定めによって評価する（評基通1(2)）。

◆財産評価基本通達に定めのない財産の価額は、財産評価基本通達の定めに準じて評価する（評基通5）。

◆財産評価基本通達によって評価することが著しく不適当な場合は国税庁長官の指示による（評基通6）。

◆通達評価額と鑑定評価額（市場売買価額）とに大きな乖離があるだけで総則6項は適用されない。

財産評価

1 評価の原則

相法22
相続、遺贈又は贈与により取得した**財産の価額**は、特別の定めのあるものを除き、**財産の取得の時における時価**による。

相続税法で特別の定めのあるもの

財産	法令	本書参照箇所
(1) 地上権及び永小作権の評価	相法23	第 9 節二12
(2) 配偶者居住権等の評価	相法23の 2	第 9 節二13
(3) 給付事由が発生している定期金に関する権利の評価	相法24	第14節 5 (3)
(4) 給付事由が発生していない定期金に関する権利の評価	相法25	第14節 5 (2)
(5) 立木の評価	相法26	第 9 節七 1

評基通 1 (2)
・**時価とは、課税時期**において、それぞれの財産の現況に応じ、不特定多数の当事者間で自由な取引が行われる場合に通常成立すると認められる価額（**客観的交換価値**）をいう。
・その価額は、この通達の定めによって評価した価額による。

評基通 5
この通達に評価方法の定めのない財産の価額は、この通達に定める評価方法に準じて評価する。

評基通 6 （総則 6 項）
この通達の定めによって評価することが**著しく不適当と認められる財産の価額は、国税庁長官の指示を受けて評価する。**

時価評価の方法として、鑑定評価や売却価額による評価もあり得る。ただし、鑑定評価額等が通達評価額よりも低いということだけでは通達評価額が違法ということはできず、通達評価額では適正な時価を算定することができない特別の事情が存すること等を証明する必要がある（東京高裁平成26年 3 月18日判決（最高裁平成27年 5 月13日上告不受理））。次頁「注目判決」も参照する。

注目判決

いわゆる「タワマン節税」に対する最高裁判決

最高裁令和4年4月19日判決（令和2年（行ヒ）第283号）

(1) 概要

　高齢の被相続人が多額の融資を受け、節税目的で取得した下記不動産について、財産評価基本通達に定める方法により評価して相続税申告をしたところ、税務署側から鑑定評価額によって評価すべきとして更正処分等を受けた事案。

【対象不動産】

	不動産1	不動産2	合計
購入価額	8億3,700万円	5億5,000万円	13億8,700万円
通達評価額	2億4万円	1億3,366万円	3億3,370万円
鑑定評価額	7億5,400万円	5億1,900万円	12億7,300万円

 負担軽減税額2億4,049万円

(2) 判決のポイント

① 鑑定評価額が通達評価額を上回ることは、合理的理由がない限り、平等原則に違反するものとして違法である。ただ、<u>評価通達の定める方法による画一的な評価を行うことが実質的な租税負担の公平に反する</u>というべき事情がある場合には、鑑定評価額によっても平等原則に違反しない。

② 通達評価額と鑑定評価額との間に大きな乖離があることが、上記①の事情ということはできない。ただ、近い将来発生することが予想される相続において相続税の負担を軽減する意図があり不動産を購入するなど、<u>不動産の購入・借入れのような行為をせず、又はすることができない他の納税者との間に看過し難い不均衡が生じる場合</u>には、上記①の事情があるということができる（総則6項適用の可能性がある。）。

(3) 実務上の検討ポイント

　上記(2)②の「…不均衡が生じる場合」に該当するかどうかの判断が必要になり、判決内容から下記のポイントが挙げられる。

2　総則6項判定のためのヒアリング項目

次の各項目を総合勘案の上、判断する。

検討項目	顧客ヒアリング項目	判断の指針
被相続人に関する事項	・相続開始時の年齢は何歳か？ ・余命宣告を受けていなかったか？	・余命宣告を受けてからの借入による不動産購入は総則6項適用の可能性あり。
	・融資時（取得時）の年齢は何歳か？	・融資時の年齢が、平均余命より返済困難な借入れは、総則6項適用の可能性あり。
融資に関する事項	・融資を受けての不動産購入の企画者は誰か？ ・企画に関する書類（提案書など）は残っていないか？	・金融機関、住宅メーカー、税理士などからの提案書に相続税節税に関する記載があった場合、総則6項適用の可能性あり。 ・これらの書類が残っていなかったとしても税務調査時の相続人への聞き取り・銀行等への反面調査で相続税負担の軽減の意図が認定されることが考えられる。
	・融資目的は？	・相続税の負担軽減目的の場合総則6項適用の可能性あり。
	・融資の返済期間は何年か？ ・当初融資額は？	・【融資時の平均余命（厚生労働省作成「完全生命表」）】＜【融資期間】の場合、総則6項の適用可能性あり。 ・多額の融資の場合、かつ、対象不動産以外の財産額を減じる場合は総則6項適用の可能性あり。

購入不動産に関する事項	・購入不動産の利用目的は？	・過去の裁判例[1]では、投資目的等を主張しても相続税負担の軽減目的があったとして排斥されている。
	・相続開始時の不動産の時価（市場価額）はいくらか？ ・不動産の購入額はいくらか？	・鑑定評価額や売却価額
相続税の節税額	・相続税の節税額はいくらか？	・（時価－通達評価額）×相続税の適用税率により計算。

3　総則6項判定フローチャート例

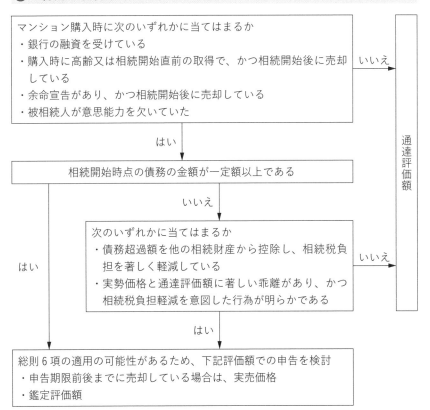

（税理士法人チェスター作成）

1　東京高裁平成5年3月15日判決・平成4年（行コ）第93号

二　土地・家屋等（マンションを含む）の評価

POINT

◆土地の価額の計算にあたっては、「地目」、「評価単位」、「権利関係」の判断が特に重要である。

◆地目は課税時期の現況により評価する。

◆宅地は路線価方式又は倍率方式により評価する。

◆画地調整として、「奥行価格補正」、「側方路線影響加算」、「二方路線影響加算」、「不整形地補正」、「規模格差補正」には特に気を付ける。

◆路線価が付されていない道路のみ面する土地の評価を行う場合には、いわゆる「旗竿地」による評価と「特定路線価」のいずれにより評価するかを検討する。

◆私道、セットバック、貸宅地、貸家建付地には、それぞれ評価方法が定められている。

◆家屋の評価額は、「固定資産税評価額×1.0」となる。

◆構築物の評価額は、「（再建築価額－定率法の償却費）×100分の70」となる。

◆マンションの評価方法の見直しにより、令和6年1月1日以後に相続、遺贈又は贈与により取得した区分所有マンションについては、従前と異なる評価方法が適用される。

◆地上権は、「自用地としての評価額×残存期間に応ずる地上権割合」により評価する。

◆配偶者居住権は、建物の耐用年数・建築後の経過年数、配偶者居住権の存続年数などにより評価する。

1　概要

　土地の価額の計算にあたっては、「地目」、「評価単位」、「権利関係」の判断が特に重要である。

2　通則

(1) 土地の評価上の区分（評基通 7 ）

　土地の価額は次に掲げる地目の別に評価し[2]、地目は課税時期の現況により判定する。

　ただし、一体として利用されている一団の土地が 2 以上の地目からなる場合には、その一団の土地は、そのうちの主たる地目からなるものとして、その一団の土地ごとに評価する。

① 　宅地

② 　田

③ 　畑

④ 　山林

⑤ 　原野

⑥ 　牧場

⑦ 　池沼

⑧ 　鉱泉地

⑨ 　雑種地

> **誤りやすい事項**
>
> **地目は課税時期の現況によって判定する！**
>
> 　地目は課税時期の現況によって判定するため、例えば下記のような場合は、登記簿上や固定資産税の課税地目ではなく、相続開始時点の現況で評価する。
>
> ① 　固定資産税の課税地目は農地（田・畑）であるが、長年耕作しないまま放置され、雑草が生育し、農地としての復元が難しい場合…雑種地や原野として評価
>
> ② 　登記簿上の地目は宅地であるが、土地の一部を不特定多数の者の通行のために提供している場合…雑種地（公衆用道路・私道）として評価

2　地目の判定は、不動産登記事務取扱手続準則（平成17年 2 月25日付民二第456号法務省民事局長通達）第68条及び第69条に準じて行う。ただし、「④　山林」には、同準則第68条の「(20) 保安林」を含み、「（⑨　雑種地」には、同準則第68条の「(12) 墓地」から「(23) 雑種地」まで（「(20) 保安林」を除く。）に掲げるものを含む。

財産評価

(2) 評価単位（評基通 7 - 2）

土地の価額は、次に掲げる評価単位ごとに評価する。

地目	評価単位	評価単位（市街地にある場合）
宅地	利用の単位となっている1区画の宅地[3][4]	—
田及び畑	耕作の単位となっている1区画の農地	市街地周辺農地、市街地農地、生産緑地については、それぞれ利用の単位となっている一団の農地
山林	1筆の山林	市街地山林については、利用の単位となっている一団の山林
原野	1筆の原野	市街地原野については、利用の単位となっている一団の原野
牧場及び池沼	原野に準ずる評価単位	原野に準ずる評価単位
鉱泉地	1筆の鉱泉地	—
雑種地	利用の単位となっている一団の雑種地	宅地と状況が類似する雑種地が市街化調整区域以外の都市計画区域で市街地的形態を形成する地域において、2以上の評価単位により一団となり、その形状、地積の大小、位置等からみてこれらを一団として評価することが合理的と認められる場合には、その一団の雑種地ごとに評価

3　贈与、遺産分割等による宅地の分割が親族間等で行われた場合で、著しく不合理な分割であると認められるとき（現実の利用状況を無視していたり、分割後の宅地が無道路地となっている場合など）は、分割前の画地を「1画地の宅地」とする。

4　「1画地の宅地」は、必ずしも1筆の宅地からなるとは限らず、2筆以上の宅地からなる場合もあり、1筆の宅地が2画地以上の宅地として利用されている場合もある。

評価単位の考え方（例）

① 　Aを自宅、Bをアスファルト敷きの月極の貸駐車場として利用していた場合

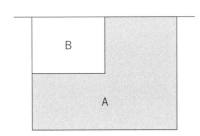

⇒AとBはそれぞれ別個の評価単位として評価する。

〔理由〕

　Aは自宅敷地として利用されていることから「宅地」に該当するが、Bはアスファルト敷きの月極の貸駐車場として利用されていることから「雑種地」に該当する。

　つまり、各土地は地目を異にし、利用状況も異なるため別個の評価単位として評価する。

② 　Aを自宅、Bを畑として利用していた場合で、課税時期現在のBの登記地目は宅地であるが、固定資産税の現況地目は畑であり、現に農作物の栽培が行われていた場合

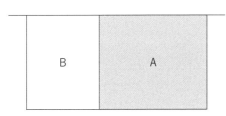

⇒AとBはそれぞれ別個の評価単位として評価する。

〔理由〕

　Bの固定資産税の現況地目は畑であり、現に耕作の用に供されていることからすると、その地目は農地と認定するのが相当である。

　したがって、宅地であるAと農地であるBとは一体として利用されているとは認められないことから別個の評価単位として評価する。

③　Aを自宅、Bを子所有の自宅敷地として利用していた場合で、子に対するBの土地の貸付けが使用貸借である場合

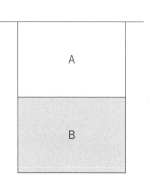

⇒AとB全体を1画地の宅地として評価する。

〔理由〕

　Aは自宅、Bは子の自宅敷地としてそれぞれ利用されているが、B土地の貸付けは使用貸借に該当する。

　この場合、使用貸借通達の取扱いによりBは自用地として扱われるため、本件ABの土地は全体を1画地の宅地として評価する。

④　被相続人が所有する土地の上に同人が所有する3棟の賃貸用共同住宅があり、棟ごとにいわゆるサブリース契約により第三者（X社）に対して賃貸している場合

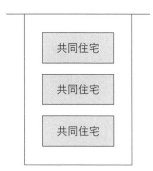

⇒各建物の敷地の部分ごとにそれぞれ別個の評価単位として評価することが相当と考えられる。

〔理由〕

　3棟ともX社に対して賃貸しているものの、外観上及び構造上はそれぞれ独

立した建物であり、棟ごとに別個の契約により X 社に貸し付けられていること
から、本件土地に係る敷地利用権は棟ごとに発生していると認められるため、
各建物の敷地の部分ごとにそれぞれ別個の評価単位として評価することが相当
と考えられる。

(3) 地積（評基通 8 ）

地積は、課税時期における実際の面積による。

固定資産課税台帳の地積と実際の地積が異なる土地の評価方法（倍率方式の場合）

$$対象地の固定資産税評価額 \times \frac{実際の地積}{固定資産課税台帳の地積}$$

誤りやすい事項

課税時期における実際の面積とは？

　財産評価基本通達における土地の評価では、「実際の面積」による
評価が求められているが、相続税申告のために「実際の面積」を計測
することが必ず求められているわけではなく、実務上は下記の対応と
なることが想定される。

① 　対象地が既に実測により計測されている場合…実測面積により評
価

② 　対象地の実測がされていない場合…下記アとイのいずれかにより
評価

　ア 　公簿上の面積と実際の面積が明らかに相違していると認められ
る場合…実測面積により評価することが望ましい。

　　実務上は「航空写真による地積の簡易測定」や「その地域の平
均的な縄伸割合を適用して評価」する場合もある。

　イ 　公簿上の面積と実際の面積の明らかな相違が認められない場合
…公簿上の面積により評価

※公図と現況のズレについての大まかな情報は国土交通省のウェブサ
イトでも確認可能（都市再生街区基本調査及び都市部官民境界基本
調査の成果の提供システム）

(4) 土地の上に存する権利の評価上の区分（評基通 9 ）

土地の上に存する権利の価額は、次に掲げる権利の別に評価する。

① 　地上権（民法の区分地上権、借地借家法に規定する借地権を除く。）

財産評価

② 区分地上権

③ 永小作権

④ 区分地上権に準ずる地役権

⑤ 借地権（⑥を除く。）

⑥ 定期借地権等

⑦ 耕作権

⑧ 温泉権（引湯権を含む。）

⑨ 賃借権（⑤⑥⑦⑧を除く。）

⑩ 占用権

3 宅地及び宅地の上に存する権利

(1) 評価の方式（評基通11）

宅地の評価は原則として次の区分に応じ、次に掲げる方式によって行う。

① 市街地的形態を形成する地域にある宅地…**路線価方式**

② ①以外の宅地…**倍率方式**

(2) 路線価方式（評基通14）

路線価方式とは、その宅地に面する路線に設定された路線価をもととして、路線に接しているその宅地の状況や形状等に応じ、地区区分ごとに定められた奥行価格補正等の各種画地調整を行って計算した金額によって評価する方式である。

なお、路線価は、国税庁ホームページの「財産評価基準書　路線価図・評価倍率表」（以下「路線価図・評価倍率表」という。）に掲載されている。

地区区分（評基通14-2）

① ビル街地区

② 高度商業地区

③ 繁華街地区

④ 普通商業・併用住宅地区

⑤ 普通住宅地区

⑥ 中小工場地区

⑦ 大工場地区

（注）対象地が上記①～⑦のどの地区に所在するかについては路線価図で確認できる。

地区区分

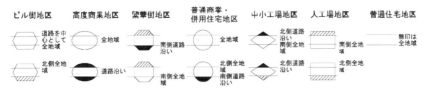

出典：国税庁ホームページ

路線価図（抜粋）

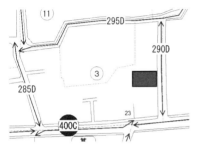

出典：国税庁ホームページ

借地権割合

記号	借地権割合	記号	借地権割合
A	90%	E	50%
B	80%	F	40%
C	70%	G	30%
D	60%		

財産評価

　上記路線価図上の対象地は、「普通住宅地区」、「路線価290千円」、「借地権割合60%」の地域に該当する。

画地調整

① 　奥行価格補正（評基通15）

② 　側方路線影響加算（評基通16）

③ 　二方路線影響加算（評基通17）

④ 　三方路線、四方路線影響加算（評基通18）

⑤ 　不整形地補正（評基通20）

⑥ 　間口狭小補正（評基通20-4）

⑦ 　奥行長大補正（評基通20-4）

⑧ 　規模格差補正（評基通20-2）

⑨ 　無道路地の評価（評基通20-3）

⑩ 　がけ地補正（評基通20-5）

⑪ 　特別警戒区域補正（評基通20-6）

⑫ 　容積率の異なる2以上の地域にわたる宅地に関する補正（評基通20-7）

① 奥行価格補正（評基通15）

一方のみが路線に接する宅地は下記算式により評価する。

路線価 × 奥行価格補正率 × 地積

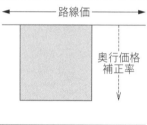

奥行価格補正率表（評基通付表１）

奥行距離(m)	ビル街地区	高度商業地区	繁華街地区	普通商業・併用住宅地区	普通住宅地区	中小工場地区	大工場地区
4 未満	0.80	0.90	0.90	0.90	0.90	0.85	0.85
4 以上 6 未満		0.92	0.92	0.92	0.92	0.90	0.90
6 〃 8 〃	0.84	0.94	0.95	0.95	0.95	0.93	0.93
8 〃 10 〃	0.88	0.96	0.97	0.97	0.97	0.95	0.95
10 〃 12 〃	0.90	0.98	0.99	0.99	1.00	0.96	0.96
12 〃 14 〃	0.91	0.99	1.00	1.00			0.97	0.97
14 〃 16 〃	0.92	1.00					0.98	0.98
16 〃 20 〃	0.93					0.99	0.99
20 〃 24 〃	0.94					1.00	1.00
24 〃 28 〃	0.95				0.97		
28 〃 32 〃	0.96		0.98		0.95		
32 〃 36 〃	0.97		0.96	0.97	0.93		
36 〃 40 〃	0.98		0.94	0.95	0.92		
40 〃 44 〃	0.99		0.92	0.93	0.91		
44 〃 48 〃	1.00		0.90	0.91	0.90		
48 〃 52 〃		0.99	0.88	0.89	0.89		
52 〃 56 〃		0.98	0.87	0.88	0.88		
56 〃 60 〃		0.97	0.86	0.87	0.87		
60 〃 64 〃		0.96	0.85	0.86	0.86	0.99	
64 〃 68 〃		0.95	0.84	0.85	0.85	0.98	
68 〃 72 〃		0.94	0.83	0.84	0.84	0.97	
72 〃 76 〃		0.93	0.82	0.83	0.83	0.96	
76 〃 80 〃		0.92	0.81	0.82			
80 〃 84 〃		0.90	0.80	0.81	0.82	0.93	
84 〃 88 〃		0.88		0.80			

88 〃 92 〃		0.86		0.81	0.90
92 〃 96 〃	0.99	0.84			
96 〃 100 〃	0.97	0.82			
100 〃	0.95	0.80		0.80	

②　側方路線影響加算（評基通16）

正面と側方に路線がある宅地は下記算式により評価する。

$$\left(\begin{array}{c}正面路\\線価\end{array}\times\begin{array}{c}正面路線からの奥\\行距離に応ずる奥\\行価格補正率\end{array}+\begin{array}{c}側方路\\線価\end{array}\times\begin{array}{c}側方路線からの奥\\行距離に応ずる奥\\行価格補正率\end{array}\times\begin{array}{c}側方路線影\\響加算率\end{array}\right)\times 地積$$

側方路線影響加算率表（評基通付表2）

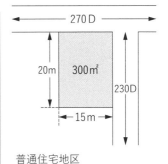

普通住宅地区

地　区　区　分	加　算　率	
	角地の場合	準角地の場合
ビル街地区	0.07	0.03
高度商業地区 繁華街地区	0.10	0.05
普通商業・併用住宅地区	0.08	0.04
普通住宅地区 中小工場地区	0.03	0.02
大工場地区	0.02	0.01

〔計算例〕

（270,000円×1.00＋230,000円×1.00×0.03）×300㎡＝83,070,000円

〔角地と準角地〕

ア　角地

2本の道路が交差又はT字路のように接続している場所で、正面と側方が道路に接している土地のことをいう。

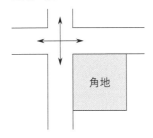

イ　準角地

　準角地とは、1本の折れ曲がったL字型の道路の内側にある土地のことをいう。

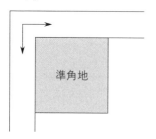

③　二方路線影響加算（評基通17）

　正面と裏面に路線がある宅地は下記算式により評価する。

$$\left(\begin{array}{c}\text{正面路}\\\text{線価}\end{array}\times\begin{array}{c}\text{正面路線からの奥}\\\text{行距離に応ずる奥}\\\text{行価格補正率}\end{array}+\begin{array}{c}\text{裏面路}\\\text{線価}\end{array}\times\begin{array}{c}\text{裏面路線からの奥}\\\text{行距離に応ずる奥}\\\text{行価格補正率}\end{array}\times\begin{array}{c}\text{二方路線影}\\\text{響加算率}\end{array}\right)\times\text{地積}$$

二方路線影響加算率表（付表3）

地　区　区　分	加　算　率
ビル街地区	0.03
高度商業地区 繁華街地区	0.07
普通商業・併用住宅地区	0.05
普通住宅地区 中小工場地区 大工場地区	0.02

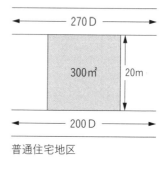

普通住宅地区

〔計算例〕

　(270,000円×1.00＋200,000円×1.00×0.02)　×300㎡＝82,200,000円

④　三方路線、四方路線影響加算（評基通18）

　三方又は四方に路線がある宅地は下記算式により評価する。

ア　三方に路線がある場合

$$\left(\begin{array}{c}\text{正面路}\\\text{線価}\end{array}\times\begin{array}{c}\text{正面路線からの奥}\\\text{行距離に応ずる奥}\\\text{行価格補正率}\end{array}+\begin{array}{c}\text{側方路}\\\text{線価}\end{array}\times\begin{array}{c}\text{側方路線からの奥}\\\text{行距離に応ずる奥}\\\text{行価格補正率}\end{array}\times\begin{array}{c}\text{側方路線影}\\\text{響加算率}\end{array}+\right.$$

$$\left(\begin{array}{c} \text{側方路線価又} \\ \text{は裏面路線価} \end{array} \times \begin{array}{c} \text{側方路線又は裏面路線} \\ \text{からの奥行距離に応ず} \\ \text{る奥行価格補正率} \end{array} \times \begin{array}{c} \text{側方路線影響加算率又} \\ \text{は二方路線影響加算率} \end{array} \right) \times \text{地積}$$

イ　四方に路線がある場合

$$\left(\begin{array}{c} \text{正面路} \\ \text{線価} \end{array} \times \begin{array}{c} \text{正面路線からの奥} \\ \text{行距離に応ずる奥} \\ \text{行価格補正率} \end{array} + \begin{array}{c} \text{一方の} \\ \text{側方路} \\ \text{線価} \end{array} \times \begin{array}{c} \text{側方路線からの奥} \\ \text{行距離に応ずる奥} \\ \text{行価格補正率} \end{array} \times \begin{array}{c} \text{側方路} \\ \text{線影響} \\ \text{加算率} \end{array} + \begin{array}{c} \text{他方の} \\ \text{側方路} \\ \text{線価} \end{array} \times \right.$$

$$\left. \begin{array}{c} \text{側方路線からの奥} \\ \text{行距離に応ずる奥} \\ \text{行価格補正率} \end{array} \times \begin{array}{c} \text{側方路} \\ \text{線影響} \\ \text{加算率} \end{array} + \begin{array}{c} \text{裏面路} \\ \text{線価} \end{array} \times \begin{array}{c} \text{裏面路線からの奥} \\ \text{行距離に応ずる奥} \\ \text{行価格補正率} \end{array} \times \begin{array}{c} \text{二方路} \\ \text{線影響} \\ \text{加算率} \end{array} \right) \times \text{地積}$$

⑤　不整形地補正（評基通20）

不整形地である宅地は下記算式により評価する。

①～④のうち当てはまる画地調整を行って計算した１㎡当たりの価額×不整形地補正率×地積

ア　不整形地補正率の計算方法

(ア)　地区区分と地積から、地積区分表のA、B、Cを判定する。

(イ)　想定整形地の地積をもとにかげ地割合※を求める。

$$\text{※かげ地割合} \cdots \frac{\text{想定整形地の地積} - \text{評価対象地の地積}}{\text{想定整形地の地積}}$$

(ウ)　(ア)で求めた地積区分（A、B、C）と(イ)で求めたかげ地割合を不整形地補正率表に当てはめ、補正率を求める。

不整形地補正率を算定する際の地積区分表（評基通付表４）

地積区分＼地区区分	A	B	C
高度商業地区	1,000㎡未満	1,000㎡以上 1,500㎡未満	1,500㎡以上
繁華街地区	450㎡未満	450㎡以上 700㎡未満	700㎡以上
普通商業・併用住宅地区	650㎡未満	650㎡以上 1,000㎡未満	1,000㎡以上
普通住宅地区	500㎡未満	500㎡以上 750㎡未満	750㎡以上
中小工場地区	3,500㎡未満	3,500㎡以上 5,000㎡未満	5,000㎡以上

財産評価

不整形地補正率表（評基通付表5）

	地区区分	高度商業地区、繁華街地区、普通商業・併用住宅地区、中小工場地区			普通住宅地区		
地積区分 かげ地割合		A	B	C	A	B	C
10%以上		0.99	0.99	1.00	0.98	0.99	0.99
15% 〃		0.98	0.99	0.99	0.96	0.98	0.99
20% 〃		0.97	0.98	0.99	0.94	0.97	0.98
25% 〃		0.96	0.98	0.99	0.92	0.95	0.97
30% 〃		0.94	0.97	0.98	0.90	0.93	0.96
35% 〃		0.92	0.95	0.98	0.88	0.91	0.94
40% 〃		0.90	0.93	0.97	0.85	0.88	0.92
45% 〃		0.87	0.91	0.95	0.82	0.85	0.90
50% 〃		0.84	0.89	0.93	0.79	0.82	0.87
55% 〃		0.80	0.87	0.90	0.75	0.78	0.83
60% 〃		0.76	0.84	0.86	0.70	0.73	0.78
65% 〃		0.70	0.75	0.80	0.60	0.65	0.70

イ　不整形地の評価方法（例）

(ア)　不整形地を区分して求めた整形地をもととして計算する方法

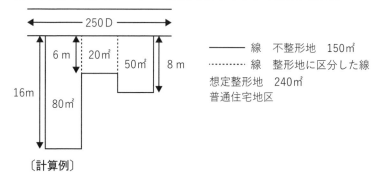

〔計算例〕

250,000円×1.00×80㎡＝20,000,000円

250,000円×0.95×20㎡＝4,750,000円

250,000円×0.97×50㎡＝12,125,000円

20,000,000円＋4,750,000円＋12,125,000円＝36,875,000円

※この場合、区分した個々の整形地に対し間口狭小補正率・奥行長大補正

率を適用することはできない。

$36,875,000円×0.88^※＝32,450,000円$

※不整形地補正率の求め方は次のとおり。

かげ地割合…$\dfrac{240㎡-150㎡}{240㎡}＝37.5\%$

地積区分表で「普通住宅地区」、「500㎡未満」に該当するため地積区分はA

不整形地補正率表で「かげ地割合35％以上」、「普通住宅地区」、「地積区分A」に該当するため不整形地補正率は0.88

(ロ)　**不整形地の地積を間口距離で除して算出した計算上の奥行距離をもととして求めた整形地により計算する方法**[5]

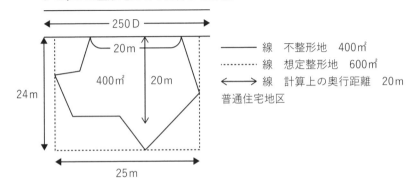

〔計算例〕

$250,000円×1.00×0.90^※×400㎡＝90,000,000円$

※不整形地補正率の求め方は次のとおり。

かげ地割合…$\dfrac{600㎡-400㎡}{600㎡}＝33.33…\%$

地積区分表で「普通住宅地区」、「500㎡未満」に該当するため地積区分はA

不整形地補正率表で「かげ地割合30％以上」、「普通住宅地区」、「地積区分A」に該当するため不整形地補正率は0.90

5　ただし、計算上の奥行距離は、不整形地の全域を囲む、正面路線に面するく形又は正方形の土地（想定整形地）の奥行距離を限度とする。

(ウ)　対象地と隣接する土地と合わせて全体の土地の価額の計算をしてから、
隣接する土地の価額を差し引いた価額をもととして計算する方法

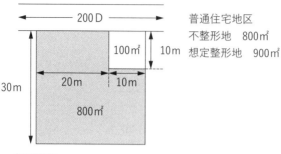

〔計算例〕

全体の価額　200,000円×0.95×900㎡＝171,000,000円

隣接する土地の価額　200,000円×1.00×100㎡＝20,000,000円

1㎡当たりの単価(171,000,000円－20,000,000円)÷800㎡＝188,750円/㎡

188,750円×0.99※×800㎡＝149,490,000円

※不整形地補正率の求め方は次のとおり。

$$かげ地割合…\frac{900㎡－800㎡}{900㎡}＝11.11…\%$$

地積区分表で「普通住宅地区」、「750㎡以上」に該当するため地積区分
はC

不整形地補正率表で「かげ地割合10%以上」、「普通住宅地区」、「地積区
分C」に該当するため不整形地補正率は0.99

ウ　間口狭小補正率、奥行長大補正率の適用がある場合

不整形地の評価において間口狭小補正率（⑥）、奥行長大補正率（⑦）の
適用もある場合には、下記(ア)か(イ)の**いずれか**を選択して適用することとな
る[6]。

(ア)　不整形地補正率×間口狭小補正率

(イ)　奥行長大補正率×間口狭小補正率

⑥　**間口狭小補正（評基通20-4）**

間口が狭小な宅地は下記算式により評価する。

6　下限は0.6となる。

①～④のうち当てはまる画地調整を行って計算した1㎡当たりの価額×間口狭小補正率×地積

間口狭小補正率表（評基通付表6）

地区区分 間口距離m	ビル街地区	高度商業地区	繁華街地区	普通商業・併用住宅地区	普通住宅地区	中小工場地区	大工場地区
4未満	—	0.85	0.90	0.90	0.90	0.80	0.80
4以上6未満	—	0.94	1.00	0.97	0.94	0.85	0.85
6〃8〃	—	0.97		1.00	0.97	0.90	0.90
8〃10〃	0.95	1.00			1.00	0.95	0.95
10〃16〃	0.97					1.00	0.97
16〃22〃	0.98						0.98
22〃28〃	0.99						0.99
28〃	1.00						1.00

⑦　奥行長大補正（評基通20-4）

奥行が長大な宅地は下記算式により評価する。

①～④のうち当てはまる画地調整を行って計算した1㎡当たりの価額×奥行長大補正率×地積

奥行長大補正率表（評基通付表7）

地区区分 奥行距離 間口距離	ビル街地区	高度商業地区	繁華街地区	普通商業・併用住宅地区	普通住宅地区	中小工場地区	大工場地区
2以上3未満	1.00	1.00			0.98	1.00	1.00
3〃4〃		0.99			0.96	0.99	
4〃5〃		0.98			0.94	0.98	
5〃6〃		0.96			0.92	0.96	
6〃7〃		0.94			0.90	0.94	
7〃8〃		0.92				0.92	
8〃		0.90				0.90	

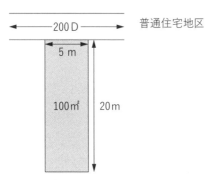

普通住宅地区

200 D

5 m

100㎡

20 m

〔計算例〕

200,000円×0.94※1×0.94※2×100㎡＝17,672,000円

※1　20m÷5m＝4　∴奥行長大補正率は0.94

※2　5m＝4m以上6m未満　∴間口狭小補正率は0.94

⑧　**規模格差補正（評基通20-2）**

　　対象地が地積規模の大きな宅地に該当する場合には、下記算式により評価する。

①～⑦のうち当てはまる画地調整を行って計算した1㎡当たりの価額×規模格差補正率※×地積

※規模格差補正率＝$\dfrac{Ⓐ × Ⓑ + Ⓒ}{地積規模の大きな宅地の地積Ⓐ}×0.8$（小数点以下第2位 未満切り捨て）

　　Ⓑ及びⒸについては、対象地が所在する地域に応じ、下表の数値を使用する。

規模格差補正率を算定する際の表

イ　三大都市圏に所在する宅地

地区区分　　　記号 地積㎡	普通商業・併用住宅地区 普通住宅地区	
	Ⓑ	Ⓒ
500以上1,000未満	0.95	25
1,000 〃 3,000 〃	0.90	75
3,000 〃 5,000 〃	0.85	225
5,000 〃	0.80	475

ロ　三大都市圏以外の地域に所在する宅地

地区区分　　　記号 地積㎡	普通商業・併用住宅地区 普通住宅地区	
	Ⓑ	Ⓒ
1,000以上3,000未満	0.90	100
3,000 〃 5,000 〃	0.85	250
5,000 〃	0.80	500

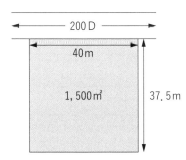

〔計算例〕※宅地は三大都市圏内に所在、都市計画及び容積率に係る要件は満たすものとする。

$200,000 円 \times 0.92^{※1} \times 0.76^{※2} \times 1,500 ㎡ = 209,760,000 円$

※1　奥行37.5mに応ずる奥行価格補正率

※2　規模格差補正率：$\dfrac{1,500㎡ \times 0.90 + 75}{1,500㎡} \times 0.8 = 0.76$

ア　対象地が地積規模の大きな宅地に該当するか否かの判定

(ア)　路線価地域にある場合

　　　下記A表のチェックシートにより全てが「はい」の場合にのみ地積規模の大きな宅地に該当

【A表】

項　目	確認内容（適用要件）	確認結果	
面　積	○　評価の対象となる宅地等（※2）は、次に掲げる面積を有していますか。 ①　三大都市圏（注1）に所在する宅地については、<u>500㎡以上</u> ②　上記以外の地域に所在する宅地については、<u>1,000㎡以上</u>	はい	いいえ
地区区分	○　評価の対象となる宅地等は、路線価図上、次に掲げる地区のいずれかに所在しますか。 ①　<u>普通住宅地区</u> ②　<u>普通商業・併用住宅地区</u> ＊　評価の対象となる宅地等が倍率地域にある場合、普通住宅地区内に所在するものとしますので、確認結果は「はい」を選択してください。	はい	いいえ
都市計画 （※1）	○　評価の対象となる宅地等は、市街化調整区域（注2）<u>以外</u>の地域に所在しますか。 ＊　評価の対象となる宅地等が都市計画法第34条第10号又は第11号の規定に基づき宅地分譲に係る開発行為（注3）ができる区域にある場合、確認結果は「はい」を選択してください。	はい	いいえ
	○　評価の対象となる宅地等は、都市計画の用途地域（注4）が「工業専用地域」（注5）に指定されている地域<u>以外</u>の地域に所在しますか。 ＊　評価の対象となる宅地等が用途地域の定められていない地域にある場合、「工業専用地域」に指定されている地域以外の地域に所在するものとなりますので、確認結果は「はい」を選択してください。	はい	いいえ
容積率 （※1）	○　評価の対象となる宅地等は、次に掲げる容積率（注6）の地域に所在しますか。 ①　<u>東京都の特別区</u>（注7）に所在する宅地については、<u>300％未満</u> ②　上記以外の地域に所在する宅地については、<u>400％未満</u>	はい	いいえ

【Ｂ表】

項　　目	確認内容（適用要件）	確認結果	
大規模工場用地	○　評価の対象となる宅地等は、「大規模工場用地」（注８）に**該当しない土地**ですか。 　＊　該当しない場合は「はい」を、該当する場合は「いいえ」を選択してください。	はい	いいえ

※上記【Ａ表】、【Ｂ表】は、国税庁ホームページ「（平成30年１月１日以降用）「地積規模の大きな宅地の評価」の適用要件チェックシート」の１面から抜粋

イ　三大都市圏とは

三大都市圏とは、次に掲げる区域のことをいう。

（表）　三大都市圏（平成28年４月１日現在）

圏名	都府県名		都市名
首都圏	東京都	全域	特別区、武蔵野市、八王子市、立川市、三鷹市、青梅市、府中市、昭島市、調布市、町田市、小金井市、小平市、日野市、東村山市、国分寺市、国立市、福生市、狛江市、東大和市、清瀬市、東久留米市、武蔵村山市、多摩市、稲城市、羽村市、あきる野市、西東京市、瑞穂町、日の出町
	埼玉県	全域	さいたま市、川越市、川口市、行田市、所沢市、加須市、東松山市、春日部市、狭山市、羽生市、鴻巣市、上尾市、草加市、越谷市、蕨市、戸田市、入間市、朝霞市、志木市、和光市、新座市、桶川市、久喜市、北本市、八潮市、富士見市、三郷市、蓮田市、坂戸市、幸手市、鶴ヶ島市、日高市、吉川市、ふじみ野市、白岡市、伊奈町、三芳町、毛呂山町、越生町、滑川町、嵐山町、川島町、吉見町、鳩山町、宮代町、杉戸町、松伏町
		一部	熊谷市、飯能市
	千葉県	全域	千葉市、市川市、船橋市、松戸市、野田市、佐倉市、習志野市、柏市、流山市、八千代市、我孫子市、鎌ケ谷市、浦安市、四街道市、印西市、白井市、富里市、酒々井町、栄町
		一部	木更津市、成田市、市原市、君津市、富津市、袖ケ浦市
	神奈川県	全域	横浜市、川崎市、横須賀市、平塚市、鎌倉市、藤沢市、小田原市、茅ケ崎市、逗子市、三浦市、秦野市、厚木市、大和市、伊勢原市、海老名市、座間市、南足柄市、綾瀬市、葉山町、寒川町、大磯町、二宮町、中井町、大井町、松田町、開成町、愛川町
		一部	相模原市
	茨城県	全域	龍ケ崎市、取手市、牛久市、守谷市、坂東市、つくばみらい市、五霞町、境町、利根町
		一部	常総市
近畿圏	京都府	全域	亀岡市、向日市、八幡市、京田辺市、木津川市、久御山町、井手町、精華町
		一部	京都市、宇治市、城陽市、長岡京市、南丹市、大山崎町
	大阪府	全域	大阪市、堺市、豊中市、吹田市、泉大津市、守口市、富田林市、寝屋川市、松原市、門真市、摂津市、高石市、藤井寺市、大阪狭山市、忠岡町、田尻町
		一部	岸和田市、池田市、高槻市、貝塚市、枚方市、茨木市、八尾市、泉佐野市、河内長野市、大東市、和泉市、箕面市、柏原市、羽曳野市、東大阪市、泉南市、四條畷市、交野市、阪南市、島本町、豊能町、能勢町、熊取町、岬町、太子町、河南町、千早赤阪村
	兵庫県	全域	尼崎市、伊丹市
		一部	神戸市、西宮市、芦屋市、宝塚市、川西市、三田市、猪名川町
	奈良県	全域	奈良市、安堵町、川西町、三宅町、田原本町、上牧町、王寺町、広陵町、河合町、大淀町
		一部	大和郡山市、天理市、橿原市、桜井市、五條市、御所市、生駒市、香芝市、葛城市、宇陀市、平群町、三郷町、斑鳩町、高取町、明日香村、吉野町、下市町
中部圏	愛知県	全域	名古屋市、一宮市、瀬戸市、半田市、春日井市、津島市、碧南市、刈谷市、安城市、西尾市、犬山市、常滑市、江南市、小牧市、稲沢市、東海市、大府市、知多市、知立市、尾張旭市、高浜市、岩倉市、豊明市、日進市、愛西市、清須市、北名古屋市、弥富市、みよし市、あま市、長久手市、東郷町、豊山町、大口町、扶桑町、大治町、蟹江町、阿久比町、東浦町、南知多町、美浜町、武豊町、幸田町、飛島村
		一部	岡崎市、豊田市
	三重県	全域	四日市市、桑名市、木曽岬町、東員町、朝日町、川越町
		一部	いなべ市

※国税庁ホームページ「（平成30年１月１日以降用）「地積規模の大きな宅地の評価」の適用要件チェックシート」の２面から抜粋

⑨　無道路地の評価（評基通20-3）

　対象地が無道路地（道路に接しない宅地）[7]である場合には下記算式により評価する。

> 実際に利用している路線の路線価に基づき⑤又は⑧の画地調整を行い計算した
> 1㎡当たりの価額×（1-減価割合※）×地積
> ※減価割合は最大で100分の40

【通路開設想定図】

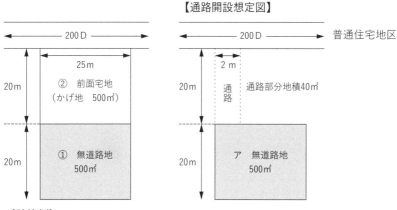

〔計算例〕

ア　無道路地①と前面宅地②を合わせた土地の奥行価格補正後の価額

　200,000円×0.91×1,000㎡＝182,000,000円

イ　前面宅地②の奥行価格補正後の価額

　200,000円×1.00×500㎡＝100,000,000円

ウ　ア－イで求めた無道路地①の奥行価格補正後の価額

　182,000,000円－100,000,000円＝82,000,000円

エ　不整形地補正等

・間口狭小補正率0.90（間口距離2m）

・奥行長大補正率0.90（間口距離2m、奥行距離40m $\left(\dfrac{40\text{m}}{2\text{m}}=20\right)$ ）

・かげ地割合… $\dfrac{1,000㎡-500㎡}{1,000㎡}=50\%$ 　∴不整形地補正率は0.82

　0.82（不整形）×0.90（間口狭小）＝0.73＜0.90（奥行長大）×0.90（間口狭小）＝0.81

　82,000,000円×0.73＝59,860,000円（不整形地等補正後の価額）

7　接道義務を満たしていない宅地も無道路地に含まれる。

オ　通路部分の価額

200,000円×40㎡＝8,000,000円＜59,860,000円×0.4　∴8,000,000円

カ　評価額

59,860,000円－8,000,000円＝51,860,000円

⑩　**がけ地補正（評基通20-5）**

対象地内にがけ地が存する宅地は下記算式により評価する。

①～⑨のうち当てはまる画地調整を行い計算した1㎡当たりの価額×がけ地補正率×地積

がけ地補正率表（評基通付表8）

がけ地の方位　がけ地地積／総地積	南	東	西	北
0.10以上	0.96	0.95	0.94	0.93
0.20 〃	0.92	0.91	0.90	0.88
0.30 〃	0.88	0.87	0.86	0.83
0.40 〃	0.85	0.84	0.82	0.78
0.50 〃	0.82	0.81	0.78	0.73
0.60 〃	0.79	0.77	0.74	0.68
0.70 〃	0.76	0.74	0.70	0.63
0.80 〃	0.73	0.70	0.66	0.58
0.90 〃	0.70	0.65	0.60	0.53

〔**計算例**〕※路線価200,000円、奥行価格補正率1.00、対象地300㎡、対象地内
のがけ地（北向き斜面）が70㎡の前提

200,000円×1.00×0.88※×300㎡＝52,800,000円

※がけ地補正率：$\dfrac{70㎡}{300㎡}$＝0.23…⇒北向きの斜面、がけ地割合が0.20以上のた
め0.88

がけ地の方位

がけ地の方位は、斜面の向きにより判定する。

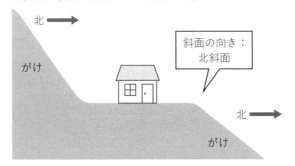

⑪　**特別警戒区域補正（評基通20- 6 ）**

　土砂災害特別警戒区域内にある宅地は下記算式により評価する。

> ①～⑩のうち当てはまる画地調整を行って計算した 1 ㎡当たりの価額×特別警戒区域補正率×地積

特別警戒区域補正率表（評基通付表 9 ）

特別警戒区域の地積 総　地　積	補正率
0. 10以上	0. 90
0. 40 〃	0. 80
0. 70 〃	0. 70

　がけ地補正率と特別警戒区域補正率の併用

　がけ地補正率と特別警戒区域補正率のいずれも適用可能である場合には、がけ地補正率×特別警戒区域補正率により計算した数値を特別警戒区域補正率とする。

　ただし、その最小値は0.50とする。

⑫　**容積率の異なる 2 以上の地域にわたる宅地に関する補正（評基通20- 7 ）**

　容積率の異なる 2 以上の地域にわたる宅地は下記算式により評価する。

> ①～⑪のうち当てはまる画地調整を行って計算した 1 ㎡当たりの価額×（ 1 －控除割合※）×地積

※控除割合[8]は下記算式により計算する[9]。

8　小数点以下第 3 位未満を四捨五入する。
9　控除割合がマイナスとなるときは適用なし。

$$\left\{ 1 - \frac{容積率の異なる部分の各部分に適用される容積率にその各部分の地積を乗じて計算した数値の合計}{正面路線に接する部分の容積率 \times 宅地の総地積} \right\} \times \begin{matrix} 容積率が価額に \\ 及ぼす影響度 \end{matrix}$$

容積率が価額に及ぼす影響度

地区区分	影響度
高度商業地区、繁華街地区	0.8
普通商業・併用住宅地区	0.5
普通住宅地区	0.1

（3）路線価が付されていない場合（評基通14-3）

　路線価の設定されていない道路のみに接している宅地を相続税や贈与税の計算上評価する必要がある場合には、納税義務者からの申し出により、当該道路に当該宅地を評価するための路線価（「特定路線価」）を設定することができる。

図1　特定路線価を設定して評価する場合

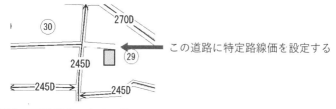

出典：国税庁ホームページ

図2　旗竿地として不整形地補正を適用して評価する場合

出典：国税庁ホームページ

> **トピック**
>
> **「特定路線価を申請」するか「旗竿地として不整形地補正を適用」するか**
>
> 　特定路線価を設定するかどうかの判断はあくまでも納税者に委ねられている。しかしながら、特定路線価を申請すると撤回することがで

きず、当該特定路線価を使用して評価をしなければならない。このため、実務上は「①特定路線価の設定の申請をし、設定された特定路線価に基づいて評価する」か「②特定路線価を設定せず、旗竿地として不整形地補正を適用して評価する」かの判断が必要となる。

　①②のいずれで評価するかという明確な基準は存在しないため、下記に掲げる事情等を総合的に判断して、特定路線価を設定すべきかの検討をすることとなる。

ア　対象地と路線価が付されている道路までの距離

イ　①の評価額と②の評価額の乖離率

ウ　対象地の評価額が約1億円を超えるような高額な土地であるか

※路線価が付されていない道路でも固定資産税路線価が付されている道路がある。この場合、路線価を固定資産税路線価で比準することにより、仮に特定路線価を申請したのであれば付されるであろう特定路線価の金額を想定し判断することも考えられる。

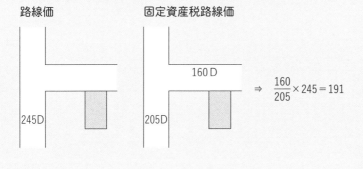

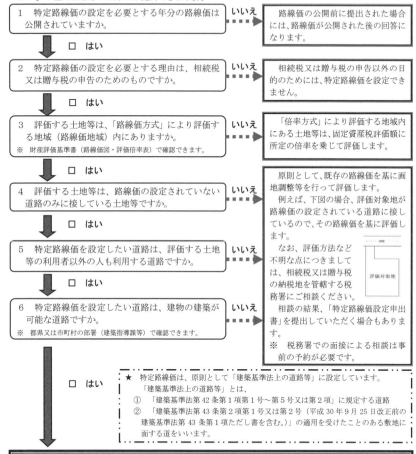

特定路線価設定申出書の提出チェックシート

「特定路線価設定申出書」を提出する場合には、次の事項のチェックをお願いします（原則として、「はい」が全て☑となった方のみ提出できます。）。

1　特定路線価の設定を必要とする年分の路線価は公開されていますか。

いいえ → 路線価の公開前に提出された場合には、路線価が公開された後の回答になります。

□　はい

2　特定路線価の設定を必要とする理由は、相続税又は贈与税の申告のためのものですか。

いいえ → 相続税又は贈与税の申告以外の目的のためには、特定路線価を設定できません。

□　はい

3　評価する土地等は、「路線価方式」により評価する地域（路線価地域）内にありますか。
※　財産評価基準書（路線価図・評価倍率表）で確認できます。

いいえ → 「倍率方式」により評価する地域内にある土地等は、固定資産税評価額に所定の倍率を乗じて評価します。

□　はい

4　評価する土地等は、路線価の設定されていない道路のみに接している土地等ですか。

いいえ → 原則として、既存の路線価を基に画地調整等を行って評価します。
　例えば、下図の場合、評価対象地が路線価の設定されている道路に接しているので、その路線価を基に評価します。
　なお、評価方法など不明な点につきましては、相続税又は贈与税の納税地を管轄する税務署にご相談ください。

□　はい

5　特定路線価を設定したい道路は、評価する土地等の利用者以外の人も利用する道路ですか。

いいえ →

□　はい

6　特定路線価を設定したい道路は、建物の建築が可能な道路ですか。
※　都県又は市町村の部署（建築指導課等）で確認できます。

いいえ → 　相談の結果、「特定路線価設定申出書」を提出していただく場合もあります。
※　税務署での面接による相談は事前の予約が必要です。

□　はい

★　特定路線価は、原則として「建築基準法上の道路等」に設定しています。
　「建築基準法上の道路等」とは、
①　「建築基準法第42条第1項第1号～第5号又は第2項」に規定する道路
②　「建築基準法第43条第2項第1号又は第2号（平成30年9月25日改正前の建築基準法第43条第1項ただし書を含む。）」の適用を受けたことのある敷地に面する道をいいます。

以下のいずれかの税務署に「特定路線価設定申出書」を提出してください。
・特定路線価の評定を担当する税務署（詳細は裏面をご覧ください。）
・納税地を所轄する税務署（納税地は、相続税の場合は被相続人の住所地、贈与税の場合は受贈者の住所地となります。）
・評価する土地等の所在地を所轄する税務署

出典：国税庁ホームページ（東京国税局）「特定路線価設定申出書の提出チェックシート」

(4) 倍率方式

① 評価方法（評基通21-2）

ア　原則

> その宅地の固定資産税評価額×倍率

　※倍率は、国税庁ホームページの「路線価図・評価倍率表」に掲載されている。

イ　地積規模の大きな宅地の適用がある場合

　その宅地（大規模工場用地を除く。）が標準的な間口距離及び奥行距離を有する宅地であるとした場合の 1 ㎡当たりの価額（近傍宅地の固定資産税評価に係る標準宅地の 1 ㎡当たりの価額にアの倍率を乗じて計算した価額）を路線価とし、かつ、その宅地が普通住宅地区に所在するものとして財産評価基本通達20-2 の定めに準じて計算した価額とアにより計算した価額のうち、いずれか低い方の価額が評価額となる。

(5) 私道の評価（評基通24）

　私道の用に供されている宅地は、下記算式により評価する。

ア　特定の者の通行の用に供されている場合

> 路線価方式・倍率方式により計算した自用地評価額×100分の30

イ　不特定多数の者の通行の用に供されている場合

> 評価しない（＝ 0 評価）

(6) セットバックを必要とする宅地の評価（評基通24-6）

　建築基準法第42条第 2 項に規定する道路に面しており、将来、建物の建替え時等に同法の規定に基づき道路敷きとして提供しなければならない部分を有する宅地の価額は、下記算式により評価する。

> $$自用地価額 - 自用地価額 \times \frac{セットバック部分の地積}{総地積} \times 0.7$$

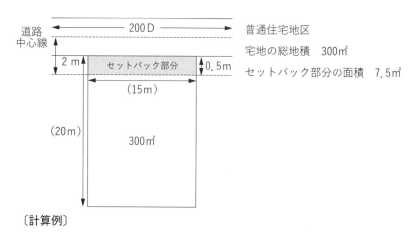

道路中心線

200D

2 m

セットバック部分

0.5m

(15m)

(20m)

300㎡

普通住宅地区

宅地の総地積　300㎡

セットバック部分の面積　7.5㎡

〔計算例〕

60,000,000円（自用地価額）－60,000,000円×$\frac{7.5㎡}{300㎡}$×0.7＝58,950,000円

（7）都市計画道路予定地の区域内にある宅地の評価（評基通24-7）

都市計画道路予定地の区域内となる部分を有する宅地の価額は、下記算式により評価する。

自用地価額×下記補正率表に定める補正率

地区区分／容積率	ビル街地区、高度商業地区		繁華街地区、普通商業・併用住宅地区				普通住宅地区、中小工場地区、大工場地区		
地積割合	700%未満	700%以上	300%未満	300%以上400%未満	400%以上500%未満	500%以上	200%未満	200%以上300%未満	300%以上
30%未満	0.88	0.85	0.97	0.94	0.91	0.88	0.99	0.97	0.94
30%以上60%未満	0.76	0.70	0.94	0.88	0.82	0.76	0.98	0.94	0.88
60%以上	0.60	0.50	0.90	0.80	0.70	0.60	0.97	0.90	0.80

※地積割合…総地積に対する都市計画道路予定地の部分の地積の割合をいう。

※容積率…指定容積率[10]と基準容積率[11]のうちいずれか低い容積率をいう。

（8）貸宅地の評価（評基通25）

借地権の目的となっている宅地の価額は、下記算式により評価する。

10　都市計画の定めにより指定される容積率をいう。

11　建築基準法第52条第2項の規定により計算される容積率をいう。

> 自用地価額×（1－借地権割合）

※借地権割合は、国税庁ホームページの「路線価図・評価倍率表」に記載されている。

路線価図（抜粋）

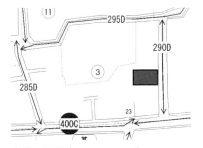

借地権割合

記号	借地権割合	記号	借地権割合
A	90%	E	50%
B	80%	F	40%
C	70%	G	30%
D	60%		

出典：国税庁ホームページ

　上記路線価図上の対象地は、「普通住宅地区」、「路線価290千円」、「借地権割合60%」の地域に該当するため、自用価額×（1－60%）により評価する。

（9）貸家建付地の評価（評基通26）

　貸家の敷地の用に供されている宅地の価額は、下記算式により評価する。

> 自用地価額－（自用地価額×借地権割合×借家権割合（評基通94）×賃貸割合）

※借家権割合は、国税庁ホームページの「路線価図・評価倍率表」で確認できる（全国全ての地域において100分の30とされている。）。

　〔**計算例**〕※自用地価額60,000,000円、借地権割合60%、借家権割合30%、賃貸割合80%の前提

　60,000,000円－（60,000,000円×0.6×0.3×0.8）＝51,360,000円

　ア　賃貸割合は、その貸家に係る各独立部分（構造上区分された数個の部分の各部分をいう。）がある場合に、その各独立部分の賃貸の状況に基づいて、次の算式により計算した割合となる[12, 13]。

12　「各独立部分」とは、建物の構成部分である隔壁、扉、階層（天井及び床）等によって他の部分と完全に遮断されている部分で、独立した出入口を有するなど独立して賃貸その他の用に供することができるものをいう。したがって、例えば、ふすま、障子又はベニヤ板等の堅固でないものによって仕切られている部分及び階層で区分されていても、独立した出入口を有しない部分は「各独立部分」には該当しない。
　なお、外部に接する出入口を有しない部分であっても、共同で使用すべき廊下、階段、エレベーター等の共用部分のみを通って外部と出入りすることができる構造となっているものは、上記の「独立した出入口を有するもの」に該当する。
13　「賃貸されている各独立部分」には、継続的に賃貸されていた各独立部分で、課税時期において、一時的に賃貸されていなかったと認められるものを含むこととして差し支えない。

$$\frac{\text{Aのうち課税時期において賃貸されている各独立部分の床面積の合計}}{\text{当該家屋の各独立部分の床面積の合計(A)}}$$

4 農地及び農地の上に存する権利

（1）農地の分類（評基通34）

① 純農地

② 中間農地

③ 市街地周辺農地

④ 市街地農地

（2）農地の評価

農地の評価方法まとめ

① 純農地 ⎫
② 中間農地 ⎭ …倍率方式

③ 市街地周辺農地…市街地農地であると仮定した場合の評価額×80%

④ 市街地農地…宅地比準方式・倍率方式のいずれか

① 純農地

　ア　純農地とは

　　農用地区域内にある農地など、宅地転用が不可能に近い農地のことをいう。

　イ　純農地の評価（評基通37）

その農地の固定資産税評価額×倍率[14]

② 中間農地

　ア　中間農地とは

　　鉄道駅から500m以内の区域にある農地など、許可により宅地転用が可能である農地のことをいう。

　イ　中間農地の評価（評基通38）

その農地の固定資産税評価額×倍率

③ 市街地周辺農地

　ア　市街地周辺農地とは

14　倍率は国税庁ホームページ「路線価図・評価倍率表」に掲載されている。

鉄道駅から300m以内の区域にある農地や、インターチェンジの出入口などの施設が存する区域にある農地など、市街化傾向が強い場所にある農地のことをいう。

イ　市街地周辺農地の評価（評基通39）

> 市街地農地として計算した評価額（④）×100分の80

④　市街地農地

ア　市街地農地とは

市街地にある農地のことで、既に宅地転用の許可を受けている農地や、農業委員会への届出のみで転用が可能な状態にある農地のことをいう。

イ　市街地農地の評価（評基通40）

その農地が宅地であるとした場合の価額から、農地を宅地に転用する場合に通常必要とされる造成費相当額[15]を控除した金額によって評価する。

(ア)　原則（宅地比準方式）

> $\left(\begin{array}{l}\text{その農地が宅地であるとした}\\\text{場合の1㎡当たりの価額}\end{array} - 1㎡当たりの宅地造成費\right) × 地積$

※その農地が宅地であるとした場合の1㎡当たりの価額は、近傍宅地の価額[16]×宅地の倍率で求めた価額に、その宅地とその農地との位置、形状等の条件差を考慮して評価するものとする。

また、地積規模の大きな宅地の適用対象となるときは、規模格差補正を適用して評価する。

(イ)　例外（倍率地域にある場合）

> その農地の固定資産税評価額×倍率

⑤　生産緑地

ア　生産緑地とは

生産緑地とは、市街化区域内の農地のうち良好な生活環境の確保に効果があるものとして、市町村に指定された農地のことをいう。

イ　生産緑地の評価（評基通40-3）

> （その土地が生産緑地でないものとして評価した価額×（1－下表(ア)又は(イ)の割合）

15　1㎡当たりの造成費に相当する金額は、整地、土盛り、土止めに要する費用の額がおおむね同一と認められる地域ごとに国税局において定められている（国税庁ホームページ「路線価図・評価倍率表」の確認したい宅地の都道府県をクリックすると表示される。）。

16　近傍宅地の価額は、各地方庁の税務課（固定資産税担当）等で確認する。

(ア)　課税時期において市町村長に対し買取りの申出をすることができない生産緑地

課税時期から買取りの申出をすることができることとなる日までの期間	割合
5 年以下のもの	100分の10
5 年を超え10年以下のもの	100分の15
10年を超え15年以下のもの	100分の20
15年を超え20年以下のもの	100分の25
20年を超え25年以下のもの	100分の30
25年を超え30年以下のもの	100分の35

(イ)　課税時期において市町村長に対し買取りの申出が行われていた生産緑地又は買取りの申出をすることができる生産緑地

100分の 5

⑥　**貸し付けられている農地**

ア　**耕作権の目的となっている農地（評基通41⑴）**

> ①〜④により計算した評価額－下記イの耕作権の価額

イ　**耕作権の価額（評基通42）**

(ア)　純農地・中間農地…農地の価額×耕作権割合（50%）

(イ)　市街地周辺農地、市街地農地…農地の価額×耕作権割合（30%〜40%）

	純農地・中間農地	市街地周辺農地・市街地農地
札幌国税局		―
仙台国税局		―
関東信越国税局		30％
東京国税局		35％
金沢国税局		40％
名古屋国税局	全国一律50%	40％
大阪国税局		40％
広島国税局		―
高松国税局		―
福岡国税局		―

熊本国税局	―
沖縄国税事務所	―

※上記は、令和 5 年分の耕作権割合の一覧表である。耕作権割合は国税庁ホームページの「路線価図・評価倍率表」で確認できる。

ウ　永小作権の目的となっている農地（評基通41⑵）

> ①～④により計算した評価額－永小作権の価額

エ　区分地上権の目的となっている農地（評基通41⑶）

> ①～④により計算した評価額－区分地上権の価額

オ　区分地上権に準ずる地役権の目的となっている農地（評基通41⑷）

> ①～④により計算した評価額－区分地上権に準ずる地役権の価額

5　山林及び山林の上に存する権利

(1) 山林の分類

① 　純山林

② 　中間山林

③ 　市街地山林

(2) 山林の評価

山林の評価方法まとめ（評基通45）

① 　純山林 ⎫
② 　中間山林 ⎰ …倍率方式

③ 　市街地山林…宅地比準方式・倍率方式のいずれか

① 　純山林

ア　純山林とは

市街地から離れた場所に所在する山林のことをいう。

イ　純山林の評価（評基通47）

> その山林の固定資産税評価額×倍率

② 　中間山林

ア　中間山林とは

①の純山林と③の市街地山林との中間に所在する山林のことをいう。

イ　中間山林の評価（評基通48）

> その山林の固定資産税評価額×倍率

③　**市街地山林**

ア　**市街地山林とは**

市街化区域に所在する山林などのことをいう。

イ　**市街地山林の評価（評基通49）**

その山林が宅地であるとした場合の価額から、山林を宅地に転用する場合に通常必要とされる造成費相当額を控除した金額によって評価する。

㋐　**原則（宅地比準方式）**

> $\left(\begin{array}{l}\text{その山林が宅地であるとした}\\\text{場合の1\,m}^2\text{当たりの価額}\end{array}-1\,\text{m}^2\text{当たりの宅地造成費}\right)×\text{地積}$

※その山林が宅地であるとした場合の1 m²当たりの価額は、近傍宅地の価額×宅地の倍率で求めた価額に、その宅地とその山林との位置、形状等の条件差を考慮して評価するものとする。

また、地積規模の大きな宅地の適用対象となるときは、規模格差補正を適用して評価する。

㋑　**例外（倍率地域にある場合）**

> その山林の固定資産税評価額×倍率

④　**保安林**

ア　**保安林とは**

保安林とは、水源の涵養、土砂の崩壊その他の災害の防備、生活環境の保全・形成等、特定の公益目的を達成するため、農林水産大臣又は都道府県知事によって指定される森林をいう。

イ　**保安林の評価（評基通50）**

> ①～③により計算した評価額×（1－下表ウの割合）

ウ　**保安林等の立木の評価上の控除割合[17]（評基通123）**

法令に基づき定められた伐採関係の区分	控除割合
一部皆伐	0.3
択伐	0.5

17　特別緑地保全地区内における控除割合は0.8となる（評基通123-2）。

単木選伐	0.7
禁伐	0.8

6　原野及び原野の上に存する権利

(1)　原野の分類

① 　純原野

② 　中間原野

③ 　市街地原野

(2)　原野の評価

原野の評価方法まとめ（評基通57）

① 　純原野 ⎫
　　　　　　⎬…倍率方式
② 　中間原野 ⎭

③ 　市街地山林…宅地比準方式・倍率方式のいずれか

① 　純原野

ア　純原野とは

市街化調整区域内に所在している原野などのことをいう。

イ　純原野の評価（評基通58）

> その原野の固定資産税評価額×倍率

② 　中間原野

ア　中間原野とは

市街化区域外の原野ではあるが、宅地開発が進んでいる原野などのことをいう。

イ　中間原野の評価（評基通58-2）

> その原野の固定資産税評価額×倍率

③ 　市街地原野

ア　市街地原野とは

市街化区域に所在する原野などのことをいう。

イ　市街地原野の評価（評基通58-3）

その原野が宅地であるとした場合の価額から、原野を宅地に転用する場合に通常必要とされる造成費相当額を控除した金額によって評価する。

$$\left(\begin{array}{l}\text{その原野が宅地であるとした}\\\text{場合の1㎡当たりの価額}\end{array} - 1\text{㎡当たりの宅地造成費}\right) \times \text{地積}$$

※その原野が宅地であるとした場合の1㎡当たりの価額は、近傍宅地の価額×宅地の倍率で求めた価額に、その宅地とその原野との位置、形状等の条件差を考慮して評価するものとする。

　また、地積規模の大きな宅地の適用対象となるときは、規模格差補正を適用して評価する。

（イ）　例外（倍率地域にある場合）

その原野の固定資産税評価額×倍率

7　雑種地及び雑種地の上に存する権利

（1）雑種地の評価（評基通82）

①　原則

　雑種地の価額は、原則として、その雑種地と状況が類似する付近の土地についてこの通達の定めるところにより評価した1㎡当たりの価額をもととし、その土地とその雑種地との位置、形状等の条件の差を考慮して評定した価額に、その雑種地の地積を乗じて計算した金額によって評価する。

②　例外（倍率地域かつ倍率が定められている場合）[18]

その雑種地の固定資産税評価額×倍率

（2）区域区分に応じた雑種地評価の相違点

①　区域区分の概要

　都市計画法では、無秩序な市街化を防止し、計画的な市街化を図るため、都市計画区域を市街化区域と市街化調整区域とに区分している（都市計画法7）。これを「区域区分」という。

・市街化区域…用途地域という区域区分によって土地の利用内容が指定されており、それに従い新たに開発（建物の建築など）をすることが可能である。

・市街化調整区域…新たな開発が抑制されており、宅地よりも田畑としての利用が促されることが一般的である。

※市街化区域、市街化調整区域のいずれにも該当しない都市計画区域を、非線引き都市計画区域という。

18　雑種地の倍率が定められている地域はかなり限定されるため、実務上は①により評価することが大半である。

都市計画区域等の区分

```
┌──────────────────────────────────────────────────────────┐
│                        日本国内                            │
│  ┌──────────────────────┐  ┌────────────────────────────┐ │
│  │      都市計画区域      │  │  ④　準都市計画区域         │ │
│  │                      │  │  ⇒用途地域を定めることができる │ │
│  │ ①　市街化区域         │  └────────────────────────────┘ │
│  │  ⇒用途地域は必ず定める │                                 │
│  │                      │                                 │
│  │ ②　市街化調整区域      │  ⑤　都市計画区域及び準都市計画区域外 │
│  │  ⇒用途地域は原則として定めない │ ⇒用途地域を定めることができない │
│  │                      │                                 │
│  │ ③　非線引き都市計画区域 │                                 │
│  │  ⇒用途地域を定めることができる │                           │
│  └──────────────────────┘                                 │
└──────────────────────────────────────────────────────────┘
```

② **市街化区域における雑種地の評価**

　ア　路線価地域に所在する場合

　　(ア)　**現況が農地や山林、原野であると認められる場合**

　　　　市街地農地や市街地山林、市街地原野の評価方法に準じて評価

　　(イ)　**現況が雑種地である場合**

　　　　対象地の路線価に画地調整率を乗じた価額から、雑種地を宅地に転用する場合に通常必要とされる造成費相当額を控除した金額によって評価する。

　　　┌───┐
　　　│（対象地の路線価×画地調整率（3(2)）− 1 ㎡当たりの宅地造成費）×地積│
　　　└───┘

　イ　倍率地域に所在する場合

　　(ア)　**現況が農地や山林、原野であると認められる場合**

　　　　市街地農地や市街地山林、市街地原野の評価方法に準じて評価

　　(イ)　**現況が雑種地である場合**

　　　　その雑種地が宅地であるとした場合の価額から、雑種地を宅地に転用する場合に通常必要とされる造成費相当額を控除した金額によって評価する。

　　　┌───┐
　　　│（その雑種地が宅地であるとした　　　　　　　　　　　　　　　│
　　　│　場合の 1 ㎡当たりの価額　 − 1 ㎡当たりの宅地造成費）×地積│
　　　└───┘

※その雑種地が宅地であるとした場合の 1 ㎡当たりの価額は、近傍宅地の価額×宅地の倍率で求めた価額に、その宅地とその雑種地との位置、形状等の条

件差を考慮して評価する。

③ 市街化調整区域における雑種地の評価

ア 市街化調整区域における雑種地評価の概要[19]

雑種地（ゴルフ場用地、遊園地等用地、鉄軌道用地を除く）の価額は、原則として、その雑種地の現況に応じ、評価対象地と状況が類似する付近の土地について評価した1㎡当たりの価額をもととし、その土地と評価対象地である雑種地との位置、形状等の条件の差を考慮して評定した価額に、その雑種地の地積を乗じて評価する。

評価対象地が市街化調整区域内の雑種地である場合、状況が類似する土地の判定は、評価対象地の周囲の状況に応じて下表により判定する。

また、付近の宅地の価額をもととして評価する場合（宅地比準）における法的規制等（開発行為の可否、建築制限、位置等）に係るしんしゃく割合（減価率）は、市街化の影響度と雑種地の利用状況によって個別に判定することになるが、下表のしんしゃく割合によっても差し支えない。

	周囲（地域）の状況	比準地目	しんしゃく割合
弱 ↑ 市街化の影響度 ↓ 強	① 純農地、純山林、純原野	農地比準、山林比準、原野比準（注1） …下記(ア)	
	② ①と③の地域の中間（周囲の状況により判定）	宅地比準	しんしゃく割合50% …下記(イ)
			しんしゃく割合30% …下記(ウ)
	③ 店舗等の建築が可能な幹線道路沿いや市街化区域との境界付近（注2）	宅地価格と同等の取引実態が認められる地域（郊外型店舗が建ち並ぶ地域等）	しんしゃく割合0% …下記(エ)

（注）1 評価対象地が資材置場、駐車場等として利用されているときは、農地等の価額に造成費相当額を加算した価額により評価する（その価額は宅地の価額をもととして評価した価額を上回らない。）。

2 ③の地域は、線引き後に沿道サービス施設が建設される可能性のある土地（都市計画法34九、43②）や、線引き後に日常生活に必要な物品の小売

---

19 国税庁ホームページ　タックスアンサー「№4628　市街化調整区域内の雑種地の評価」参照。

業等の店舗として開発又は建築される可能性のある土地（都市計画法34
一、43②）の存する地域をいう。

3　都市計画法第34条第11号に規定する区域（条例指定区域）内については、
上記の表によらず、個別に判定する。

(ア)　**農地比準、山林比準、原野比準で評価する場合**

評価対象地の周囲の状況が純農地、純山林、純原野である場合

$$\left(\begin{array}{l}近傍の農地、山林、原野の固定資\\産税評価額\end{array}×倍率＋1㎡当たりの宅地造成費\right)×地積$$

(イ)　**しんしゃく割合50%で評価する場合**

純農地や純山林、純原野の地域と、幹線道路沿いや市街化区域との境界
付近の地域の中間である地域

$$\left(\begin{array}{l}その雑種地が宅地であるとした\\場合の1㎡当たりの価額\end{array}×（1－50%）－\begin{array}{l}1㎡当たりの宅地\\造成費\end{array}\right)×地積$$

※その雑種地が宅地であるとした場合の1㎡当たりの価額は、近傍宅地の価額
　×宅地の倍率で求めた価額に、その宅地とその雑種地との位置、形状等の条
　件差を考慮して評価する。

(ウ)　**しんしゃく割合30%で評価する場合**

幹線道路沿いや市街化区域との境界付近であることにより、市街化の影
響度が強く、有効利用度が高い雑種地が多く存在する地域

$$\left(\begin{array}{l}その雑種地が宅地であるとした\\場合の1㎡当たりの価額\end{array}×（1－30%）－\begin{array}{l}1㎡当たりの宅地\\造成費\end{array}\right)×地積$$

※その雑種地が宅地であるとした場合の1㎡当たりの価額は、近傍宅地の価額
　×宅地の倍率で求めた価額に、その宅地とその雑種地との位置、形状等の条
　件差を考慮して評価する。

(エ)　**しんしゃく割合0%で評価する場合**

(ウ)に掲げた地域の中でも、宅地価格と同様の取引実態が認められる地域[20]

$$\left(\begin{array}{l}その雑種地が宅地であるとした\\場合の1㎡当たりの価額\end{array}－1㎡当たりの宅地造成費\right)×地積$$

※その雑種地が宅地であるとした場合の1㎡当たりの価額は、近傍宅地の価額
　×宅地の倍率で求めた価額に、その宅地とその雑種地との位置、形状等の条
　件差を考慮して評価する。

20　郊外型店舗が建ち並ぶ地域等が該当する。

イ　市街化調整区域における雑種地の評価フローチャート

市街化調整区域内の雑種地の評価フローチャート

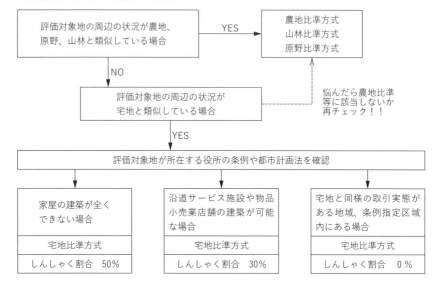

8　現地調査

（1）机上調査

　最近では現地に行かなくともインターネット上のサービスを駆使して、現地に行った場合と同じように現況が確認できるサービスがある。

　まずは机上でできる限りの調査を行い、机上調査で明らかにならなかった点について現地調査を検討する。

机上調査の手順

①　住宅地図で場所の特定

　住宅地図とは、一軒一軒の建物名称や居住者の情報が表示された地図であり、この住宅地図から、前面道路との接道や付近の状況を大まかに確認することが可能。

　住宅地図の閲覧⇒ゼンリン住宅地図プリントサービス[21]

②　公図・地積測量図で対象地の形状等を確認

　公図とは、土地の区画や地番を示した図面をいい、隣地との境界の状況や大

21　株式会社ゼンリンが提供するサービスで、閲覧したいエリアを住所から選択してコンビニでプリントできる。なお、住宅地図は図書館や法務局でも閲覧可能。

まかな土地の形状等の確認が可能。

　地積測量図とは、対象地の形状や地積を示す図面をいい、対象地の正確な地積や間口等の確認が可能。

公図・地積測量図の取得⇒登記情報提供サービス[22]

③　登記簿謄本（登記事項証明書）の確認

　登記簿謄本からは、土地や建物の所在地番、地目、地積などの基本的な情報や、所有者、持分割合、抵当権の有無などを確認できる。

登記簿謄本の取得⇒登記情報提供サービス

④　Googleストリートビュー、航空写真で現地の状況を確認

　Googleストリートビューとは、Googleが提供するインターネット上のサービスで、現地に行かなくても実際に現地に行った場合と同じように現況を確認できる。

　Googleストリートビューを利用することで、「対象地が既にセットバック済みであるか否か」、「登記簿上の地目と現況地目の相違」等を確認できる[23]。

（2）現地調査が必要な場合

机上調査の結果、例えば下記のような事実が認められる場合には現地調査を行うことを検討する。

① 　1筆の上に複数の利用単位があり、各利用単位の地積を示す資料（賃貸契約書等）がない場合

② 　対象地が建築基準法第42条第2項道路に面しており、当該道路の幅員が不明な場合

③ 　対象地内に庭内神しがあり、その庭内神しの地積が不明な場合

④ 　傾斜地やがけ地等があり、その斜度等が不明な場合

⑤ 　線路沿いなど騒音が想定される場合

22　法務局が保有する登記情報をインターネット上で確認することができる有料サービス（一般社団法人民事法務協会が運営）。法務局の窓口でも取得可能であるが、インターネット上での取得の方が手間がかからず安価。

23　Googleストリートビューを利用する際は、その対象地の撮影日が古いままになっていないか注意が必要。

（3）現地調査で使用する調査機材（例）

① **レーザー距離計　約5万円**

　対象地の間口や奥行の測定に使用する機材である。

　通常のメジャーでも測定可能ではあるが、現地調査における測定結果が対象地の評価額にダイレクトに反映されるため、一定水準以上の機材を使用することが望ましい。

レーザー距離計使用のイメージ①

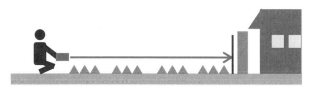

レーザー距離計使用のイメージ②

② **騒音測定器　約2,000円**

　対象地の騒音の度合いを測定する機材である。

　財産評価のための測定であれば、簡易的な騒音測定器でも十分測定が可能である。

騒音測定器使用のイメ　ジ

現地調査時の持ち物

No.	持ち物	解説
1	レーザー測量機、長距離レーザー測量機	実測し、公図等の正確性を検証
2	デジタルカメラ	現地周辺の状況を撮影
3	騒音測定器	騒音レベルを測定
4	路線価図、住宅地図、公図、測量図、登記簿謄本	机上評価をあらかじめ行っておく
5	委任状	各自治体ごとの所定様式の有無を事前確認

財産評価

（4）事前準備

現地調査事前チェック

No.	事前チェック項目	解説
1	測量部分	測量図がない場合、一筆に複数の利用区分がある場合、小規模宅地の適用面積を算出する必要がある場合、セットバックがある場合の道路幅員等の事前確認
2	減額要因	宅地については、セットバック、容積率、都市計画道路予定地、忌み地、騒音、無道路地等の事前確認 農地、山林、雑種地等についても現地調査で何を確認すべきか事前確認
3	対象地付近の市区町村役場の位置	役所で取得すべき資料、調査すべきことの事前確認

4	委任状	評価方法の確認や、固定資産評価証明書の取得をする際は委任状が必要なので、相続人の了解を得て事前に作成（セットバックの確認、都市計画図や道路台帳、測量図、公図の取得には不要）

（5）現地調査時に確認するポイント

現地調査において以下のチェックリストを活用する。

現地調査チェックリスト　　　　　　　　　　　　　　　　　所在地：

■地目
- □　宅地
- □　宅地以外
  - →要造成関係チェック

現況確認
●確認事項一覧　　　　　有　　無　　　　　　備考
- ・高低差　　　　　□有　□無　　　　　　m
- ・凹凸　　　　　　□有　□無
- ・土壌汚染　　　　□有　□無
- ・がけ地　　　　　□有　□無
- ・庭内神し　　　　□有　□無
- ・縄延び・縄縮み　□有　□無
- ・旗振評価の私達　□有　□無
- ・公衆用歩道・公開空地　□有　□無
- ・お墓　　　　　　□有　□無
- ・騒音　　　　　　□有　□無　　　　　　dB
- ・高圧線　　　　　□有　□無
- ・日照障害　　　　□有　□無
- ・悪臭　　　　　　□有　□無
- ・歩道橋の足　　　□有　□無
- ・無道路地　　　　□有　□無
- ・振動　　　　　　□有　□無
- ・生産緑地　　　　□有　□無

●測量（公図・住宅地図に書き込んだらチェック）
- □　間口距離
- □　奥行距離
- □　道路幅員

該当ある場合
- □　がけ地面積
- □　旗振評価の私道
- □　公衆用歩道・公開空地
- □　庭内神しの面積

●現況撮影
- □　対象物件・家屋全体の写真
- □　前面道路（対象物件を含める）
- ・減額要因　　□無　　□有　→近隣や敷地内の減額要因
- ・賃貸物件　　□無　　□有　→集合ポスト
- ・広大地　　　□無　　□有　→付近の宅地利用状況
- ・生産緑地　　□無　　□有　→看板撮影

●造成関係
- ・整地　　　　　□　必要無　　□　必要有→測量
- ・抜根・伐採　　□　必要無　　□　必要有→測量
- ・地盤改良　　　□　必要無　　□　必要有→測量
- ・土盛　　　　　□　必要無　　□　必要有→測量
- ・土止　　　　　□　必要無　　□　必要有→測量
- ・傾斜地の角度　□　必要無　　□　必要有→測量

役所調査

　　□　行った　□　行ってない

●都市計画課

不明の場合記載
％　※容積率またぎ　□　無　□　有　→
□　計画決定　　　□　事業決定　□　用地買収

　●容積率　　　　□　済　　□　不

　●都市計画道路　□　済　　□　不

　◆取得資料　　・都市計画道路の計画図　　［ 取得 ・ 取得していない ・ ない ］
　　　　　　　　・開発指導要綱　　　　　　［ 取得 ・ 取得していない ・ ない ］
　　　　　　　　・等高線図（がけ地の場合）［ 取得 ・ 取得していない ・ ない ］

●建築課・道路課

接道方向	公・私道の別	※道路種別	接道義務	セットバック
側	公道・私道		4 m・6 m	不・済・要
側	公道・私道		4 m・6 m	不・済・要
側	公道・私道		4 m・6 m	不・済・要
側	公道・私道		4 m・6 m	不・済・要

※道路種別
① 建築基準法第42条第1項第1号～4号の道路
② 同条第1項第5号の道路（位置指定道路）
③ 同条第2項道路
④ 43条第1項ただし書道路
⑤ 建築基準法上の道路ではない

　◆取得資料　　・道路台帳　［取得・取得していない・ない］
　　　　　　　　・建築計画概要書　［取得・取得していない・ない］

●その他　　　　　　　　　　　　◆取得資料
　・埋蔵文化財　　□有　□無　　　・名寄帳　　［ 取得 ・ 取得していない ・ ない ］
　・地下埋設物　　□有　□無　　　・農地台帳　［ 取得 ・ 取得していない ・ ない ］
　・土壌汚染　　　□有　□無　　　・森林簿　　［ 取得 ・ 取得していない ・ ない ］
　・特別警戒区域　□有　□無　　　・地番図　　［ 取得 ・ 取得していない ・ ない ］

　　　　　　　（上記チェックリストは、税理士法人チェスター作成）

9　家屋等の評価

（1）家屋の評価（評基通89、93）

区分	評価方法
①　自用家屋	固定資産税評価額×1.0
②　貸家	①の評価額－①の評価額×借家権割合100分の30※×賃貸割合

※借家権割合は、国税庁ホームページの「路線価図・評価倍率表」で確認できる
　（全国全ての地域において100分の3とされている。）。

（2）建築中の家屋の評価（評基通91）

費用現価の額×100分の70

※費用現価の額は、実務上は「建築工事の請負金額×工事進捗率」とすることが
　一般的で、工事進捗率は建築業者に確認することとなる。

> **誤りやすい事項**
>
> 　建築中の家屋を評価する場合、費用現価の額（建築工事の請負金額
> ×工事進捗率）と支払済金額との差額を「前払金」又は「未払金」と
> して計上する。
>
> 【計算例】
> ・前提：請負金額8,000万円、工事進捗率30％、支払済金額3,000万円
> ・建築中の家屋：8,000万円×30％×70/100＝1,680万円
> ・前払金：3,000万円－8,000万円×30％＝600万円

> **誤りやすい事項**
>
> ①　預金調査等で判明する相続開始直前の増改築・リフォーム工事等
> で、家屋の固定資産税評価額に反映されていないものは、財産計上
> を検討する。
>
> ②　確定申告書の「減価償却費の計算」に記載のある家屋の工事等で
> 資産価値が増加しており、固定資産税評価額に反映されていないも
> のは、財産計上を検討する。
>
> 評価額：（再建築価額－再建築価額×0.9×経過年数／耐用年数）
> 　　　　×70/100
>
> ※再建築価額は、実務上は工事費用の額となる。

（3）附属設備等の評価（評基通92）

①　家屋と構造上一体となっている設備（電気・ガス・給排水設備等）

家屋の価額に含めて評価

②　門、塀等の設備

$$\left[再建築価額 - \frac{建築の時から課税時期までの期間の定率}{法の償却費の額の合計額又は減価の額} \right] \times 100分の70$$

※再建築価額は、実務上は工事費用の額となる。

③　庭園設備

$$調達価額 \times 100分の70$$

誤りやすい事項

　一般家庭の庭は評価の対象にならないことが多い。預金調査等により定期的に造園業者が庭の手入れをしている場合は注意が必要であり、財産計上する場合には、実務上、その造園業者に調達価額（今作った場合の金額）をヒアリングすることが多い。

10　構築物の評価（評基通97）

(1)　構築物の範囲

　構築物とは、ガソリンスタンド、橋、トンネル、広告塔、運動場又は野球場のスタンド、プール等があり、土地又は家屋と一括して評価するものは除かれる。

(2)　構築物の評価

$$\left[再建築価額 - \frac{建築の時から課税時期までの期間の定率}{法の償却費の額の合計額又は減価の額} \right] \times 100分の70$$

※再建築価額は、実務上は工事費用の額となる。

11　マンション評価

(1)　マンション評価の概要

　マンション評価通達[24]制定により、令和6年1月1日以後に相続、遺贈又は贈与により取得したマンションで一定の要件を満たすものについて、従前の財産評価基本通達に基づいて計算した評価額が市場価格理論値の60％未満（この割合を「評価水準」という。）となる場合には、最低でも市場価格理論値の60％相当額が評価額となるように、その宅地（敷地利用権）及び建物（区分所有権）に対し調

24　令和5年9月28日付課評2―74他1課共同「居住用の区分所有財産の評価について（法令解釈通達）」

整計算が必要となる。

(2) 適用時期

令和 6 年 1 月 1 日以後に相続、遺贈又は贈与により取得した財産に適用される。

(3) 対象不動産

① 対象不動産

次のア及びイの要件を満たすマンションについてはマンション評価通達により評価する。

なお、それ以外のマンションについては、従前と同様、財産評価基本通達により評価する。

ア 区分所有者が有するマンション

区分所有者が有するマンションとは、いわゆる二世帯住宅を除く 3 階以上の区分所有建物の居住用の一室[25]をいう。

イ 評価水準が 1 を超えるか、0.6未満であるマンション

・評価水準が 1 を超える（評価乖離率が0.999以下である）もの

・評価水準が0.6未満である（評価乖離率が1.671以上である）もの

$$\frac{相続税評価額（財産評価基本通達評価額）}{市場価格（売買実例価額）}＝評価水準（1 \div 評価乖離率）$$

② 対象外不動産の例

ア 地階を除く総階数が 2 以下のもの

イ 二世帯住宅（区分所有建物内の専有部分の数が 3 室以下のものに限る。）

ウ オフィスビル

エ 区分所有者が存しないマンション

オ 評価水準が0.6以上 1 以下であるマンション

カ 棚卸商品等に該当するもの

(4) マンション評価通達による評価額

区分所有権（建物部分）の 財産評価基本通達評価額	×	区分所有 補正率	＋	敷地利用権（土地部分）の 財産評価基本通達評価額	×	区分所有 補正率

① 評価水準が 1 を超える場合

区分所有補正率＝評価乖離率

---

25 ここでいう一室とは、マンションの一部屋や、いわゆるワンルームマンションを指すのではなく、3 ＬＤＫなども含む「区分所有建物に存する居住の用に供する専有部分一室」をいう。

② **評価水準が0.6未満の場合**

　　区分所有補正率＝評価乖離率×0.6

（注）敷地利用権については、区分所有者が次のいずれも単独で所有している場合「区分所有補正率」は1を下限とする。

　　・一棟の区分所有建物に存する全ての専有部分

　　・一棟の区分所有建物の敷地

（5）評価乖離率の算出方法

　　評価乖離率[26, 27]は次の計算式に基づいて算出する。

$$①×△0.033＋②×0.239＋③×0.018＋④×△1.195＋3.220$$

① 当該マンション一室に係る建物の**築年数**（1年未満の端数＝1年とする）

　　一棟の区分所有建物の築年数が古いほど評価乖離率が低くなる。例えば、築年数が30年の場合には、評価乖離率を1弱押し下げることとなる。

② 当該マンションに係る建物の「**総階数指数**」として、「総階数÷33（1.0を超える場合は1.0）」（総階数には地階を含まず、小数点以下第4位を切り捨てる）

　　その建物の総階数が33階を超える場合には1.0となることから、最大でも評価乖離率を0.239押し上げる効果しかない。

③ 当該マンション一室の**所在階**（いわゆるメゾネットタイプのように専有部分が複数階にまたがる場合には低い方の階）

　　専有部分の所在階数が高ければ高いほど、評価乖離率を押し上げる効果がある。

④ 当該マンション一室の「**敷地持分狭小度**」として、「当該マンション一室に係る敷地利用権の面積÷当該マンション一室に係る専有面積」により計算した値（小数点以下第4位を切り上げる）

　　一般的には、高層マンションほど一室の区分所有権等に係る敷地利用権の面積は小さくなる傾向にあり、その敷地持分狭小度も小さくなることから、評価乖離率を押し下げる効果は小さくなる。

　　※国税庁ホームページにおいて、Excelシートに「築年数」等を入力することにより、区分所有補正率（評価乖離率）が算出できる「居住用の区分所有財

26　評価乖離率を求める算式は、平成30年中の全国の中古マンションの売買価額等を基礎として組み立てられているため、平成31年以降、大都市に所在する中古マンションの価額は大幅に上昇しているが、そのデータは評価乖離率を求める算式の各指数等に反映されていない。

27　評価乖離率が零又は負数のものについては、評価しない（0評価）となる。

産の評価に係る区分所有補正率の計算明細書」が公表されている。

12 地上権及び永小作権の評価（相法23）

　地上権（借地借家法に規定する借地権及び民法第269条の2第1項（地下又は空間を目的とする地上権）の地上権に該当するものを除く。）及び永小作権の価額は、その残存期間に応じ、次の算式により評価する。

> 自用地としての評価額×残存期間に応ずる地上権割合

地上権割合

残存期間		地上権割合
	10年以下	5%
10年超	15年以下	10%
15年超	20年以下	20%
20年超	25年以下	30%
25年超	30年以下	40%
30年超	35年以下	50%
35年超	40年以下	60%
40年超	45年以下	70%
45年超	50年以下	80%
50年超		90%

　なお、残存期間の定めのない地上権については、地上権割合は40%とする。

13 配偶者居住権等の評価（相法23の2）

(1) 配偶者居住権等の評価（配偶者居住権については、第11節十二2参照）

① 配偶者居住権の評価（配偶者が相続する財産）

> 建物の相続税評価額 − 建物の相続税評価額 × $\dfrac{\text{耐用年数−経過年数−存続年数}}{\text{耐用年数−経過年数}}$
>
> × 存続年数に応じた法定利率による複利現価率

② 配偶者居住権の目的となっている建物の評価（子供など配偶者以外の者が相続する財産）

> 建物の相続税評価額 − ①

③　配偶者居住権に基づく敷地利用権の評価（配偶者が相続する財産）

> 土地の相続税評価額 − 土地の相続税評価額 × 存続年数に応じた法定
> 利率による複利現価率

④　建物の敷地の用に供される土地の評価（子供など配偶者以外の者が相続する財産）

> 土地の相続税評価額 − ③

(2) 計算例

① 　前提

・建物：相続税評価額1,000万円、築 8 年、木造

・土地：相続税評価額2,000万円

・配偶者：妻、70歳

・配偶者居住権の存続年数：配偶者の終身にわたって存続

② 　計算

・残存耐用年数：木造住宅の耐用年数（事業以外1.5倍）33年 − 築年数 8 年 = 25年

・配偶者居住権の存続年数：存続期間は終身であるため70歳女性の平均余命である20年（厚生労働省ホームページ「完全生命表」で、配偶者居住権の設定された時の 1 月 1 日において公表されている最新のもの）

・配偶者居住権の存続年数に応じた民法の法定利率による複利現価率：0.554
（民法の法定利率は変動制となっており（民法404）、計算例は令和 5 年 4 月 1 日から令和 8 年 3 月31日までの法定利率である年 3 ％により計算している。配偶者居住権の評価に用いる複利現価率については、課税時期に応じた配偶者居住権等の評価明細書裏面を参照。）

③ 　評価

・配偶者居住権

1,000万円 − 1,000万円 × （33年 − 8 年 − 20年） ÷ （33年 − 8 年） × 0.554 = 889万2,000円

・配偶者居住権の目的となっている建物

1,000万円 − 889万2,000円 = 110万8,000円

・配偶者居住権に基づく敷地利用権

財産評価

2,000万円－2,000万円×0.554＝892万円

・建物の敷地の用に供される土地

2,000万円－892万円＝1,108万円

誤りやすい事項

配偶者居住権に基づく敷地利用権に対しても、他の要件を満たせば小規模宅地等の特例（第9節三参照）を適用することができる。

三　小規模宅地等の特例

◆被相続人又は被相続人と生計を一にしていた親族（以下「被相続人等」という。）の事業の用又は居住の用に供されていた宅地等（以下「特例対象宅地等」という。）がある場合には、相続又は遺贈により取得した特例対象宅地等のうち、特例適用要件を満たす宅地等を相続人が選択した場合には、限度面積内の部分については相続税の課税価格を最大8割又は5割減額する制度。

◆特例対象宅地等の区分は、特定事業用宅地等、特定居住用宅地等、特定同族会社事業用宅地等及び貸付事業用宅地等であり、取得者等により特例適用要件が異なるので注意が必要。

1　制度の概要

　相続や遺贈によって取得した財産で、相続開始の直前において被相続人等の事業の用又は居住の用に供されていた宅地等のうち下記の要件に該当する場合には、その宅地等の一定の面積までの部分については、相続税の課税価格に算入すべき価額の計算上、次に掲げる区分ごとにそれぞれに掲げる割合を減額できる（措法69の4①）。

・特定事業用宅地等、特定居住用宅地等又は特定同族会社事業用宅地等の場合…80％を減額（措法69の4①一）

・貸付事業用宅地等の場合…50％を減額（措法69の4①二）

　特例区分により減額できる限度面積は次のとおり（措法69の4②）。

A　特定事業用宅地等又は特定同族会社事業用宅地等（**限度面積400㎡**）

B　特定居住用宅地等（**限度面積330㎡**）

C　貸付事業用宅地等（**限度面積200㎡**）

　上記のうち、A及びBのみを選択適用する（Cを選択しない）場合は、Aの400㎡とBの330㎡がそれぞれの限度面積となる（最大730㎡）。

　ただし、Cの特例を選択し、他の特例（A又はB）を選択する場合の限度面積は、次の算式により計算した面積が、各特例区分の限度面積となる。

$$A \times \frac{200}{400} + B \times \frac{200}{330} + C \leqq 200\,\text{m}^2$$

2 適用要件

(1) 特定居住用宅地等

特定居住用宅地等とは、相続開始時まで被相続人等(「被相続人」及び「被相続人と生計を一にしていた親族」をいう。)が居住用に使用していた「宅地」及び「借地権など宅地の上にある権利」である。

特定居住用宅地等の取得者ごとの要件は次のとおり(措法69の4③二)。

① 被相続人の居住用宅地等の場合(措法69の4③二)

適用対象者(取得者)	取得者ごとの適用要件
1　配偶者	特に要件はない(取得のみで適用可能)。
2　被相続人の居住の用に供されていた一棟の建物に居住していた親族(配偶者を除く。)	次の要件を全て満たすこと(居住継続要件、保有継続要件)。 ①　相続税の申告期限までその建物に居住していること。 ②　その宅地等を相続税の申告期限まで有していること。
3　上記以外の親族(いわゆる「家なき子」)	次の要件を全て満たすこと。 ①　居住制限納税義務者又は非居住制限納税義務者のうち日本国籍を有しない者ではないこと。 ②　被相続人に配偶者がいないこと。 ③　相続開始の直前において被相続人の居住の用に供されていた家屋に居住していた被相続人の相続人がいないこと。' ④　相続開始前3年以内に日本国内にある取得者、その配偶者、取得者の三親等内の親族又は取得者と特別の関係がある一定の法人が所有する家屋に居住したことがないこと。 ⑤　相続開始時に取得者が居住している家屋を、相続開始前のいずれの時においても所有していたことがないこと。 ⑥　その宅地等を相続税の申告期限まで有していること。

※相続開始時に、被相続人が老人ホームに入所していた場合

次の要件に該当する場合には、居住の用に供されなくなる直前の被相続人の

居住の用の宅地も含まれる（措法69の4①かっこ書き、措令40の2②、③）。

・要介護認定、要支援認定又は障害支援区分認定を受けていた被相続人が、特別養護老人ホーム、有料老人ホームなどの施設等に入所したこと（措令40の2②）。

・居住の用に供されなくなった以降、その建物を事業の用（貸付を含む。）又は被相続人等以外の居住の用に供していないこと（措令40の2③）。

②　被相続人と生計を一にしていた親族の居住用宅地等の場合（措法69の4③二）

適用対象者（取得者）	取得者ごとの適用要件
1　配偶者	特に要件はない（取得のみで適用可能）。
2　被相続人と生計を一にしていた親族で自己の居住の用に供していた親族（配偶者を除く。）	次の要件を全て満たすこと（居住継続要件、保有継続要件） ①　相続税の申告期限までその建物に居住していること。 ②　その宅地等を相続税の申告期限まで有していること。

> **トピック**
>
> **相続税法における「生計を一にする」とは**
>
> 　相続税法には、「生計を一にする」に関する定義規定はない。
>
> 　同一建物等に起居していれば明らかに互いに独立した生活を営んでいると認められる場合を除き「生計を一にする」といえる。
>
> 　なお、所得税基本通達2-47(1)ロでは、日常の起居を共にしていない場合でも、常に生活費等の送金が行われていれば「生計を一にする」と取り扱われているものの、小規模宅地等の特例適用に係る裁決事例では、「被相続人と別居していた親族が『生計を一にしていた』と認められるためには、当該親族が被相続人と日常生活の資を共通にしていたことを要し、少なくとも、居住費、食費、光熱費その他日常生活に係る費用の主要な部分を共通にしていた関係にあったことを要するものと解されるものである」と判断している（平成30年8月22日裁決（国税不服審判所裁決要旨検索システム））。

財産評価

老人ホームに入所していた場合の「生計を一にする親族」

　老人ホーム入所中の費用負担等の状況が争点となった裁決事例では、「生計を一にするとは、少なくとも日常生活の資を共通にしていたと認められることを要し、そのように認められるためには、少なくとも、居住費、食費、光熱費その他日常生活に係る費用の主要な部分を共通にしていた関係にあったことを要するものと解するのが相当であり、本件では、老人ホームの入所金、施設利用費、管理共益費、月額の利用料及び利用料に含まれない生活の資を共通にしていたとは認めることができず、請求人（相続人）は被相続人と生計を一にしていない」と判断している（平成31年4月8日裁決（未公表裁決）　出典：大蔵財務協会『国税速報』第6601号）。

(2) 特定事業用宅地等（措法69の4③一）

　特定事業用宅地等とは、被相続人等の事業（不動産貸付業、駐車場業、自転車駐車場業及び準事業を除く。）の用に供されていた宅地等（その相続の開始前3年以内に新たに事業の用に供された宅地等（「3年以内事業宅地等」という。以下同じ。）を除く。）で、次の表の区分に応じ、それぞれに掲げる要件の全てに該当する被相続人の親族が相続又は遺贈により取得したものをいう。

① 被相続人の事業用宅地等の場合（措法69の4③一イ）

適用対象者(取得者)	適用要件(事業承継要件、事業継続要件、保有継続要件)
被相続人の事業を承継する親族	次の要件を全て満たすこと。 ① 被相続人の事業を相続税の申告期限までに承継していること。 ② 相続税の申告期限まで引き続き事業の用に供していること。 ③ その宅地等を相続税の申告期限まで有していること。

② 被相続人と生計一親族の事業用宅地等の場合（措法69の4③一ロ）

適用対象者(取得者)	適用要件（事業継続要件、保有継続要件）
被相続人と生計を一にしていた親族で事	次の要件を全て満たすこと。 ① 相続税の申告期限まで引き続き事業の用に供してい

業の用に供している親族	ること。 ② その宅地等を相続税の申告期限まで有していること。

（3）特定同族会社事業用宅地等（措法69の4③三）

　特定同族会社事業用宅地等とは、次の①の要件を満たす法人の事業（不動産貸付業、駐車場業、自転車駐車場業及び準事業を除く。）の用に供されていた宅地等で、次の②の要件を満たす被相続人の親族が相続又は遺贈により取得したものをいう。

① 法人の要件

特定同族会社の要件	相続開始の直前において被相続人及び被相続人の親族等が法人の発行済株式の総数又は出資の総額の50％超を有している場合におけるその法人

② 取得者等の要件

取得者（役員要件）	適用要件（事業継続要件、保有継続要件）
相続税の申告期限においてその法人の役員であるもの	次の要件を全て満たすこと。 ① 相続税の申告期限まで引き続きその法人の事業用（貸付事業用を除く。）に供していること。 ② その宅地等を相続税の申告期限まで有していること。

（4）貸付事業用宅地等（措法69の4③四）

　貸付事業用宅地等とは、相続開始の直前において被相続人等の事業（不動産貸付業、駐車場業、自転車駐車場業及び準事業に限られる。以下「貸付事業」という。以下同じ。）の用に供されていた宅地等（その相続の開始前3年以内に新たに貸付事業の用に供された宅地等（「3年以内貸付宅地等」という。以下同じ。）を除く。）で、次の①又は②の区分に応じ、それぞれに掲げる要件を満たす被相続人の親族が相続又は遺贈により取得したものをいう。

① 被相続人の貸付事業用宅地等の場合（措法69の4③四イ）

適用対象者（取得者）	適用要件（事業承継要件、事業継続要件、保有継続要件）
被相続人の貸付事業を承継する親族	次の要件を全て満たすこと。 ① 被相続人の貸付事業を相続税の申告期限までに承継していること。 ② 相続税の申告期限まで引き続き貸付事業の用に供し

財産評価

| | ていること。 |
| | ③　その宅地等を相続税の申告期限まで有していること。 |

②　被相続人と生計一親族の貸付事業用宅地等の場合（措法69の4③四ロ）

適用対象者（取得者）	適用要件（事業継続要件、保有継続要件）
被相続人と生計を一にしていた親族で貸付事業の用に供している親族	次の要件を全て満たすこと。 ①　相続税の申告期限まで引き続き貸付事業の用に供していること。 ②　その宅地等を相続税の申告期限まで有していること。

3　課税価額の計算（措法69の4①、②）

　相続税の申告書（期限後申告及び修正申告書を含む。）に、選択した小規模宅地等の課税価格を記入した第11・11の2表の付表1「小規模宅地等についての課税価格の計算明細書」及び一定の書類を添付し申告した場合には、相続税の課税価格に算入すべき価額の計算上、1に掲げる割合（80％又は50％）まで減額できる。

4　手続要件

　遺言又は分割協議が成立し取得者が確定している場合のみ特例の適用は可能。
　本特例の適用を受ける場合は、相続税の申告書にこの特例を受ける旨を記載し、特例対象宅地を取得した全ての者の同意が必要（措法69の4①、措令40の2⑤）。

(1)　添付書類（共通）

①　小規模宅地等についての課税価格の計算明細書
②　相続又は遺贈により取得したことを証する書類の写し（遺言書、遺産分割協議書（全員の印鑑登録証明書の添付が必要）など）

(2)　特例区分ごとの必要な添付書類

　【特定居住用宅地等】（措令40の2⑤、措規23の2⑧二、三、六、七）

適用対象者（取得者）	添付書類
1　配偶者	(1)の共通①、②（取得のみで適用可能。）
2　被相続人の居住	(1)の共通①、②

の用に供されていた一棟の建物に居住していた親族（配偶者を除く。）	住民票上の住所が異なる場合には、次の書類が必要。 ③　取得者が自己の居住に供していることを明らかにする書類
3　上記以外の親族（いわゆる「家なき子」）	(1)の共通①、② ③　相続開始の日前 3 年以内の居住又は居所を明らかにする書類 ④　上記③の家屋が自己又はその配偶者等の所有でないことを証する書類（例えば、賃貸借契約書の写し） ⑤　相続開始時に取得者が居住している家屋を過去において所有したことがないことを証する書類

相続開始時に被相続人が老人ホームに入所していた場合
・被相続人の戸籍の附票の写し（相続開始日以後に作成されたものに限る。）
・被相続人が相続開始直前において、要介護認定、要支援認定又は障害支援区分認定を受けていたことを証する書類（例えば、介護保険の被保険者証又は障害福祉サービス受給者の写し、要支援認定などの事実がわかる書類の写し）ほか

【特定事業用宅地等】（措規23の 2 ⑧一、六、七）

(1)の共通①、②のほか次の書類の提出が必要。

・特定事業用に供していたことを証する書類（※）

※事業の開始が相続開始前 3 年以内の場合には、一定規模以上の「特定事業」であることを証する書類が必要（「特定事業」は措通69の 4 -20の 3 参照）。

【特定同族会社事業用宅地等】（措規23の 2 ⑧四、六、七）

(1)の共通①、②のほか次の書類の提出が必要。

・当該同族会社の定款の写し

・相続開始の直前において法人の発行済株式の総数又は出資の総額並びに被相続人及び被相続人の親族等が有する株式の総数又は出資の総額をその会社が証明した書類

【貸付事業用宅地等】（措規23の 2 ⑧五、六、七）

(1)の共通①、②のほか次の書類が必要。

・貸付事業用に供していたことを明らかにする書類（※）

※貸付契約の日が相続開始前 3 年以内の場合には、相続開始前において 3 年を超えて特定貸付事業に供していたことを明らかにする書類が必要。

財産評価

（3）特例対象宅地等が未分割の場合

① 分割協議等の後に特例の適用を希望する場合

　　特例対象宅地等について相続税の申告期限までに分割されていない場合で申告期限後に分割し特例の適用を受けようとする場合には、相続税の申告書に「**申告期限後3年以内の分割見込書**」を添付し申告する必要がある（措規23の2⑧六）。

② 上記の申告手続後に、未分割のまま3年を経過した場合

　　上記の手続を行い申告期限から3年を経過する日までに分割ができない場合で、相続又は遺贈に関する訴えの提起などやむを得ない事情がある場合には、「**遺産が未分割であることについてやむを得ない事由がある旨の承認申請書**」を税務署長に提出し承認（以下「税務署長の承認」という。）を受ける必要がある。相続税の申告書の提出期限から3年を超える日から2か月内に提出が必要（措法69の4④ただし書、措令40の2㉓、措規23の2⑧）。

（4）遺産分割等が行われ特例の適用により税額が減少する場合（更正の請求）

　　遺産分割等が行われ特例の適用を選択することにより相続税の税額が減少することとなった場合には、そのことを知った日から4か月以内に限り、更正の請求をすることができる（措法69の4⑤、相法32）。

　　なお、更正の請求書には、上記(2)の区分に応じた書類の添付が必要（※）。

※小規模宅地等の特例を適用した申告書提出後、他の宅地を小規模宅地等の特例対象とする更正の請求はできない（小規模宅地等の選択替えは不可）。

5　誤りやすい事例

事例1　居住用の敷地の一部が借地の場合（措法69の4①）

　　被相続人の自宅の敷地が、自用地250㎡と借地150㎡の場合の適用限度面積（330㎡）

```
┌─────────────────────────┐
│ 建物                     │
│ （被相続人甲が居住）      │
│ 被相続人甲が所有          │
├────────────┬────────────┤
│ A 土地(所有)│ B 土地(借地)│
│ 自用地250㎡ │ 借地権150㎡ │
└────────────┴────────────┘
```

【誤】自用地と借地の面積割合で計算する。

【正】自用地（250㎡）から優先して計算できる（借地権部分は80㎡の適用が可

能）（措法69の４①、措令40の２⑤）。

（説明）特例の選択は納税者の選択に委ねられている。

事例2　一棟の建物と区分所有の建物の違い（生計別・配偶者が取得）

　次のような２階建ての建物（いわゆる「二世帯住宅」で各独立部分に区分されている構造）の１階に被相続人Ａと配偶者が居住し、２階に相続人Ｂ及びその家族が住んでおり、Ｂと被相続人Ａは生計が別で、当該土地を配偶者が取得する場合、建物の登記の状況（①一棟の建物、②区分所有の建物）により取扱いに違いがあるか。

　被相続人と相続人の自宅（居住用）

　　　　　　被相続人Ａが所有

【誤】建物の登記の違いでは、特例の取扱いに差異はない。

【正】建物の登記の違い等により、特例適用に差異が生じる。

（説明）

①　一棟の建物、生計別・土地を配偶者取得

　　敷地全体が特定居住用宅地等に該当する（措令40の２④）。

②　区分所有、生計別・土地を配偶者取得

　　被相続人Ａが１階、相続人Ｂが２階をそれぞれ所有する場合（土地は使用貸借）には、１階部分は特定居住用宅地等に該当するが、２階部分は特定居住用宅地等には該当しない。

　　※２階部分の敷地は同居親族の居住用に該当しない。

　なお、建物が区分所有・生計別で、相続人Ｂが上記の土地を取得した場合には、相続人Ｂは、家なき子や被相続人の同居親族にも該当しないため、敷地全体について特定居住用宅地等の適用はできない（措法69の４③二、措令40の２⑬一）。

財産評価

事例3 **貸付事業用宅地等と他の特例区分を選択した場合（措法69の4②）**

　次の図のとおり、特定居住用宅地と貸付事業用の土地がある場合の特例を選択

方法

　課税価格が最少となるケースの検討

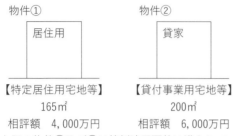

　物件①　　　　　　　　物件②

　【特定居住用宅地等】　【貸付事業用宅地等】

　　　165㎡　　　　　　　　200㎡

　相評額　4,000万円　　相評額　6,000万円

※上記の物件①及び②は特例適用要件は満たしている。

【誤】特例対象地の限度面積は、次のとおり、特例を選択することができる。

　特定居住用165㎡＜330㎡

　4,000万円×（1－80％）＝800万円（課税価格）…減額▲3,200万円

　貸付事業用200㎡＝200㎡

　6,000万円×（1－50％）＝3,000万円（課税価格）…減額▲3,000万円

【正】貸付事業用と他の区分の特例を選択する場合には限度面積に制限がある。

　また、複数の限度面積の範囲内で課税価格の少ないものの検討が必要。

（説明）貸付事業用と他の区分の特例を選択する場合には次の算式のとおり面積

制限がある。

（算式）

　　　A＝特定事業用の面積、B＝特定居住用の面積、C＝貸付事業用の面積

　　A×$\frac{200}{400}$＋B×$\frac{200}{330}$＋C≦200㎡

本事例の場合のいずれかの特例区分を優先した場合の限度面積は

　特定居住用宅地を優先する場合の減額面積　居住用165㎡＋貸付事業用100㎡

　　　　　　　　　　　　　　　　　　　　　（▲3,200万＋▲750万＝▲3,950万）

　貸付事業用宅地を優先する場合の限度面積　貸付事業用200㎡（居住用は×）

　　　　　　　　　　　　　　　　　　　　　　　　　（▲3,000万）

特定居住用宅地を優先▲3,950万＞貸付事業用宅地優先▲3,000万となる。

　したがって、課税価格が最少となる特例適用の計算は次のとおり。

特定居住用宅地適用165㎡＜330㎡

4,000万円×（1－80%）＝800万円（課税価格）

貸付事業用宅地適用100㎡＜200㎡

100㎡相当の評価額（6,000万円×100㎡/200㎡＝3,000万円）

6,000万円－（3,000万円×50%）＝4,500万円（課税価格）

事例4　月極駐車場の一部に空きがある場合

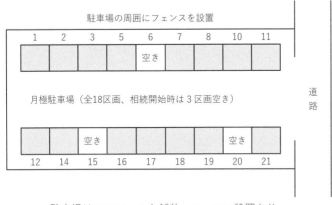

駐車場はアスファルト舗装、フェンス設置あり、
空き駐車場の募集は不動産業者で募集・看板の設置

　上記の場合、貸付事業用宅地等の特例は、どの部分が適用可能か。

【誤】 相続開始日現在の貸付部分（80%＝15/18）のみ適用は可能である。

【正】駐車場の全体が貸付事業用宅地等に当たり、特例の対象となる。

（説明）小規模宅地等の特例の対象となる宅地は、建物又は構築物等の敷地の用に供される必要があるが、本件の場合、アスファルト舗装（構築物）が設置されており、相続開始日現在においては全体の80%（15区画／18区画）が貸付けされ、空き区画の募集も行われている状況から、空き区画も含めた敷地全体が特例の対象となる。

事例5 賃貸マンションに空室がある場合（措通69の4–24の2）

被相続人は10年前から賃貸マンションを所有していた。

相続人は次のマンションを相続し、引き続き賃貸する予定である。

賃貸マンション（被相続人が所有、貸付）

502	502	503	505
401	402空室	403空室	405
301	302	303	305
201	202	203	205空室
101空室	102	103	105

敷地の所有者　被相続人

相続開始時は、上記のとおり全20戸中、4戸が空室であった。

また、相続開始時に4階（402、403）の2戸は、改装中であった。

上記の場合、貸付事業用宅地等の特例は、どの部分が適用可能か。

【誤】相続開始日現在の貸付部分（80％＝16/20）のみが適用可能である。

【正】貸付部分には、一時的に賃貸されていなかったと認められる部分が含まれるため、貸付状況、空き家となった経緯、空き家の管理・募集状況等の事実関係をもとに総合的に判断する必要がある（90％又は全体が適用可能の場合が考えられる。）。

（説明）一時的に賃貸されていなかった期間については、事実関係に基づき総合的に特例適用の可否を判断する必要がある（貸家建付地等の一時的な空室の期間（1か月程度）とは、連動しない。）。

> **トピック**
>
> **貸家建付地等の評価における一時的な空室の範囲（国税庁質疑応答事例）**
>
> 　アパート等の一部に空室がある場合の一時的な空室部分が、「継続的に賃貸されてきたもので、課税時期において、一時的に賃貸されていなかったと認められる」部分に該当するかどうかは、その部分が、①各独立部分が課税時期前に継続的に賃貸されてきたものかどうか、②賃借人の退去後速やかに新たな賃借人の募集が行われたかどうか、③空室の期間、他の用途に供されていないかどうか、④空室の期間が

課税時期の前後の例えば1か月程度であるなど一時的な期間であった
かどうか、⑤課税時期後の賃貸が一時的なものではないかどうかなど
の事実関係から総合的に判断する。

事例6　小規模宅地等の特例を適用せず相続税の申告書を提出した場合（措法69の4⑦）

相続財産の遺産分割が申告期限前に成立していたが、小規模宅地の特例を適用
せずに相続税の申告書を提出した。この申告の相続財産には、特定居住用宅地等
の特例適用要件を満たす財産（相評額5,000万円、面積330㎡）が含まれていた。

相続人は、小規模宅地等の特例の特例漏れを理由とした更正の請求は可能か。

【誤】通則法第23条の規定により、課税価格の計算誤りに基づく、税額計算に誤
りに該当するため更正の請求が可能。

【正】本件の場合、通則法第23条の更正の請求の理由には該当しないため更正の
請求を提出しても認められない。

（説明）措法69の4（小規模宅地等の特例）は、一定の要件に該当する宅地等を
相続した場合に、納税者が選択した特例対象宅地等に適用する制度（措法69の4
①）。

小規模宅地等の特例の選択は納税者に委ねられており、特例対象宅地等の取得
者全員の合意による選択が必要なことから、特例を適用しない申告も適法な申告
である。

したがって、法令に沿った計算であり内容に誤りがないため、特例の適用漏れ
は、更正の請求の理由には該当しない。

事例7　相続財産の遺産分協議が成立せず、無申告であった場合

相続に争いがあり相続財産が未分割であり、相続人甲は無申告の状態である。

現在家庭裁判所で調停中であるが、まもなく確定し、これにより相続財産の分
割が成立し、特定居住用宅地等の特例を適用した期限後申告を提出する予定であ
る。

甲は、特例対象宅地等（①特定居住用と②貸付事業用）のうち①を取得予定で
ある。

また、相続人は、甲・乙2名であるが、乙の申告内容は不明であるが問題はあ
るか。

【誤】期限後申告でも、甲が取得した土地が要件を満たしていれば特例適用は可

財産評価

能。

【正】期限後申告の場合でも、特例の適用要件を満たしている場合には小規模宅地等の軽減措置を受けることは可能であるが、特例対象宅地を取得した全ての者の同意がない場合には特例の適用はできない（本件は相続人甲乙の同意が必要）。

また、申告が申告期限から3年を経過し、「税務署長の承認」を受けていない場合には、小規模宅地等の特例の適用はできない。

（説明）特例対象宅地等にかかる遺産分割協議（一部分割を含む。）が成立し特例適用要件を満たしている場合には、原則として特例の適用は可能。

事例8 **特例対象宅地等の選択の合意が得られない場合**

次のように特例対象地の選択が異なる申告がある場合は、特例は適用できない。

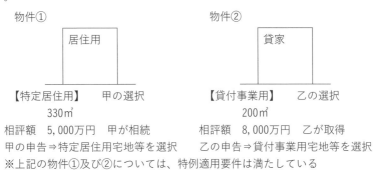

物件①

居住用

【特定居住用】　甲の選択
330㎡
相評額　5,000万円　甲が相続
甲の申告⇒特定居住用宅地等を選択

物件②

貸家

【貸付事業用】　乙の選択
200㎡
相評額　8,000万円　乙が取得
乙の申告⇒貸付事業用宅地等を選択

※上記の物件①及び②については、特例適用要件は満たしている

【誤】相続人の申告状況（相続人甲、乙は、それぞれ別々に申告）

相続人甲　　相続財産A（特定居住用宅地等330㎡を選択）し申告

相続人乙　　相続財産B（貸付事業用宅地等200㎡を選択）し申告

【正】上記の場合、特例対象宅地等の選択が一致せず、特例の適用は認められない。（申告後、修正申告又は更正の請求による特例対象宅地等の変更も認められない。）

四　上場株式等の評価

POINT

◆上場株式の評価は、原則として、①課税時期の最終価格、②課税時期の属する月の最終価格の月平均額、③その前月の最終価格の月平均額、④その前々月の最終価格の月平均額の 4 つの価格のうち、最も低い価格により評価。

◆株式の割当て等がある場合において、課税時期が株式の割当て等の基準日以前であるとき（権利含みの価格により評価すべきケース）は、原則として前述の 4 つの価格のベースを権利含みの価格に揃えて評価。

◆株式の割当て等がある場合において、課税時期が株式の割当て等の基準日の翌日以降であるとき（権利落の価格により評価すべきケース）は、原則として前述の 4 つの価格のベースを権利落の価格に揃えて評価。

※課税時期近辺に株式の割当て等がある場合には、課税時期の最終価格及び月平均額の特例により評価すべきケースに該当しないか、留意が必要。

◆相続税申告の参考資料として証券会社から交付される参考価格については、2 以上の証券取引所に上場されている場合の取扱い、課税時期の最終価格・月平均額の特例が考慮されていないものがある。実務上は、「会社四季報」等を使用し、複数市場への上場の有無・株式の割当て等の有無を確認し、評価を行う必要がある。

財産評価

1　株式評価の区分

　株式の評価は、次の区分に応じて評価する。

(1)　上場株式（金融商品取引所に上場している株式；評基通168(1)）

(2)　気配相場等のある株式

　①　登録銘柄・店頭管理銘柄（評基通168(2)イ）

　②　公開途上にある株式（評基通168(2)ロ）

(3) 取引相場のない株式（上場株式及び気配相場等のある株式以外の株式；評基通168(3)；第9節六参照）

2 上場株式の評価

(1) 原則的な評価方法（評基通169(1)）

次の4つの価格の中で最も低い価格により評価する。

・課税時期の最終価格
・課税時期の属する月の最終価格の月平均額
・課税時期の属する月の前月の最終価格の月平均額
・課税時期の属する月の前々月の最終価格の月平均額

(2) 取引所の選択（評基通169(1)）

評価を行う上場株式銘柄が2以上の金融商品取引所に上場している場合は、納税義務者が選択した金融商品取引所が公表する価格により、その上場株式の評価を行うことができる。

ただし、複数の金融商品取引所に上場している場合において、「課税時期の最終価格」及び「最終価格の月平均額」がある取引所とこれらの価格がない取引所があるときには、これらの価格がない金融商品取引所を選択することはできない。

(3) 課税時期に最終価格がない場合（一般的な場合）（評基通171(1)）

課税時期が休日等で取引がなかった場合や、休日等でないものの課税時期にその株式の取引がなかった場合には、原則として、課税時期の前日以前の最終価格又は翌日以降の最終価格のうち、課税時期に最も近い日の最終価格を課税時期の最終価格とする。

なお、3連休中日のように課税時期に最も近い日の最終価格が2ある場合には、その平均額とする。

(4) 負担付贈与又は個人間の対価を伴う取引により取得した場合（評基通169(2)）

負担付贈与又は個人間の対価を伴う取引（相対取引）により取得した上場株式の価額は、上記の取扱いによらず、その上場株式の課税時期における最終価格により評価する。

3　株式の割当て等がある場合の調整計算

(1)　株式の割当て等がある場合の評価の考え方

①　課税時期が株式の割当て等の基準日以前の場合

　　課税時期が株式の割当て・無償交付・配当金交付（以下「株式の割当て等」という。）の基準日以前の場合、その評価は、株式の割当て等を受ける権利を含んだ価格により評価する。このため、上記 2 (1) に示す 4 つの価格は、これらの権利含みの価格でその評価のベースを揃える。

②　課税時期が株式の割当て等の基準日の翌日以降

　　課税時期が、株式の割当て等の基準日の翌日以降の場合、その評価は、株式の割当て等を受ける権利を含まない価格により評価する。このため、上記 2 (1) に示す 4 つの価格は、これらの権利を含まない権利落の価格でその評価のベースを揃える。この場合は、株式の割当て等に係る権利の計上が必要となる（下記 5 参照）。

(2)　株式の割当て等がある場合の課税時期の最終価格に関する特例

　⑭…権利落等の日

　⑮…株式の割当て等の基準日

　⑯…株式の割当て等の基準日の翌日

①　課税時期が権利落等の日から株式の割当て等の基準日までの間にある場合（評基通170）

　　課税時期が権利落又は配当落（以下「権利落等」という。）の日から株式の割当て等の基準日までの間にある場合の株式（すなわち、権利含みの価格により評価すべき場合）については、その権利落等の前日以前の権利含みの最終価

格のうち、課税時期に最も近い日の最終価格をもって課税時期の最終価格とする。

② **課税時期が権利落等の日の前日以前で、課税時期に最も近い日の最終価格が権利落の価格である場合（評基通171⑵）**

課税時期が権利落等の日の前日以前（すなわち、権利含みの価格により評価すべき場合）で、課税時期に取引がなく、かつ課税時期に最も近い日の最終価格が権利落等の日以後のものである場合は、課税時期の前日以前の権利含みの最終価格のうち、課税時期に最も近い日の最終価格が課税時期の最終価格となる。

③ **課税時期が株式の割当て等の基準日の翌日以降で、課税時期に最も近い日の最終価格が権利含みの価格である場合（評基通171⑶）**

課税時期が株式の割当て等の基準日の翌日以降（すなわち、権利落の価格により評価すべき場合）で、課税時期に取引がなく、かつ、課税時期に最も近い日の最終価格が権利落等の日以前のもの（すなわち、権利含みの価格）である場合は、課税時期の翌日以降の最終価格のうち、課税時期に最も近い日の最終価格（権利落の価格）が課税時期の最終価格となる。

⑶ 株式の割当て等がある場合の月平均額に関する特例（評基通172）

① **月平均額の特例の概要**

上場株式を評価する場合において、課税時期の属する月以前3か月間に権利落等がある場合における最終価格の月平均額は「課税時期が株式の割当て等の基準日以前である場合（権利含みの価格で評価すべき場合）」と「課税時期が株式の割当て等の基準日の翌日以降である場合（権利落の価格で評価すべき場合）」に応じ、次の図で示す調整を行う。なお、配当落の場合は、以降に示す調整は不要である。

課税時期が株式の割当て等の基準日以前である場合（権利含みの価格で評価すべき場合）

課税時期が株式の割当て等の基準日の翌日以降である場合（権利落の価格で評価すべき場合）

　右同　　　　　　　権利含みの月平均額を権利落の　　権利落の日以降の最終価格に
　　　　　　　　　　　月平均額に修正➡下記⑤参照※　　　よる平均額➡下記④参照※

㋹…権利落の日

㋕…課税時期

㋖…株式の割当て又は無償交付の基準日

※配当落の場合にはこのような調整は不要で、月の初日から末日までの月平均額による。

② **課税時期が株式の割当て等の基準日以前の場合で、その月中に権利含みの最終価格が存しないときの月平均額の特例（評基通172⑵）**

　　権利落等の日が課税時期の属する月の初日以前である場合（換言すると、その月中に権利含みの価格が存しない場合）には、次の算式により権利落の月平均額を権利含みの月平均額に修正する。なお、配当落の場合はこの算式による修正を行う必要はなく、課税時期の属する月の初日から末日までの毎日の最終価格の平均額をもとにその評価を行う。

課税時期の属する月の最終価格×の月平均額	株式1株に対する1＋割当株式数又は交付株式数	割当てを受けた株－式1株につき払い込むべき金額	株式1株に×対する割当株式数

③ **課税時期が株式の割当て等の基準日以前の場合で、その月中に権利含みの最終価格が存するときの月平均額の特例（評基通172⑴）**

　　その月の初日からその権利落ち等の日の前日までの毎日の最終価格の平均額（権利含みの価格のみで計算した月平均額）による。なお、配当落の場合はこのような修正を行う必要はなく、その月の初日から末日までの毎日の最終価格の平均額による。

④ **課税時期が株式の割当て等の基準日の翌日以降の場合で、その月中に権利落の最終価格が存するときの月平均額の特例（評基通172⑶）**

　　その権利落等の日からその月の末日までの毎日の最終価格の平均額による。なお、配当落の場合はこのような修正を行う必要はなく、その月の初日から末日までの毎日の最終価格の平均額による。

財産評価

⑤　課税時期が株式の割当て等の基準日の翌日以降の場合で、その月中に権利落の最終価格が存しないときの月平均額の特例（評基通172⑷）

　権利含みの月平均額を、次の算式により権利落の月平均額に修正する。なお、配当落の場合は、このような修正を行う必要はなく、その月の初日から末日までの毎日の最終価格の平均額による。

$$\left[\begin{array}{c}その月の最\\終価格の月\\平均額\end{array}+\begin{array}{c}割当てを受けた株\\式1株につき払い\\込むべき金額\end{array}\times\begin{array}{c}株式1株に\\対する割当\\株式数\end{array}\right]\div\left[\begin{array}{c}株式1株に対する\\1+割当株式数又は交\\付株式数\end{array}\right]$$

誤りやすい事項

証券会社から交付される参考価格情報について

　相続税申告のため、証券会社に対し残高証明書の交付を請求すると、併せて相続開始日の終値や課税時期の属する月の終値平均などを記載した参考価格情報の提供を行う証券会社がある。

　この参考価格情報については、複数の金融商品取引所に上場している場合の取扱い、株式の割当て等がある場合の特例が考慮されていないものが散見される。実務上は、以下のような流れでその評価を行う必要があろう。

・「会社四季報」等で、上場している金融商品取引所・株式の割当て等の有無を確認。

・複数の金融商品取引所への上場・株式の割当て等がある場合には、証券会社から交付された参考価格情報についてこれらの調整計算が行われているか確認。

・証券会社交付の参考価格情報について、株式の割当て等の調整計算が行われていない場合は、該当の会社のＩＲ情報等で株式の割当て等の内容を確認。

・金融情報系のポータルサイトなどで株価の時系列情報をダウンロードして、自身で複数の金融商品取引所に上場している場合の取扱い・株式の割当て等がある場合の調整計算を行う。

4　気配相場等のある株式

(1)　登録銘柄・店頭管理銘柄（評基通174(1)）

登録銘柄※1・店頭管理銘柄※2については、次の4つの価格※4、5の中で最も低い価格により評価する。

> ・日本証券業協会の公表する課税時期の取引価格（その取引価格が高値と安値の双方について公表されている場合には、その平均額）
> ・課税時期の属する月の取引価格の月平均額
> ・課税時期の属する月の前月の取引価格の月平均額
> ・課税時期の属する月の前々月の取引価格の月平均額

※1　日本証券業協会の内規によって登録銘柄として登録されている株式（評基通168(2)イ）。

※2　日本証券業協会の内規によって店頭管理銘柄として指定されている株式（評基通168(2)イ）。

※3　登録銘柄及び店頭管理銘柄については、平成16年に㈱ジャスダック証券取引所が創設されたことに伴い、原則として、取引所上場有価証券に移行され、現在、登録銘柄及び店頭管理銘柄に該当するものはない。

※4　休日等で課税時期に取引価格がない場合、上場株式と異なり**課税時期の前日以前**の取引価格のうち、課税時期に最も近い日の取引価格（課税時期の属する月以前3か月以内のものに限る。）による（評基通176(1)）。

※5　負担付贈与又は個人間の対価を伴う取引により取得した登録銘柄及び店頭管理銘柄の価額は、課税時期の取引価格によって評価する（評基通174(1)ロ）。

(2)　公開途上にある株式（評基通174(2)）

公開途上にある株式※については、次により評価する。

> ・公募・売り出しが行われている場合：公開価格
> ・公募・売り出しが行われない場合　：課税時期以前の取引価格等を勘案して評価

※金融商品取引所が株式の上場を承認したことを明らかにした日から上場の日の前日までのその株式（登録銘柄を除く。）及び日本証券業協会が株式を登録銘柄として登録することを明らかにした日から登録の日の前日までのその株式（店頭管理銘柄を除く。）（評基通168(2)ロ）。

5　株式の割当て等に係る権利の評価

(1)　株式の割当てを受ける権利（評基通190）

既存株主に新株式の割当を受ける権利が付与された場合において、その割当基

準日の翌日から新株式の割当日までの間に課税時期が存する場合には、株式の割当てを受ける権利を計上する必要がある。

① **一般の場合の評価**

> （権利落後の上場株式の評価額－割当て株式１株の払込金額）×取得株式数

② **上場株式で新株式について発行日決済取引が行われている場合**

> （上場株式の評価額－割当て株式１株の払込金額）×取得株式数

(2) 株主となる権利（評基通191）

　既存株主に新株式の割当を受ける権利が付与された場合において、その割当日の翌日から払込期日までの間に課税時期が存する場合には、株主となる権利を計上する必要がある。

① **一般の場合の評価**

> （上場株式の評価額－割当て株式１株の払込金額）×取得株式数

② **上場株式で新株式について発行日決済取引が行われている場合**

> （上場株式の評価額－割当て株式１株の払込金額）×取得株式数

(3) 株式無償交付期待権（評基通192）

　既存株主に新株式の無償交付を受ける権利が付与された場合において、その株式無償交付基準日の翌日から株式無償交付の効力発生日までの間に課税時期が存する場合には、株式無償交付期待権を計上する必要がある。

> 株式無償交付期待権の評価額＝上場株式の相続税評価額×取得株式数

株式無償交付の 基準日	株式無償交付 基準日の翌日	株式無償交付の 効力発生日

株式無償交付期待権

(4) 配当期待権（評基通193）

　配当金交付の基準日の翌日から配当金交付の効力発生日（配当金交付に関する株主総会等の決議日）までの間に課税時期が存する場合には、配当期待権を計上する必要がある。

配当金交付の基準日	基準日の翌日	配当金交付に関する株主総会等の決議日	決議日の翌日（配当金交付の効力発生日）		配当金の受領日

配当期待権　　　未収配当金

> 配当期待権の評価額＝（予想配当金額 － 源泉徴収税相当額）×取得株式数

6　ストックオプションの評価（評基通193-2）

　ストックオプションの目的である株式が上場株式又は気配相場等のある株式で、かつ課税時期が権利行使期間内にあるストックオプションの評価は次の算式による。

　なお、ストックオプションによっては相続の制限が定められているものがあり、注意を要する。

> $$\begin{array}{l}\text{ストックオプション}\\ \text{の評価額}\end{array} = \left\{\left(\begin{array}{l}\text{課税時期における}\\ \text{株式の評価額}^{※}\end{array} - \text{権利行使価額}\right) \times \begin{array}{l}\text{ストックオプション}\\ \text{1個の行使によって}\\ \text{取得できる株式数}\end{array}\right\} \times \begin{array}{l}\text{ストックオプション}\\ \text{の個数}\end{array}$$
>
> ※課税時期における株式の価額は、次の(1)～(4)のうち最も低い価額による。
> (1)　課税時期の最終価格
> (2)　課税時期の属する月の最終価格の月平均額
> (3)　課税時期の属する月の前月の最終価格の月平均額
> (4)　課税時期の属する月の前々月の最終価格の月平均額

財産評価

五　公社債・投資信託の評価

◆次の債券については、次の区分に応じてその評価を行う。

(1)　利付債

①　金融商品取引所上場の利付債

②　日本証券業協会において売買参考統計値銘柄として選定されている利付債

③　その他の利付債

(2)　割引債

①　金融商品取引所上場の割引債

②　日本証券業協会において売買参考統計値銘柄として選定されている割引債

③　その他の割引債

(3)　個人向け国債

◆投資信託については、次の区分に応じてその評価を行う。

(1)　日々決算型の投資信託（MMF等）

(2)　金融商品取引所上場の投資信託・不動産投資信託（REIT）

(3)　その他の投資信託

1　利付公社債の評価

(1)　金融商品取引所に上場されている利付公社債（評基通197-2(1)）

$$
評価額 = \left[\begin{array}{c} 券面額100円 \\ 当たりの \\ 最終価格^{※} \end{array} + \begin{array}{c} 券面額100円 \\ 当たりの \\ 既経過利息の額 \end{array} - \begin{array}{c} 源泉所得税 \\ 相当額 \end{array} \right] \times \frac{券面額}{100円}
$$

※　金融商品取引所に上場かつ売買参考統計値銘柄にも選定されている銘柄の場合、取引所が公表する課税時期の最終価格と日本証券業協会が公表する課税時期の平均値のいずれか低い方の金額を採用する。

(2) 日本証券業協会において売買参考統計値銘柄として選定されている利付公社債（評基通197‐2⑵）

$$
評価額 = \left(\begin{array}{c} 券面額100円 \\ 当たりの \\ 平均値 \end{array} + \begin{array}{c} 券面額100円 \\ 当たりの \\ 既経過利息の額 \end{array} - \begin{array}{c} 源泉所得税 \\ 相当額 \end{array}\right) \times \frac{券面額}{100円}
$$

(3) その他の利付公社債（評基通197‐2⑶）

$$
評価額 = \left(\begin{array}{c} 券面額100円 \\ 当たりの \\ 発行価額 \end{array} + \begin{array}{c} 券面額100円 \\ 当たりの \\ 既経過利息の額 \end{array} - \begin{array}{c} 源泉所得税 \\ 相当額 \end{array}\right) \times \frac{券面額}{100円}
$$

2　割引発行の公社債の評価

(1) 金融商品取引所に上場されている割引発行の公社債（評基通197‐3⑴）

$$
評価額 = \begin{array}{c} 券面額100円 \\ 当たりの \\ 最終価格 \end{array} \times \frac{券面額}{100円}
$$

(2) 日本証券業協会において売買参考統計値銘柄として指定されている割引債（評基通197‐3⑵）

$$
評価額 = \begin{array}{c} 券面額100円 \\ 当たりの \\ 平均値 \end{array} \times \frac{券面額}{100円}
$$

(3) その他の割引債（評基通197‐3⑶）

$$
評価額 = \left\{\begin{array}{c} 券面額100円 \\ 当たりの \\ 発行価額 \end{array} + \left(\begin{array}{c} 券面額 \\ (100円) \end{array} - \begin{array}{c} 券面額100円 \\ 当たりの \\ 発行価額 \end{array}\right) \times \frac{\begin{array}{c}発行日から\\課税時期ま\\での日数\end{array}}{\begin{array}{c}発行日から\\償還期限ま\\での日数\end{array}}\right\} \times \frac{券面額}{100円}
$$

(注1)　割引債の差益金額に係る「源泉所得税相当額」がある場合には、その金額を控除する。

(注2)　源泉所得税相当額には、道府県民税相当額及び復興特別所得税相当額を含む。

3　個人向け国債の評価

個人向け国債は常に中途換金が可能であることから、中途換金の額により評価する。

評価額＝額面金額＋経過利子相当額－中途換金調整額

※個人向け国債については、財務省ホームページの「中途換金シミュレーション」によりその評価を行うことができる。

4　証券投資信託の評価

(1) 日々決算型の証券投資信託（ＭＭＦ等）（評基通199⑴）

評価額＝$\dfrac{1\text{口当たりの}}{\text{基準価額}}$×口数＋$\dfrac{\text{再投資されて}}{\text{いない未収分}}$配金（Ａ）－$\dfrac{\text{Ａについて源泉徴収}}{\text{されるべき所得税及}}$び復興特別所得税額－$\dfrac{\text{信託財産}}{\text{留保額}}$

(2) 金融商品取引所上場の証券投資信託・不動産投資信託証券（評基通199⑵（注）・評基通213）

上場株式に準じて評価する（第9節四参照）。すなわち、①課税時期の最終価格、②課税時期の属する月の最終価格の月平均額、③その前月の最終価格の月平均額、④その前々月の最終価格の月平均額の4つの価格のうち、最も低い価格により評価する。

(3) その他の証券投資信託（評基通199⑵）

評価額＝$\dfrac{1\text{口当たり}}{\text{の基準価額}}$×口数－$\dfrac{\text{解約請求等した場合に}}{\text{源泉徴収されるべき所得税}}$及び復興特別所得税－$\dfrac{\text{信託財産}}{\text{留保額及び}}$解約手数料

六　非上場株式の評価

◆同族株主による親族間の株式譲渡については、課税上弊害のおそれがあることから、財産評価基本通達に基づいて評価する。

◆非上場株式は同族株主の有無、会社規模、特定の評価会社か否かなどにより、その評価方法が異なる。

◆評価会社の経営に影響力を及ぼす同族株主は、評価会社の規模や実態に応じて算定する原則的評価方式により評価を行う。影響力のない少数株主は、配当金の受取価値のみを算定した特例的評価方式（配当還元価額）により評価を行う。

◆原則的評価方式は、特定の評価会社に該当しなければ大会社・中会社・小会社と会社の規模に応じて類似業種比準価額と純資産価額の2つの計算方法により株式を評価する。

◆類似業種比準価額は、配当・利益・純資産の3つの要素に着目して評価会社が上場会社と比較した場合における株式の価値について算定する方法である。

◆純資産価額は、課税時期における純資産の評価額から会社解散時における含み益に対する法人税相当額を控除した株式の価値について算定する方法である。

◆特定の評価会社は、原則として純資産価額（清算中の会社は、清算分配見込額）を用いて株式の価値について算定する。

財産評価

1　非上場会社

　非上場会社とは、証券取引所に上場していない会社で、その株式は主に会社経営のために支配することを目的として所有されており、株式の譲渡について会社の承認を要する制限を設けていることがほとんどである。

　非上場会社の株主は、主に会社の経営に支配的な影響力を持つ支配株主と、それ以外の少数株主によって構成されている。

　支配株主の多くは、親族で経営する同族株主であり、親族間による株式の譲渡は経済合理性のない課税上弊害のおそれのある取引となる可能性が高いことか

ら、国税庁は通達によってその評価について別途定めている。

2　非上場株式の評価の概要

　相続、遺贈又は贈与により取得した非上場株式や出資持分については、「取引相場のない株式（出資）の評価明細書」（以下「評価明細書」という。）に基づいて評価する（評基通178〜189）。

　評価明細書による評価の構造は、以下の図のとおりである。

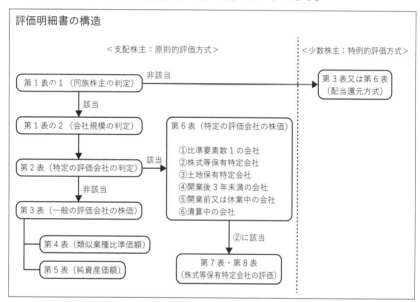

3　同族株主の判定（評価明細書第1表の1）

　評価明細書第1表の1では、納税義務者である株主が会社の支配株主か少数株主かについて判定する。

　会社の経営に影響力を及ぼすことができる支配株主と影響力のない少数株主とでは株式の評価方法が異なる。

同族株主：課税時期における評価会社の株主の1人及び次の表に掲げるその株主の特定の関係者を含めた株主

同族関係者の範囲（法令 4 ）

1　特殊の関係のある個人
 (1)　株主等の親族（**配偶者、 6 親等内の血族及び 3 親等内の姻族**）
 (2)　株主等と婚姻の届け出をしていないが事実上婚姻関係と同様の事情にある者
 (3)　個人である株主等の使用人
 (4)　上記に掲げる者以外の者で個人である株主等から受ける金銭その他の資産によって生計を維持しているもの
 (5)　上記(2)、(3)及び(4)に掲げる者と生計を一にするこれらの者の親族
2　特殊の関係のある法人
 (1)　判定会社株主等の 1 人が他の会社（判定会社以外の会社）を支配している場合における当該他の会社
　　　ただし、判定会社株主等が個人である場合は、その者及び上記 1 の特殊の関係にある個人が他の会社を支配している場合における当該他の会社（以下、(2)及び(3)において同じ。）
 (2)　判定会社株主等の 1 人及びこれと特殊の関係のある(1)の会社が他の会社を支配している場合における当該他の会社
 (3)　判定会社株主等の 1 人並びにこれと特殊の関係にある(1)及び(2)の会社が他の会社を支配している場合における当該他の会社
 ※上記(1)から(3)に規定する「他の会社を支配している場合」とは、次に掲げる場合のいずれかに該当する場合をいう。
　 ①　他の会社の発行済株式又は出資（自己の株式又は出資を除く。）の総数又は総額の50％超の数又は金額の株式又は出資を有する場合
　 ②　他の会社の次に掲げる議決権のいずれかにつき、その総数（当該議決権を行使することができない株主等が有する当該議決権の数を除く。）の50％超を有する場合
　　ア　事業の全部若しくは重要な部分の譲渡、解散、継続、合併、分割、株式交換、株式移転又は現物出資に関する決議に係る議決権
　　イ　役員の選任及び解任に関する決議に係る議決権
　　ウ　役員の報酬、賞与、その他の職務遂行の対価として会社が供与する財産上の利益に関する事項についての決議に係る議決権
　　エ　剰余金の配当又は利益の配当に関する決議に係る議決権
　 ③　他の会社の株主等（合名会社、合資会社又は合同会社の社員（当該他の会社が業務を執行する社員を定めた場合にあっては、業務を執行する社員）に限る。）の総数の半数を超える数を占める場合
 (4)　上記(1)から(3)の場合に、同一の個人又は法人と特殊の関係にある 2 以上の会社が判定会社株主等である場合には、その 2 以上の会社は、相互に特殊の関係にある会社とみなす。

財産評価

筆頭株主グループの議決権割合が30％以上か30％未満かによって同族株主のいる会社又は同族株主のいない会社として株主の判定を行う。

筆頭株主グループ：同族株主のうち、所有する議決権の割合が最も高い同族株主のグループ

(1) 同族株主のいる会社

株主の判定				評価方式
同族株主	取得後の議決権割合が5％以上			原則的評価方式
	取得後の議決権割合が5％未満	中心的な同族株主がいない		
		中心的な同族株主がいる	中心的な同族株主である	
			役員である	
			それ以外の株主	配当還元方式
同族株主以外の株主				

中心的な同族株主：納税義務者となる株主及び配偶者、直系血族、兄弟姉妹及び一親等の姻族の有する議決権割合の合計が25％以上である場合の株主グループ

役員：社長、理事長のほか、次に掲げる者（法令71①一、二、四、評基通188(2)）

① 代表取締役、代表執行役、代表理事

② 副社長、専務、常務その他これらに準ずる職制上の地位を有する役員

③ 取締役（指名委員会等設置会社の取締役及び監査等委員である取締役に限る。）、会計参与及び監査役並びに監事

同族関係者となる親族と中心的な同族株主の範囲

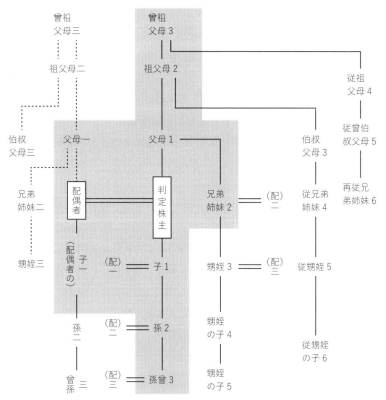

※算用数字が血族、漢数字が姻族の関係を示している。

　網かけの枠内が判定株主からみた「中心的な同族株主」の範囲になる。

※親族の範囲は、配偶者、6 親等内の血族、3 親等内の姻族までとなる。

※中心的な同族株主の範囲は、配偶者、直系血族、兄弟姉妹、1 親等の姻族までとなる。

(2) 同族株主のいない会社

株主の判定				評価方式
議決権割合の合計が15%以上の株主グループに属する株主	取得後の議決権割合が 5 % 以上			原則的評価方式
	取得後の議決権割合が 5 %未満	中心的な株主がいない		
		中心的な株主がいる	役員である	
			それ以外の株主	配当還元方式
議決権割合の合計が15%未満の株主グループに属する株主				

中心的な株主：株主の 1 人及びその同族関係者の有する議決権割合の合計が15%

以上である株主グループのうち、単独で議決権割合が10%以上を有する株主

4 会社規模の判定（評価明細書第１表の２）

　評価明細書第１表の２では、評価会社が大会社、中会社、小会社のいずれに該当するかについて会社規模を判定する。

　中会社は、さらにＬの割合が0.90、0.75、0.60の会社に細かく分類される。

　会社規模の判定は、①**直前期末の総資産価額（帳簿価額）**、②**直前期末以前１年間における従業員数**及び③**直前期末以前１年間の取引金額**によって判定する。

① **直前期末の総資産価額（帳簿価額）**：課税時期の直前期末における評価会社の各資産の帳簿価額の合計額（評基通178(1)）。

　　なお、売上債権に対する貸倒引当金は控除しないため、貸借対照表の総資産の額に貸倒引当金の金額を加算した金額となる。

② **直前期末以前１年間における従業員数**：課税時期の直前期末以前１年間における評価会社の継続勤務従業員の数と、継続勤務従業員以外の従業員の年間労働時間合計数を1,800時間で除した数を合計した人数の合計数（評基通178(2)）。

　　継続勤務従業員とは、評価会社において直前期末以前１年間を通じて勤務していた従業員で、かつ、１週間あたりの労働時間が30時間以上である従業員をいう。

　　ただし、評価会社の役員（上記３(1)の「役員」を参照）は、従業員から除く（評基通178(注)）。

③ **直前期末以前１年間における取引金額**：課税時期の直前期末１年間における評価会社の目的とする事業に係る収入金額（金融業・証券業については収入利息及び収入手数料）（評基通178(3)）。

　会社規模の判定

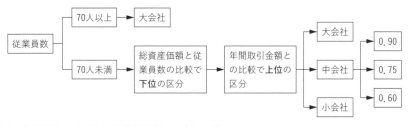

（1）直前期末における従業員数70人以上の場合

　直前期末において従業員数が70人以上の場合は、大会社として判定。

(2) 直前期末における従業員数が70人未満の場合

ⓑ直前期末以前1年間における従業員数に応ずる区分				70人以上の会社は、大会社（㋩及び㋑は不要）			
				70人未満の会社は、㋩及び㋑により判定			
㋩直前期末の総資産価額（帳簿価額）及び直前期末以前1年間における従業員数に応ずる区分				㋑直前期末以前1年間の取引金額に応ずる区分			会社規模とLの割合（中会社）の区分
総資産価額（帳簿価額）			従業員数				
卸売業	小売・サービス業	卸売業、小売・サービス業以外		卸売業	小売・サービス業	卸売業、小売・サービス業以外	
20億円以上	15億円以上	15億円以上	35人超	30億円以上	20億円以上	15億円以上	大会社
4億円以上20億円未満	5億円以上15億円未満	5億円以上15億円未満	35人超	7億円以上30億円未満	5億円以上20億円未満	4億円以上15億円未満	0.90
2億5,000万円以上4億円未満	2億5,000万円以上5億円未満	2億5,000万円以上5億円未満	20人超35人以下	3億5,000万円以上7億円未満	2億5,000万円以上5億円未満	2億円以上4億円未満	0.75（中会社）
7,000万円以上2億円未満	4,000万円以上2億5,000万円未満	5,000万円以上2億5,000万円未満	5人超20人以下	2億円以上3億5,000万円未満	6,000万円以上2億5,000万円未満	8,000万円以上2億円未満	0.60
7,000万円未満	4,000万円未満	5,000万円未満	5人以下	2億円未満	6,000万円未満	8,000万円未満	小会社

・「会社規模とLの割合（中会社）の区分」は、㋩欄の区分（「総資産価額（帳簿価額）」と「従業員数」のいずれか下位の区分）と㋑欄の区分とのいずれか上位の区分により判定します。

判定	いずれか下位の区分	中　会　社			いずれか上位の区分	
	大会社	L　の　割　合			小会社	
		0.90	0.75	0.60		

　直前期末において従業員数が70人未満の場合は、次の順により会社の規模を判定

① 評価会社の業種が「卸売業」、「小売・サービス業」、「卸売業、小売・サービス業以外」のいずれかに区分。該当業種については、「日本標準産業分類の分類項目と類似業種比準価額計算上の業種目との対比表」を参照して判断。

② 上記の業種に応じた直前期末の総資産価額（帳簿価額）及び直前期末1年間における従業員数の区分表のうち、**直前期末の総資産価額（帳簿価額）**か**直前期末1年間における従業員数**のいずれが**下位**になるかについて判定。

③ 上記の業種に応じた直前期末以前1年間の取引金額の区分表のうち、**直前期末以前1年間の取引金額**と②で判定した**直前期末の総資産価額（帳簿価額）**又は**直前期末1年間における従業員数**と比較していずれが**上位**となるかを判定。

財産評価

④ ③において上位と判定した区分により会社の規模が決定。

5 特定の評価会社の判定（評価明細書第2表）

評価明細書第2表では、特定の評価会社に該当するかについて判定する。

特定の評価会社とは、資産の保有状況や営業状況が一般の評価会社とは異なる特殊な会社をいう。以下の順番で判定し、6つの会社に分類される。

特定の評価会社に該当した場合には、会社の実態に応じた評価が行う。

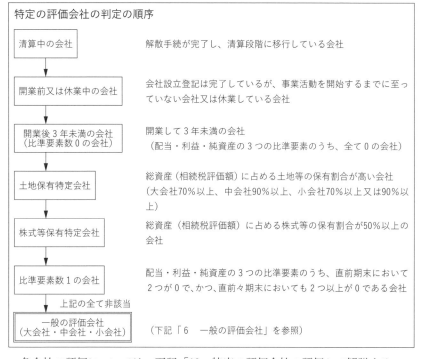

特定の評価会社の判定の順序

清算中の会社	解散手続が完了し、清算段階に移行している会社
開業前又は休業中の会社	会社設立登記は完了しているが、事業活動を開始するまでに至っていない会社又は休業している会社
開業後3年未満の会社（比準要素数0の会社）	開業して3年未満の会社 （配当・利益・純資産の3つの比準要素のうち、全て0の会社）
土地保有特定会社	総資産（相続税評価額）に占める土地等の保有割合が高い会社 （大会社70％以上、中会社90％以上、小会社70％以上又は90％以上）
株式等保有特定会社	総資産（相続税評価額）に占める株式等の保有割合が50％以上の会社
比準要素数1の会社	配当・利益・純資産の3つの比準要素のうち、直前期末において2つが0で、かつ、直前々期末においても2つ以上が0である会社

上記の全て非該当

一般の評価会社（大会社・中会社・小会社）	（下記「6 一般の評価会社」を参照）

各会社の評価については、下記「10 特定の評価会社の評価」で解説する。

6 一般の評価会社の評価（評価明細書第3表）

評価明細書第3表では、第2表で特定の評価会社に該当しない場合、第1表の2で判定した会社規模に応じて一般の評価会社として評価する。

一般の評価会社の株価の計算は、第4表で計算する1株当たりの類似業種比準価額及び第5表で計算する1株当たりの純資産価額をもとにして以下のように評価する。

原則的評価方式
　①大会社（評基通179(1)）
　（原則）　類似業種比準価額
　（選択）　1株当たりの純資産価額
　②中会社（Lの割合が0.90・0.75・0.60）（評基通179(2)）
　（原則）　類似業種比準価額×Lの割合＋1株当たりの純資産価額×（1－
　　　　　　Lの割合）
　（選択）　1株当たりの純資産価額×Lの割合＋1株当たりの純資産価額×
　　　　　　（1－Lの割合）
　③小会社（評基通179(3)）
　（原則）　1株当たりの純資産価額
　（選択）　類似業種比準価額×0.50＋1株当たりの純資産価額×0.50
※1株当たりの純資産価額は、評基通185ただし書による80％評価の適用可（中
　会社・小会社のみ）。

7　類似業種比準価額の算定（評価明細書第4表）

　評価明細書第4表では、1株当たり資本金等の額を50円とする場合における配
当金額・利益金額・純資産価額の3つの比準要素をもとにして評価会社と類似業
種の上場会社の平均額と比較した倍率により次の算式をもって類似業種比準価額
を算定する（評基通180）。

類似業種比準価額

$$A \times \left(\frac{\dfrac{ⓑ}{B} + \dfrac{ⓒ}{C} + \dfrac{ⓓ}{D}}{3} \right) \times \left(\begin{array}{l} \text{しんしゃく率} \\ 0.7（大会社） \\ 0.6（中会社） \\ 0.5（小会社） \end{array} \right)$$

A＝類似業種の株価
ⓑ＝評価会社の1株当たりの配当金額
ⓒ＝評価会社の1株当たりの利益金額
ⓓ＝評価会社の1株当たりの純資産価額
B＝課税時期の属する年の類似業種の1株当たりの配当金額
C＝課税時期の属する年の類似業種の1株当たりの利益金額
D＝課税時期の属する年の類似業種の1株当たりの純資産価額

（1）評価会社の1株当たりの配当金額（ⓑ）

　評価会社の毎期継続的に支払われる配当金額について計算を行う。

$$\frac{1株（50円）当たり}{の配当金額} = \frac{（直前期の配当金額＋直前々期の配当金額）÷2}{直前期末の資本金等の額÷50円}$$

※配当金額は、特別配当・記念配当等の非経常的な配当は除く。

(2) 評価会社の1株当たりの利益金額（Ⓒ）

評価会社の毎期継続的な収益力である利益金額について計算を行う。

評価会社の毎期継続的な収益力を図るために以下の調整を行う。

① 固定資産売却益や保険差益等の非経常的な利益金額について除く。

② 毎期継続的に受取可能である子会社や関係会社などの益金不算入となった配当金は、所得税を控除した金額を加算する。

③ 損金算入した繰越欠損金の控除額については、加算する。

（原則）
$$\frac{1株（50円）当たり}{の利益金額} = \frac{直前期の利益金額}{直前期末の資本金等の額÷50円}$$

（選択）
$$\frac{1株（50円）当たり}{の利益金額} = \frac{（直前期の利益金額＋直前々期の利益金額）÷2}{直前期末の資本金等の額÷50円}$$

※利益金額

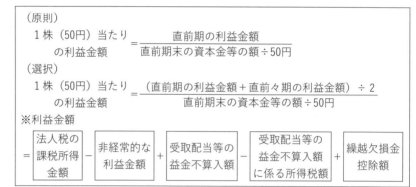

$=$ | 法人税の課税所得金額 | $-$ | 非経常的な利益金額 | $+$ | 受取配当等の益金不算入額 | $-$ | 受取配当等の益金不算入額に係る所得税額 | $+$ | 繰越欠損金控除額 |

(3) 評価会社の1株当たりの純資産価額（Ⓓ）

評価会社の純資産価額について計算を行う。

$$\frac{1株（50円）当たり}{の純資産価額} = \frac{資本金等の額＋利益積立金額}{直前期末の資本金等の額÷50円}$$

(4) 比準割合の計算

上記(1)から(3)により計算した評価対象会社の1株(50円)当たりの配当金額・利益金額・純資産価額の3つの比準要素について類似業種の上場会社の平均額と比較して倍率（比準割合）を算出する。

$$\frac{\dfrac{評価会社の}{1株当たりの配当金額}}{\dfrac{類似業種の}{1株当たりの配当金額}} ＋ \frac{\dfrac{評価会社の}{1株当たりの利益金額}}{\dfrac{類似業種の}{1株当たりの利益金額}} ＋ \frac{\dfrac{評価会社の}{1株当たり純資産価額}}{\dfrac{類似業種の}{1株当たり純資産価額}}$$

$$\overline{ \over 3}$$

(5) 類似業種の株価

　1株当たり資本金等の額を50円とした場合における以下の①～⑤の類似業種の上場会社の平均株価のうち、最も低い株価とする（評基通182）。

①	課税時期の属する月	
②	課税時期の属する月の前月	
③	課税時期の属する月の前々月	最も低い株価
④	前年平均株価	
⑤	課税時期の属する月以前2年間の平均株価	

(6) しんしゃく率（大会社：0.7、中会社：0.6、小会社：0.5）

　非上場会社は上場会社のように取引所で容易に株式を売却できないことなどから、会社の規模に応じたしんしゃく率を乗じることによってディスカウントして評価する（評基通180(2)）。

8　類似業種の判定

(1) 評価会社の事業内容の把握

　評価会社の取引金額を構成する各事業の売上高及び事業内容について決算書類、会社ホームページやパンフレット、会社担当者へのヒアリング等をもとにして把握する。損益計算書において売上高を一本化して表示されている場合には、各事業内容と各売上高について確認する。

(2) 日本標準産業分類

　(1)で確認した各事業内容について総務省の日本標準産業分類に基づいて分類する。

(3)「日本標準産業分類の分類項目と類似業種比準価額計算上の業種目との対比表」

　(2)の日本標準産業分類で分類した業種について、「日本標準産業分類の分類項目と類似業種比準価額計算上の業種目との対比表（平成29年分）」（平成29年6月13日国税庁資産評価企画官情報第4号ほか1課共同）（以下「対比表」という。）を用いて国税庁の類似業種の業種目を決定する。

(4) 類似業種の決定

　(3)で決定した業種目が2以上の業種目がある場合、業種目別の売上割合が単独で50%超を超える業種を類似業種の業種目とする。50%未満は、以下の場合に応じた業種目とする（評基通181-2）。

財産評価

① 業種目別で集計した単独の売上割合＞50％	単独で売上割合が50％超の業種目
② 業種目別で集計した単独の売上割合＜50％	

	ア　評価会社の事業が1つの<u>中分類</u>の業種目中の<u>2以上</u>の<u>類似する</u>小分類の業種目に属し、それらの業種目別の売上割合の合計が50％超の場合	その中分類の中にある類似する小分類の「その他の○○業」
	イ　評価会社の事業が1つの<u>中分類</u>の業種目中の<u>2以上</u>の<u>類似しない</u>小分類の業種目に属し、それらの業種目別の売上割合の合計が50％超の場合	その中分類の業種目
	ウ　評価会社の事業が1つの<u>大分類</u>の業種目中の<u>2以上</u>の<u>類似する</u>中分類の業種目に属し、それらの業種目別の売上割合の合計が50％超の場合	その大分類の中にある類似する中分類の「その他の○○業」
	エ　評価会社の事業が1つの<u>大分類</u>の業種目中の<u>2以上</u>の<u>類似しない</u>中分類の業種目に属し、それらの業種目別の売上割合の合計が50％超の場合	その大分類の業種目
	オ　上記以外の場合	大分類の業種目の中の「その他の産業」

　納税義務者の選択により、類似業種は上記で決定した業種目について対比表で上位の区分の業種目がある場合には、その業種目についても類似業種とすることができる（評基通181）。

(5) 類似業種比準価額の修正

　直前期末の翌日から課税時期までの間に配当金交付の効力が発生した場合、未収配当金を控除して修正する。

　また同様に株式の割当て等の効力が発生した場合、増資後の課税時期の発行済株式数に修正して計算する。

類似業種比準価額の修正（評基通184）
　①直前期末の翌日から課税時期までの間に配当金交付の効力が発生した場合
　　(4)で算出した類似業種比準価額 − 1株当たり配当金額
　②直前期末の翌日から課税時期までの間に株式の割当て等の効力が発生した場合

$$\left(\begin{array}{c} (4)で算出した \\ 類似業種 \\ 比準価額 \end{array} + \begin{array}{c} 株式1株 \\ 当たりの \\ 払込金額 \end{array} \times \begin{array}{c} 株式1株に \\ 対する \\ 割当株式数 \end{array} \right) \div \left(1 + \begin{array}{c} 株式1株に対する \\ 割当株式数又は \\ 交付株式数 \end{array} \right)$$

9　純資産価額の算定（評価明細書第5表）

　評価明細書第5表では、課税時期において仮に評価会社が解散した場合の1株あたりの解散価値について、次の算式により1株当たりの純資産価額を算定する。

純資産価額（評基通185、186、186-2）

$$\frac{A-(A-B)\times37\%}{発行済株式総数-自己株式数}$$

　A：課税時期における時価評価額による純資産価額
　　　（課税時期における時価評価額による資産の合計額−課税時期における時価評価額による負債の合計額）
　B：課税時期における帳簿価額による純資産価額
　　　（課税時期における帳簿価額による資産の合計額−課税時期における帳簿価額による負債の合計額）
※評基通185ただし書
　　一般の評価会社の中会社及び小会社の純資産価額については、株式の取得者及びその同族関係者の有する議決権の割合が50％以下の場合、上記の算式により計算した1株当たり純資産価額に100分の80を乗じて計算した金額とする。

時価評価額：財産評価基本通達の定めるところによって評価した価額
帳簿価額：貸借対照表に記載されている会計上の帳簿価額でなく、法人税申告書別表五㈠において税務調整された後の帳簿価額

純資産価額による評価の留意点

(1)　直前期末から課税時期までの間に資産及び負債について著しい増減がなく、評価額の影響が少ないと認められる場合は、直前期末の資産及び負債に基づいて計算してもよい。

(2)　評価会社が課税時期3年以内に取得した土地、土地の上に存する権利、並びに家屋及びその附属設備又は構築物については、課税時期における通常の取引価額に相当する金額（帳簿価額が通常の取引価額に相当するものとして認められる場合には、帳簿価額によって評価することができる。）によって評価する。

(3)　評価会社が非上場株式を所有している場合は、その株式の1株当たり純資産価額の計算において法人税相当額は控除しない（評基通186-3（注））。

(4)　会計上擬制している資産及び負債、引当金等については税務上資産性及び負

財産評価

債性を有していないため、資産・負債に計上しない。

（例：繰延資産、繰延税金資産及び繰延税金負債、貸倒引当金、賞与引当金等）

(5)　課税時期において財産的価値を有していない資産は計上しない。ただし、契約を解約した場合等返還される金額があるものについては計上する。

（例：前払費用）

(6)　貸借対照表に計上されていない簿外資産・簿外負債については、資産・負債に計上する。

（例：借地権、全額損金算入の生命保険、中小企業倒産防止共済等）

(7)　評価会社が受け取った生命保険金は、「生命保険金請求権」として資産に計上する。保険積立金として保険料が計上されている場合は、資産から除外する。

(8)　死亡退職金等及び社葬費用については、負債に計上する。

弔慰金については、相続税法基本通達 3 -20に定める金額を超えない限りにおいて非課税であることから、負債に計上しない。

(9)　(7)の保険金を原資として(8)の死亡退職金等を支給した場合で保険差益が発生するときは、保険差益の37％について保険差益に対応する法人税相当額として負債に計上してもよい。

(10)　直前期末の翌日以降から課税時期までの間に配当金交付の効力が発生した場合、未払配当金として負債に計上する。

10　特定の評価会社の評価（評価明細書第 6 表）

評価明細書第 6 表では、第 2 表において該当した特定の評価会社について会社の実態に応じ、以下により評価する。

（1）比準要素数 1 の会社の評価

> 比準要素数 1 の会社（評基通189- 2 ）
> 　（原則）　　１株当たりの純資産価額
> 　（選択）　　類似業種比準価額×0.25＋１株当たりの純資産価額×0.75
> ※１株当たりの純資産価額は、評基通185ただし書による80％評価の適用可。

比準要素数 1 の会社：第 4 表の類似業種比準価額の計算において評価会社の 1 株（50円）あたりの配当金額・利益金額・純資産価額の 3 つの比準要素数のうち、直前期末を基準とした場合、いずれか 2 つが 0 であり、かつ、直前々期末を基準とした場合、 2 つ以上が 0 である会社（評基通189(1)）。

上記の条件を満たす会社は、ほとんどの場合において直前期末以前 2 期又は 3

期連続で配当金額・利益金額がなく、純資産価額が債務超過ではない会社が考えられる。

(2) 株式等保有特定会社の評価

> 株式等保有特定会社（評基通189-3）
> 　（原則）　１株当たりの純資産価額
> 　（選択）　Ｓ１の金額＋Ｓ２の金額
> 　Ｓ１の金額：保有する株式等とその株式等に係る受取配当金等がなかった場合の原則的評価方式による評価額
> 　Ｓ２の金額：保有する株式等について純資産価額により評価した価額
> ※１株当たりの純資産価額は、評基通185ただし書による80％評価の適用可。

株式等保有特定会社：課税時期において評価会社の総資産の時価評価額のうち、株式、出資及び新株予約権付社債（「株式等」という。）の評価額の合計額の占める割合が50％以上である会社

(3) 土地保有特定会社の評価

> 土地保有特定会社（評基通189-4）
> 　１株当たりの純資産価額
> ※１株当たりの純資産価額は、評基通185ただし書による80％評価の適用可。

土地保有特定会社：課税時期において評価会社の総資産の時価評価額のうち、土地及び土地の存する権利（「土地等」という。）の評価額の合計額の占める割合が大会社及び①の条件に該当する会社は70％以上、中会社及び②の条件に該当する会社は90％以上である会社

① 　小会社に区分される会社で、大会社の総資産価額である以下の場合の会社
　　卸売業で総資産価額（帳簿価額）が20億円以上
　　卸売業以外で総資産価額（帳簿価額）が15億円以上

② 　小会社に区分される会社で、中会社の総資産価額である以下の場合の会社
　　卸売業で総資産価額（帳簿価額）が7,000万円以上20億円未満
　　小売・サービス業で総資産価額（帳簿価額）が4,000万円以上15億円未満
　　卸売業、小売・サービス業以外で5,000万円以上15億円未満

(4) 開業後３年未満の会社又は比準要素数０の会社の評価

> 開業後３年未満の会社又は比準要素数０の会社（評基通189-4）
> 　１株当たりの純資産価額
> ※１株当たりの純資産価額は、評基通185ただし書による80％評価の適用可。

開業後3年未満の会社：開業して3年未満の会社

比準要素数0の会社：配当金額・利益金額・純資産価額の3つの比準要素について直前期末においていずれも0の会社

　開業して間もない会社は、事業が軌道に乗るまでの間、当面赤字のため、債務超過となっている会社が多い。したがって、配当金額・利益金額・純資産価額の3つの比準要素について直前期末においていずれも0となっているので、比準要素数0の会社も同様の評価となる。

(5) 開業前又は休業中の会社の評価

> 開業前又は休業中の会社（評基通189-5）
> 　1株当たりの純資産価額

開業前又は休業中の会社：会社の設立登記は完了したが事業を開始していない会社や事業を休業した会社

　売上がないことから、開業前又は休業中の会社は、課税時期の財政状況の実態を表わしている純資産価額により評価する。

(6) 清算中の会社の評価

> 清算中の会社（評基通189-6）
> 　清算分配見込み額の課税時期から分配を受けると見込まれる日までの期間に応ずる基準年利率による複利現価の額

清算中の会社：会社の解散手続が完了し、清算段階に移行している会社

11 配当還元価額（評価明細書第3表又は第6表）

　同族株主の判定において同族株主以外の株主等として判定された少数株主の場合、一般の評価会社は第3表、特定の評価会社は第6表を用いて以下の算式によって配当還元価額で評価する。

> 配当還元価額
> $$\frac{1株（50円）当たりの年平均配当金額（※）}{10\%} \times \frac{1株当たりの資本金等の額}{50円}$$
>
> ※　$\dfrac{1株（50円）当たりの}{年平均配当金額} = \dfrac{直前期末以前2年間の配当金額}{2} \div \dfrac{資本金等の額}{50円}$
>
> ※1株（50円）当たりの年平均配当金額が2円50銭未満の場合は、2円50銭として計算する。

12　医療法人の出資の評価

医療法人は、医療法第39条の規定により①財団たる医療法人、②社団たる医療法人で持分の定めのないもの、③社団たる医療法人で持分の定めのあるものに分類する。

相続税の課税対象は、③の持分の定めのある社団たる医療法人のみ。

持分の定めのある社団たる医療法人の評価は、取引相場のない株式の評価に準じて評価する。

医療法人の業種区分は、「小売・サービス業」とし、類似業種の業種目は「その他の産業」とする。

医療法人は剰余金の配当が禁止されていることから、次の算式により類似業種比準価額を算定する。

医療法人の類似業種比準価額（評基通194-2）

$$A \times \left(\cfrac{\cfrac{Ⓒ}{C}+\cfrac{Ⓓ}{D}}{2} \right) \times \begin{cases} \text{しんしゃく率} \\ 0.7 \ （大会社） \\ 0.6 \ （中会社） \\ 0.5 \ （小会社） \end{cases}$$

A ＝類似業種（「その他の産業」）の株価
Ⓒ＝評価会社の1株当たりの利益金額
Ⓓ＝評価会社の1株当たりの純資産価額
C ＝課税時期の属する年の類似業種の1株当たりの利益金額
D ＝課税時期の属する年の類似業種の1株当たりの純資産価額

13　持分会社の出資の評価

持分会社の出資の評価は、取引相場のない株式の評価に準じて評価する（評基通194）。

会社の定款における出資持分に関する定めによって評価の取扱いが以下のように異なる。

(1)　持分の払戻しを受ける場合

会社法第611条第2項において「退社した社員と持分会社との間の計算は、退社の時における持分会社の財産の状況に従ってしなければならない」とされていることから、持分の払戻請求権として持分会社の課税時期における純資産価額に持分を乗じて計算した金額により評価する。なお、純資産価額の評価差額に対す

る法人税額等に相当する金額（評基通186-2）は控除しない。

（2）持分を承継する場合

定款に相続人が社員の地位を承継できる定めがあり持分を承継する場合は、取引相場のない株式の評価に準じて評価する。

14　組合等の出資の評価

農業協同組合等の出資の評価は、払込済出資額によって評価する。

また企業組合等の出資の評価は、課税時期における純資産価額（時価評価額）をもとにして出資持分に応ずる価額によって評価する。

トピック

取引相場のない株式の評価明細書の改正（令和5年9月28日付課評2－76ほか2課共同）

取引相場のない株式の評価明細書において原則として表示単位未満の端数を切り捨てとされていたことから、評価会社の発行済株式総数や資本金等の額によっては、金額が0になってしまい、株価が算出されず、記載方法に疑義があった。

本改正により表示単位未満が端数切り捨てにより0となる場合、端数を切り捨てず、分数により記載する。または納税義務者の選択により、以下の基準で小数により記載することができることとなった。

① 課税時期の発行済株式数をもとに計算している場合は、課税時期現在の発行済株式数の桁数に相当する数の位未満の端数を切り捨てる。

② 直前期末の発行済株式数をもとに計算している場合は、直前期末の発行済株式数の桁数に相当する数の位未満の端数を切り捨てる。

端数処理の例

1．1株当たりの資本金 等の額等の計算	直前期末の 資本金等の額 ① 千円	直前期末の 発行済株式数 ② 株	直前期末の 自己株式数 ③ 株	1株当たりの資本金等の額 （①÷（②－③）） ④ 円
	3,000	*4,500,000*	*0*	*0.6666666*

3,000千円÷（4,500,000株－0株）＝0.6666666（小数点以下第7位未満切り捨て）

発行済株式数が7桁であるため、その桁数未満の端数を切り捨てた金

額を記載する。

参考：「『相続税及び贈与税における取引相場のない株式等の評価明細
　　　書の様式及び記載方法等について』の一部改正について」通達
　　　のあらましについて（情報）（令和5年11月10日付資産評価企
　　　画官情報第3号ほか）

財産評価

七 その他の財産の評価

◆立竹木：1ha当たりの標準価額×地味級×立木度×地利級×
地積
◆一般動産（車など）：売買実例価額
◆たな卸商品：販売価額－（利潤＋経費＋消費税額）
◆書画骨とう品：売買実例価額
◆著作権：年平均印税収入の額×0.5×評価倍率
◆電話加入権：家庭用財産に含める
◆営業権：超過利益額×10年の複利年金原価率

1 立竹木の評価

(1) 立竹木の評価

評価区分	評価方法
森林の立木（樹種及び樹齢を同じくする1団地の立木）（評基通113、120）	① ②以外 　1ha当たりの標準価額×地味級×立木度×地利級×地積 ② 樹齢15年以上の森林で立木材積が明らかなもの 　1ha当たりの標準価額×森林の1ha当たりの立木材積／標準立木材積×地利級×地積
森林の立木以外の立木（庭園設備にあるものを除く。）（評基通122）	売買実例価額、精通者意見価格等を参酌して評価する
立竹（庭園設備にあるものを除く。）（評基通124）	売買実例価額、精通者意見価格等を参酌して評価する
庭園にある立木及び立竹（評基通125）	調達価額×100分の70
保安林等の立木（評基通123）	「立木の評価額」－（1－控除割合） ※控除割合 <table><tr><td>一部皆伐</td><td>0.3</td></tr></table>

	択伐	0.5
	単木選伐	0.7
	禁伐	0.8
特別緑地保全地区内にある立木（評基通123-2）	「立木の評価額」－（1－0.8）	
分収林契約に係る造林者の有する立木（評基通126）	「立木の評価額」×造林を行った者の分収割合	
分収林契約に係る費用負担者及び土地所有者の分収期待権（評基通127）	「立木の評価額」×費用負担者又は土地所有者の分収割合	

　なお、相続又は遺贈（包括遺贈及び被相続人からの相続人に対する遺贈に限る。）により取得した立木の価額は、上記方法により評価した金額に100分の85の割合を乗じて算出した金額による（相法26）。

(2) 具体的な確認方法

区分	確認方法
1ha当たりの標準価額	・評基通別表2「主要樹種の森林の立木の標準価額表等」 ・上記に記載がない場合は森林組合への問い合わせ等
地味級（評基通118）	・森林組合等から取得した森林簿等を参照し、評基通118の「地味級判定表」に当てはめる。 ・「地味級判定表」に定めがないものは、原則1.0
立木度（評基通119）	・植林した森林は、おおむね「密1.0」 ・自然林は、おおむね「中庸0.8」 ・岩石、がけ崩れ等による不利用地が散在している森林で、その不利用地の地積をその森林の地積から除外することのできない森林については、植林した森林はおおむねその立木度を「中庸0.8」とし、自然林はおおむねその立木度を「疎0.6」とする。
地利級（評基通121）	・森林簿の確認、森林組合への問い合わせ等をして、評基通121の「地利級判定表」に当てはめる。
地積	・森林簿、登記簿謄本等

(3) 計算例（森林の立木）

① 前提

　標準価額：700,000円、地味級：上級（1.3）、立木度：密（1.0）、地利級：

　5級（0.8）、地積：3 ha、保安林：一部皆伐（0.3）、分収割合：40%、相法26

　評価減：85/100

② 計算

　700,000円×1.3×1.0×0.8×3×（1−0.3）×40%×85/100＝519,792円

2　一般動産の評価（評基通129、130）

(1) 一般動産の範囲

　一般動産とは、事業を営む者が所有し、事業の用に使用する機械及び装置、器具、工具、備品、車両運搬具や一般家庭用の家具、什器、衣服、非事業用の車両運搬具等をいう。

(2) 一般動産の評価

① 中古車両等

> 売買実例価額、精通者意見価格等を参酌して評価

　※中古車両の場合、中古市場買取価額・ディーラーにヒアリング等

② 売買実例価額、精通者意見価格等が明らかでない動産

その動産と同種及び同規格の新品の課税時期における小売価額 ※実務上は取得費	−	その動産の製造の時から課税時期までの期間の定率法による償却費の額

3　たな卸商品等（評基通132、133）

区分	評価方法
商品 製品及び生産品	課税時期における販売価額−（適正利潤＋予定経費＋消費税額）
原材料	課税時期における仕入価額＋原材料の引取り等に要する運賃その他の経費の額
半製品及び仕掛品	課税時期における仕入価額＋原材料の引取り、加工等に要する運賃、加工費その他の経費の額

4　書画骨とう品（評基通135）

区分	評価方法
①　販売業者が有するものの価額	たな卸商品等の評価の定めによって評価
②　①以外のもの	売買実例価額、精通者意見価格等を参酌して評価

5　著作権（評基通148）

　著作権の価額は、著作者の別に一括して次の算式によって計算した金額によって評価する。ただし、個々の著作物ごとに評価することもできる。

> 年平均印税収入の額×0.5×評価倍率

①　年平均印税収入の額とは、課税時期の属する年の前年以前3年間の印税収入の額の年平均額をいう。

②　評価倍率とは、課税時期後における各年の印税収入の額が「年平均印税収入の額」であるものとして、著作物に関し精通している者の意見等をもととして推算したその印税収入期間に応ずる基準年利率による複利年金現価率をいう。

6　電話加入権（評基通161）

> 売買実例価額、精通者意見価格等を参酌して評価

　※実務上は、評価通達128（評価単位）の定めに基づき一括して評価する家庭用財産に含めて評価する（個別に電話加入権を評価することはない。）。

7　営業権（評基通165）

> 超過利益金額×営業権の持続年数（原則10年）に応ずる基準年利率による複利年金原価率

　※超過利益金額＝平均利益金額×0.5−標準企業者報酬額−総資産価額×0.05
　※国税庁ホームページ「営業権の評価明細書」参照。

第10節　事業承継税制

POINT

◆事業承継税制は、中小企業経営者の所有する事業会社の株式に係る贈与税・相続税を猶予することにより後継者が事業会社を承継しやすくするための制度である。

◆メリットは、事業会社の株価が高い場合、贈与時又は相続時における多額の税負担を回避できることである。

◆デメリットは、要件が厳しく、納税猶予の取消事由に該当した時点で猶予された税額の全額又は一部についてすぐに納税しなければならない。また株式譲渡や組織再編など機動的な経営が行いにくい、納税猶予の適用前・適用後の手続の負担が大きいことなどがあげられる。

◆事業承継税制の適用を受けるにあたって事業会社の今後の経営戦略や組織体制、納税猶予額を少なくするための株価対策等について総合的に検討するなどの事前準備が必要である。

◆令和6年度税制改正により特例承継計画の提出期限が令和8年3月31日まで2年延長され、引き続き特例措置が受けられるようになった。

事業承継

1　事業承継税制とは

　中小企業・小規模事業者が事業を継続・発展させるためには、後継者に事業を承継する必要がある。後継者に事業会社や事業を承継する場合、一般的には贈与や相続によって後継者に事業が承継されることが多い。その際に多額の納税が発生することから、事業の継続を断念して廃業又は事業譲渡をする場合もある。

　そこで後継者への事業承継を円滑に促進するため、法人版事業承継税制及び個人版事業承継税制により後継者の負担する贈与税及び相続税の納税を猶予する制度が整備されている。

　本節では、法人版事業承継税制について解説する。

2　法人版事業承継税制の概要

　後継者である受贈者・相続人等が、「中小企業における経営の承継の円滑化に関する法律」（以下「円滑化法」という。）の認定を受けている非上場会社の株式等を贈与又は相続により取得した場合、その非上場株式等に係る贈与税又は相続税について一定の要件のもと、その納税を猶予し、さらには免除される。

　事業承継税制には、事前に特例承継計画の提出を必要とし、納税を全額猶予される「特例措置」と、特例承継計画の提出は不要で、贈与税は100%、相続税は80%の納税を猶予される「一般措置」の2つの制度がある（下記3参照）。

事業承継税制の主な手続の流れ

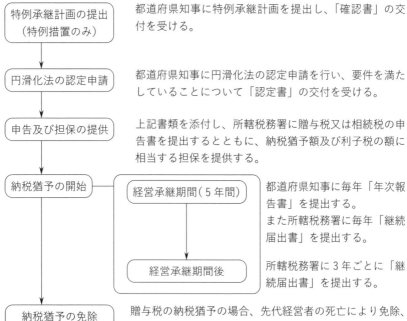

3　法人版事業承継税制の特例措置・一般措置

	特例措置	一般措置
事前の計画策定等	特例承継計画の提出 （平成30年 4 月 1 日〜 令和 8 年 3 月31日）	不要
適用期限	10年以内の贈与・相続等が対象 （平成30年 1 月 1 日〜 令和 9 年12月31日）	なし
対象株数	全株式	総株式数の最大 3 分の 2 まで
納税猶予割合	100%	贈与：100%　相続：80%
承継パターン	複数の株主から最大 3 人の後継者	複数の株主から 1 人の後継者
雇用確保要件	弾力化	承継後 5 年間 平均 8 割の雇用維持が必要
事業の継続が困難な事由が生じた場合の免除	減免措置あり	なし
相続時精算課税の適用	60歳以上の者から18歳以上の者への贈与	60歳以上の者から18歳以上の推定相続人（直系卑属）・孫への贈与に限定

※一般措置で既に贈与税の納税猶予の適用を受けている場合、みなし相続（下記の「10　贈与者が死亡した場合の相続税の納税猶予の特例」参照）による相続税の納税猶予は一般措置による適用となり、特例措置の適用は受けられない。
※令和 6 年度税制改正により特例承継計画の提出期限が令和 8 年 3 月31日まで 2 年延長された。

4　法人版事業承継税制の適用要件[1]

（1）先代経営者の要件

要件	贈与税の納税猶予	相続税の納税猶予
①代表者要件	○	○
②代表者退任要件	○	―
③議決権保有要件	○	○

1　贈与税の特例措置（措法70の 7 の 5 、措令40の 8 の 5 ）、相続税の特例措置（措法70の 7 の 6 、措令40の 8 の 6 ）、贈与税の一般措置（措法70の 7 、措令40の 8 ）、相続税の一般措置（70の 7 の 2 、措令40の 8 の 2 ）

① **代表者要件**

　贈与時前又は相続開始前において、対象会社の代表権を過去のいずれかの時点において有していたこと。なお、退任している場合も要件を満たすことになる。

② **代表者退任要件（贈与のみ）**

　贈与時においては、対象会社の代表権を有していないこと。なお、代表権がない役員であれば会社に残ることは可能である。

③ **議決権保有要件**

　贈与時の直前又は相続開始の直前において先代経営者の同族関係者と合わせて対象会社の総議決権数の50％超の議決権を有し、かつ、先代経営者が有する議決権数が先代経営者の同族関係者（後継者を除く。）の中で最も多くの議決権数を有する筆頭株主であること。

(2) **先代経営者以外の要件**

　先代経営者からの贈与又は相続を「第1種」の贈与又は相続、先代経営者以外からの贈与又は相続を「第2種」の贈与又は相続という。

① **第1種贈与・相続後要件**

　先代経営者以外の者からの贈与又は相続により認定会社の株式を取得するためには、先に先代経営者からの下記の贈与又は相続が行われていなければならない。

ア　先代経営者からの贈与に係る株式等について贈与税の納税猶予の適用を受けている者

イ　先代経営者からの相続又は遺贈に係る株式等について相続税の納税猶予の適用を受けている者

ウ　先代経営者の死亡による相続税の納税猶予の適用を受けている者

② **経営承継期間内贈与・相続要件**

　第1種の贈与税又は相続税の申告期限の翌日から5年を経過する日までと定められている「経営承継期間[2]」の末日までに第2種の贈与税又は相続税の申告期限が到来するものに限る。

　また第1種の贈与が複数回行われた場合、最初の贈与のみが贈与税の納税猶予の適用を受けられる。ただし、後継者が複数いる場合の贈与については、同一年中の贈与に限り納税猶予の適用を受けられる。

2　円滑化法では、「事業継続期間」という。

(3) 後継者要件

要件	特例措置	一般措置
①年齢要件	◯	◯
②代表者要件	◯	◯
③議決権保有要件	◯	◯
④株式等継続保有要件	◯	◯
⑤役員就任要件	◯	◯
⑥一般措置非適用要件	◯	―
⑦特例承継計画記載要件	◯	―

① 年齢要件

贈与日又は相続開始日において18歳以上であること。

② 代表者要件

贈与日又は相続開始日の翌日から5か月を経過する日において、対象会社の代表権を有していること。

③ 議決権保有要件

贈与時又は相続開始時において後継者の同族関係者と合わせて対象会社の総議決権数の50％超の議決権を有し、かつ、特例措置は以下の場合における議決権数を有していること。

ア　後継者が1人の場合

後継者の同族関係者の中で最も多くの議決権数を有していること。

イ　後継者が2人又は3人の場合

総議決権数の10％以上の議決権を有し、かつ、各後継者が同族関係者（他の後継者を除く。）の中で最も多くの議決権数を有していること。

④ 株式等継続保有要件

贈与時又は相続開始時から申告書の提出期限まで贈与又は相続により取得した対象会社の株式等を全て有していること。

⑤ 役員就任要件

ア　贈与の場合：贈与前に3年間継続して役員であること。

イ　相続の場合：相続開始の直前において役員であること。

（被相続人が70歳未満で死亡した場合又は後継者が特例承継計画に記載されている場合を除く。）

事業承継

⑥ **一般措置非適用要件（特例措置のみ）**

　対象会社の株式等について既に一般措置の適用を受けていないこと。

⑦ **特例承継計画記載要件³（特例措置のみ）**

　特例承継計画に記載された後継者であること。

（4）対象会社の要件

　贈与時又は相続開始時において下記の要件を全て満たすものをいう。

| ① 中小企業者要件 |
| ② 従業員要件 |
| ③ 非上場株式等要件 |
| ④ 風俗営業会社非該当要件 |
| ⑤ 資産管理会社非該当要件 |
| ⑥ 円滑な事業運営要件 |

① **中小企業者要件**

　対象会社が、中小企業者に該当すること。

　下記の業種において資本金又は従業員数のいずれかを満たした場合、中小企業者に該当する。なお、医療法人や社会福祉法人、外国法人は該当しない。

中小企業者の範囲

業種		資本金		従業員数
製造業その他	下記以外の製造業その他	3億円以下	又 は	300人以下
	ゴム製品製造業 （自動車又は航空機用タイヤ及びチューブ製造業並びに工業用ベルト製造業を除く）			900人以下
	卸売業	1億円以下		100人以下
	小売業	5,000万円以下		50人以下
サービス業	下記以外のサービス業	5,000万円以下		100人以下
	ソフトウェア・情報処理サービス業	3億円以下		300人以下
	旅館業	5,000万円以下		200人以下

② **従業員要件**

　常時使用する従業員数が1人以上であること。

　ただし、対象会社の特別関係会社が外国法人に該当する場合は、5人以上となる。

　特別関係会社⁴：円滑化法の認定を受けた会社(以下「認定承継会社」という。)、

3　贈与税の特例措置（措規23の12の2⑪）、相続税の特例措置（措規23の12の3⑪一）
4　円滑化法では、「特別子会社」という。

その代表者及びその代表者と特別な関係にある者（同族関係者）の有する議決権割合が50％超である会社

　常時使用従業員とは、下記に該当する従業員をいう。なお、使用人兼務役員や後継者の親族も含まれる。

ア　厚生年金保険の被保険者（70歳未満）

イ　船員保険の被保険者

ウ　健康保険の被保険者（75歳未満）

エ　後期高齢者医療保険の被保険者（75歳以上）で、2か月を超える雇用契約を締結している者

③　非上場株式等要件

　対象会社及びその特定特別関係会社の株式等が非上場株式等（議決権に制限のないものに限る。）に該当すること。

特定特別関係会社[5]：認定承継会社、その代表者及びその代表者と生計を一にする親族の有する議決権割合が50％超である会社

④　風俗営業会社非該当要件

　対象会社及びその特定特別関係会社が風俗営業会社に該当しないこと。

⑤　資産管理会社非該当要件

　原則として以下の資産保有型会社又は資産運用型会社に該当しないこと。

ア　資産保有型会社

　判定は次の算式により行う。

資産保有型会社

$$\frac{B + C}{A + C} \geqq 70\%$$

A：資産の帳簿価額

B：特定資産の帳簿価額

C：過去5年間に後継者及び同族関係者に対して支払われた配当及び損金不算入となる過大役員給与の合計額

　＜特定資産の範囲＞

㋐　有価証券等

　　国債証券、地方債証券、株券その他の金融商品取引法第2条第1項に規定する有価証券及び持分会社の持分（特別関係会社の株式又は持分が資産保有型会社又は資産運用型会社に該当しない場合に限り有価証券等から除

5　円滑化法では、「特定特別子会社」という。

く。）

 (イ) 現に自ら使用していない不動産

  自らの事業の用に供していない遊休不動産、販売用不動産、賃貸不動産、貸駐車場、役員社宅等

 (ウ) ゴルフ会員権等

 (エ) 絵画・貴金属等

 (オ) 現預金その他これらに類する資産

  現預金、保険積立金、後継者や同族関係者に対する貸付金・未収金・預け金・差入保証金等

イ 資産運用型会社

 判定は次の算式により行う。

資産運用型会社

$$\frac{\text{特定資産の運用収入額}}{\text{総収入金額}} \geqq 75\%$$

総収入金額＝売上高＋営業外収益＋特別利益

ウ 資産管理会社の例外規定

 対象会社が資産保有型会社又は資産運用型会社の判定であっても下記の事業実態要件を全て満たす場合は、資産保有型会社又は資産運用型会社に該当しないものとみなす。

 (ア) 3年以上継続して商品販売等又は役務の提供を行い、対価を得ていること。

 (イ) 常時使用する従業員（後継者及び後継者と生計を一にする親族以外の者）の数が5人以上

 (ウ) 事務所、店舗、工場など固定施設を所有又は賃借していること。

⑥ 円滑な事業運営要件

 ア 総収入金額（営業外収益、特別利益は除く。）が零を超えること。

 イ 拒否権付種類株式（黄金株）を後継者以外が有していないこと。

 ウ 特定特別関係会社（外国会社を除く。）が中小企業者に該当すること。

(5) 株数要件

要件	特例措置	一般措置
①適用対象株式数要件	―	○
②贈与時取得株数要件	○	○

① **適用対象株式数要件（一般措置のみ）**

　　議決権に制限のない株式等の総数又は総額のうち、贈与前・相続前から既に後継者が保有していたものを含めて3分の2に達するまでの株式等で贈与税申告書又は相続税申告書に適用を受けようとする記載がある株式に限る。

② **贈与時取得株数要件**

　　後継者は贈与時において以下の場合において一定数以上の株式等を取得しなければならない。

　　下記の取得株数要件の算式において特例措置は後継者が1人の場合及び後継者が2人又は3人の場合の取得株数要件で判定し、一般措置は後継者が1人の場合の取得株数要件で判定する。

後継者の人数	取得株数要件
1人の場合	次の(ア)又は(イ)の場合に応じた株数を取得 (ア)　（A＋B）≧C×2/3の場合は、C×2/3－Bの値以上の株数 (イ)　（A＋B）＜C×2/3の場合は、Aの全ての株数
2人又は3人の場合	次の全てを満たす株数を取得 (ア)　D≧C×1/10 (イ)　D＞E

A：贈与の直前において先代経営者等が有していた株式数
B：贈与の直前において後継者が有していた株式数
C：贈与の直前における発行済株式等の総数
D：贈与後における後継者の有する株式数
E：贈与後における先代経営者等の有する株式数

(6) 遺産分割要件（相続税のみ）

　　相続税の申告期限までに納税猶予を受ける株式等について遺産分割が決定していること。

5　贈与税の納税猶予における贈与税の申告方法の選択

　　従来は贈与税の納税猶予の適用においては暦年課税贈与によるものであったが、期限確定時の多額の納税リスクを軽減するため、平成29年度税制改正で相続時精算課税贈与の併用が認められた。

　　さらに平成30年度税制改正では、特例措置による贈与税の納税猶予の適用において先代経営者と親族外の後継者との間でも相続時精算課税贈与の適用が認めら

事業承継

れた。

課税方法	暦年課税贈与	相続時精算課税贈与
贈与者	先代経営者	贈与した年の1月1日において60歳以上の先代経営者
受贈者	贈与日において18歳以上の後継者	贈与を受けた年の1月1日において18歳以上の後継者
贈与者と受贈者における親族関係	親族外OK	特例措置：親族外OK 一般措置：直系血族に限定
税率	・基礎控除額：年110万円 ・累進課税：最高税率55％	・基礎控除額：年110万円 ・特別控除額：（累計）2,500万円 ・定率課税：一律20％
みなし相続開始時	・猶予税額免除 ・相続財産に贈与時の価額で加算 ・贈与税額控除は不可	・猶予税額免除 ・相続時精算課税適用財産として贈与時の価額で加算 ・贈与税額控除は不可
期限確定事由に該当した場合	・贈与税額を納付 ・期限確定後、贈与者が死亡した場合は生前贈与加算の対象	・贈与税額を納付 ・期限確定後、贈与者が死亡した場合は相続時精算課税適用財産として加算

〔留意点〕

　相続時精算課税贈与による贈与税の納税猶予を活用して自社株式を親族外に承継した場合、贈与者である先代経営者が死亡したとき、承継した親族外の後継者の相続税は納税猶予されて負担はないが、相続人は自社株式が相続税の課税財産として計算された財産に応じた相続税を負担することになる。

　したがって、事前に相続人の同意を得ないまま相続時精算課税贈与による親族外承継を進めると相続税申告時に大きな問題となる可能性があるので、注意すべき点である。

6　猶予税額の計算

①　贈与税の納税猶予額

　ア　暦年贈与の場合

　　（納税猶予対象株式等の相続税評価額−110万円）×贈与税率−控除額

イ　相続時精算課税贈与の場合

（納税猶予対象株式等の相続税評価額－110万円－（累計）2,500万円）×20％

②　相続税の納税猶予額と相続税納付額

ア　相続税の納税猶予がなかったものとして通常の相続税額の計算を行い、後継者の相続税額を計算する。（A）

イ　後継者以外の相続人等の相続財産を不変とした上で相続税の納税猶予を受ける株式等の価額を後継者の課税価格とみなして後継者の相続税額を計算する。（B）

ウ　Bを納税猶予税額とし、AとBの差額を納付税額とする。

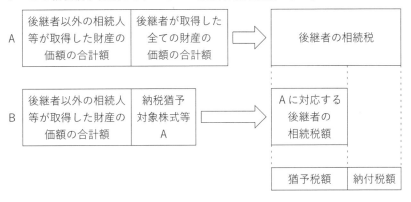

7　納税猶予の手続要件

(1) 特例承継計画の提出・確認（特例措置のみ）

提出先	都道府県知事
提出書類	特例承継計画、履歴事項全部証明書
提出期限	令和8年3月31日まで　※令和6年度税制改正により2年延長
交付書類	確認書

(2) 認定申請

提出先	都道府県知事
提出書類	①　認定申請書 ②　定款の写し（原本証明したもの） ③　株主名簿の写し（原本証明したもの） ④　履歴事項全部証明書 ⑤　贈与：贈与契約書及び贈与税額の見込み額を記載した書類

	相続：遺言書又は遺産分割協議書の写し及び相続税額の見込み額を記載した書類
	⑥ 従業員数証明書
	⑦ 贈与又は相続の認定申請基準年度の決算書類等
	⑧ 上場会社等及び風俗営業会社のいずれにも該当しない旨の誓約書
	⑨ 特別子会社・特定特別子会社に関する誓約書
	⑩ 贈与：贈与者・受贈者・その他の一定の親族等の戸籍謄本 相続：被相続人・相続人・その他の一定の親族等の戸籍謄本又は被相続人の法定相続情報一覧図
	⑪ 特例承継計画又はその確認書の写し（特例措置）
	⑫ その他認定の参考となる書類
提出期限	贈与：贈与を受けた年の翌年1月15日まで 相続：相続開始日から8か月以内
交付書類	認定書

(3) 申告・担保の提供

提出先	所轄税務署長
提出書類	相続税又は贈与税の申告書及びその添付書類（(2)を含む） （特例措置を受ける場合には(1)の確認書を添付すること）
提出期限	贈与税：贈与を受けた年の翌年3月15日まで 相続税：相続開始日から10か月以内
担保の提供	納税猶予額及び利子税に相当する担保を提供 一般的には納税猶予を受ける対象株式等を提供する。

(4) 年次報告書・継続届出書の提出

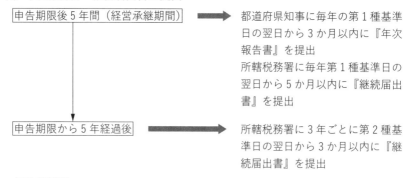

報告基準日

・第1種基準日：申告期限の翌日から1年を経過した日。申告期限が延長され

ている場合は、延長後の申告期限に基づく報告基準日とする。

・第2種基準日：経営承継期間の末日の翌日から3年を経過した日。

年次報告書

提出先	都道府県知事
提出書類	①　年次報告書 ②　報告基準日における定款の写し（原本証明したもの） ③　報告基準日以降に取得した登記事項証明書 ④　報告基準日における株主名簿（原本証明したもの） ⑤　報告基準日における従業員数証明書 ⑥　贈与又は相続の認定申請基準年度の決算書類等 ⑦　上場会社等及び風俗営業会社のいずれにも該当しない旨の誓約書 ⑧　特別子会社・特定特別子会社に関する誓約書 ⑨　その他認定の参考となる書類
提出期限	申告期限後5年間は毎年の第1種基準日の翌日から3か月以内
交付書類	年次報告書に係る確認書

継続届出書

提出先	所轄税務署長
提出書類	①　継続届出書 ②　認定承継会社に関する明細書及び同別紙 ③　納税猶予の期限が到来した税額や免除された税額がある場合の明細書 ④　報告基準日における定款の写し ⑤　報告基準日における株主名簿の写し（原本証明したもの） ⑥　年次報告書の写し及び年次報告書に係る確認書の写し ⑦　経営承継期間の末日において雇用確保要件を満たさない場合、その旨の報告書の写し及び都道府県知事によるその確認書の写し（特例措置のみ） ⑧　会社分割又は組織変更があった場合、吸収分割契約書若しくは新設分割計画書又は組織変更計画書の写し ⑨　合併又は株式交換若しくは株式移転があった場合、一定の書類
提出期限	申告期限後5年間は毎年の第1種基準日の翌日から5か月以内 申告期限後5年経過後は3年に1度の第2種基準日の翌日から3か月以内

事業承継

8 納税猶予の打ち切り[6]

贈与税又は相続税の納税猶予が取消しとなる「期限確定事由」に該当した場合、猶予された税額の全額又は一部を納付しなければならない。

（1）期限確定事由及びそれに伴う納付確定額

No.	特例措置	一般措置	期限確定事由	納付確定額	
				経営承継期間内（申告期限後5年間）	経営承継期間以降（5年経過後）
①	○	○	後継者が代表権を有しないこととなった場合	全額	―
②	○	○	後継者とその同族関係者の有する議決権割合が50％以下となった場合	全額	―
③	○	○	後継者が同族関係者内で筆頭株主でなくなった場合	全額	―
④	○	○	後継者が対象株式等の一部を譲渡又は贈与をした場合	全額	対応部分
⑤	○	○	後継者が対象株式等の全部を譲渡又は贈与をした場合	全額	全額
⑥	○	○	先代経営者が代表権を有することとなった場合	全額	―
⑦	○	○	対象会社の株式等が非上場株式等に該当しないこととなった場合	全額	―
⑧	○	○	対象会社（その特別関係会社を含む。）が風俗営業会社に該当することとなった場合	全額	―
⑨	○	○	対象会社が資産管理会社に該当することとなった場合	全額	全額
⑩	○	○	対象会社の事業年度における主たる事業活動からの収入金額が0となった場合	全額	全額
⑪	○	○	後継者以外が拒否権付種類株式（黄金株）を有することとなった場合	全額	―
⑫	○	○	対象会社が資本金の額の減少をした場合又は準備金の額を減少した場合	全額	全額
⑬	○	○	対象会社が合併（適格合併を除く。）により消滅した場合	全額	対応部分
⑭	○	○	対象会社が株式交換、株式移転（適格交換等を除く。）により他の会社の完全子会社等になった場合	全額	対応部分

6　贈与税の特例措置（措法70の7の5③）、相続税の特例措置（措法70の7の6③）、贈与税の一般措置（措法70の7③～⑤）、相続税の一般措置（措法70の7の2③～⑤）

⑮	○	○	対象会社が会社分割(分割型分割に限る。)をした場合	全額	対応部分
⑯	○	○	対象会社が一定の組織変更をした場合	全額	対応部分
⑰	○	○	対象会社が解散をした場合	全額	全額
⑱	○	○	後継者が納税猶予の適用をやめる届出書を提出した場合	全額	全額
⑲	○	○	年次報告書及び継続届出書が期限内に提出されない場合	全額	全額
⑳	○	—	④・⑤・⑬・⑭・⑰において経営環境の変化があった場合に譲渡又は贈与があった場合	全額	再計算した部分又は再々計算した部分
㉑	—(※)	○	基準日における雇用確保要件を満たさなかった場合 (常時使用従業員数の5年間平均人数が、贈与時又は相続時の常時使用従業員数の80％未満となった場合)	全額	—

※特例措置において雇用確保要件を満たさなかった場合、期限確定事由から除外されているが、都道府県知事に報告書を提出し、確認書の交付を受ける必要がある（円滑化法施行規則20③）。また、継続届出書に報告書及び確認書が添付されていない場合、期限確定事由に該当するので、注意すること。

(2) 期限確定事由の例外規定

経営承継期間中に後継者が以下のやむを得ない事由により代表権を有しなくなった場合は期限確定事由には該当しない（措規23の12の2⑭、23の12の3⑭、23の9⑰、23の10⑮）。

【やむを得ない事由】
① 精神障害者1級となった場合
② 身体障害者1級又は2級となった場合
③ 要介護5の要介護認定を受けた場合
④ 上記①〜③の事由に類すると認められる場合

9　納税猶予の免除・減免[7]

納税猶予が免除又は減免される主な場合は、以下のとおりである。

なお、免除を受けるには、所轄税務署長に期限内に免除届出書又は免除申請書

7　贈与税の特例措置（措法70の7の5⑪）、相続税の特例措置（措法70の7の6⑫）、贈与税の一般措置（措法70の7⑮〜㉕、措令40の8㊲〜㊴）、相続税の一般措置（措法70の7の2⑯〜㉖、措令40の8の2㊸㊹）

を提出する必要がある。

(1) 後継者が死亡した場合

届出期限	死亡日から 6 か月以内に免除届出書を提出
免除税額	猶予税額の全額

(2) 先代経営者が死亡した場合

贈与税の猶予税額は免除され、みなし相続の規定が適用される（下記の「10 贈与者が死亡した場合の相続税の納税猶予の特例」を参照）。

届出期限	死亡日から10か月以内に免除届出書を提出
免除税額	猶予税額 $\times \dfrac{その贈与者が贈与した対象株式等の数又は金額（※）}{その贈与者の死亡の直前における対象株式等の数又は金額}$

※下記の(3)及び(4)の「免除対象贈与」による対象株式等の数又は金額は除く。

(3) 経営承継期間においてやむを得ない理由により会社の代表権を有しなくなった日以後に「免除対象贈与」を行った場合

免除対象贈与とは、既に贈与税の納税猶予を受けている非上場株式等について後継者（2代目）から次の後継者（3代目）に贈与され、贈与税の納税猶予の適用を受ける場合の贈与をいう。

届出期限	贈与税申告書提出日から 6 か月以内に免除届出書を提出
免除税額	猶予税額 $\times \dfrac{後継者（2代目）が贈与した対象株式等の数又は金額}{贈与の直前における対象株式等の数又は金額}$

贈与しなかった対象株式等に対応する猶予税額は、要件を満たしている限り、猶予が継続される。

(4) 経営承継期間経過後に「免除対象贈与」を行った場合

届出期限	贈与税申告書提出日から 6 か月以内に免除届出書を提出
免除税額	猶予税額 $\times \dfrac{後継者（2代目）が贈与した対象株式等の数又は金額}{贈与の直前における対象株式等の数又は金額}$

贈与しなかった対象株式等に対応する猶予税額は、要件を満たしている限り、猶予が継続される。

(5) 経営承継期間経過後に対象会社について破産手続開始の決定等があった場合

申請期限	その事由が生じた日から 2 か月以内に免除申請書を提出

免除税額	猶予税額 − 解散前5年以内に後継者及び後継者と生計を一にする者が受けた配当・過大役員給与等

（6）経営承継期間経過後に以下の事業の継続が困難な一定の事由が生じた場合において対象会社が譲渡、合併、解散等したとき[8]（特例措置のみ）

【事業の継続が困難な事由】

① 直前期以前3年間のうち2年以上赤字である場合

② 直前期以前3年間のうち2年以上、売上高が前年売上高に比べて減少している場合

③ 直前期末の有利子負債の額が直前期の売上高の6か月分に相当する額以上である場合

④ 認定会社の類似業種の上場企業における年平均株価が前年の年平均株価より下回っている場合

⑤ 後継者が心身の故障等の事由により業務に従事することができなくなった場合（譲渡・合併のみ）

　上記の事由に該当する場合において経営承継期間経過後に対象会社が猶予対象株式を譲渡するとき、対象会社が合併により消滅するとき、対象会社が解散するとき等は、そのときの相続税評価額をもとに税額を再計算し、以下のように一部の猶予税額について免除する。

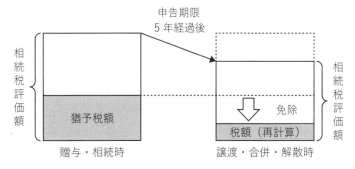

① 譲渡価額が譲渡時相続税評価額の2分の1超の場合

　猶予税額と再計算した税額の差額分の税額が免除となる。

② 譲渡価額が譲渡時相続税評価額の2分の1以下の場合

　譲渡時相続税額の2分の1と再計算した税額の差額分の税額が免除となる。

8　贈与税の特例措置（措法70の7の5 ⑫〜⑲、措令40の8の5 ㉒〜㉝）、相続税の特例措置（措法70の7の6 ⑬〜⑳、措令40の8の6 ㉙〜㊵）

申請期限	その事由が生じた日から2か月以内に免除申請書を提出
免除税額	譲渡等の日以前5年以内に後継者及び 猶予税額－再計算税額(A)－後継者と特別な関係がある者が受けた 配当・過大役員給与等(B)
納付税額	A＋B

10 贈与者が死亡した場合の相続税の納税猶予の特例[9]

(1) みなし相続による相続税の課税

　贈与税の納税猶予の適用を受けた贈与者である先代経営者等が死亡した場合、納税猶予の対象となった非上場株式等については、相続税の納税猶予の特例により取得したものとみなして相続税の計算を行い、相続税の課税価格の計算の基礎に算入するときの非上場株式等の価額は、この株式を贈与により取得したときの価額を基礎として計算する。

　なお、**相続税の納税猶予の適用を受けることは任意の選択**となる。相続税の納税猶予の適用を受けない場合は、猶予税額を納付する必要がある。

(2) 贈与者が死亡した場合の相続税の納税猶予の特例への切替申請

提出先	都道府県知事
提出書類	①　切替確認申請書 ②　相続開始日における定款の写し（原本証明したもの） ③　相続開始日における株主名簿（原本証明したもの） ④　相続開始日における履歴事項全部証明書 ⑤　相続開始日における従業員数証明書 ⑥　相続開始日の翌日の直前期の決算書類等 ⑦　経営承継期間内：上場会社等及び風俗営業会社のいずれにも 　　　　　　　　　該当しない旨の誓約書 　　経営承継期間経過後：風俗営業会社に該当しない旨の誓約書 ⑧　特別子会社・特定特別子会社に関する誓約書 ⑨　贈与者の除籍謄本 ⑩　受贈者及びその他の一定の親族等の戸籍謄本 ⑪　その他認定の参考となる書類
提出期限	贈与者の死亡日の翌日から8か月以内
交付書類	切替申請に係る確認書

9　特例措置（措法70の7の7、70の7の8、措令40の8の8）、一般措置（措法70の7の3、70の7の4、措令40の8の4）

(3) 切替確認時の適用要件

（参考）

適用要件		切替確認時	経営承継期間	
			期間内	経過後
①	代表者要件	○	○	―
②	議決権保有要件	○	○	―
③	中小企業者要件	―		
④	従業員要件	○	―	
⑤	非上場株式等要件	△（※）	○	―
⑥	風俗営業会社非該当要件	○	○	―
⑦	資産管理会社非該当要件	○	○	○
⑧	円滑な事業運営要件			
ア	総収入金額（営業外収益、特別利益は除く。）が０を超えること。	○	○	○
イ	拒否権付種類株式（黄金株）を後継者以外が有していないこと。	○	○	
ウ	特定特別関係会社（外国会社を除く。）が中小企業者に該当すること。	―	―	―

※経営承継期間の５年経過後の場合は、要件は不要となる。

〔留意点〕

　みなし相続による相続税の納税猶予の適用要件は、贈与税の納税猶予の適用を受けて経営承継期間を経過した後に、期限確定事由からはずれて緩和された要件について、切替確認時に改めて必要となる適用要件がある点に注意する。

11　災害があった場合の特例

　災害等により被災した場合、以下の被災事由に該当したときは、贈与税・相続税の納税猶予及び免除の適用にあたり以下の要件が緩和される。

適用対象者	①　災害等の発生前に相続等又は贈与により非上場株式等を取得し、既に納税猶予の適用を受けている者 ②　災害等の発生した日から１年を経過する日までの間に相続等により非上場株式等を取得し、納税猶予の適用を受ける者

被災事由	① 災害等により滅失し、罹災証明書の発行を受けた資産（特定資産を除く。）の帳簿価額の合計額が総資産の帳簿価額の合計額の30％以上である場合 ② 災害等により滅失し、罹災証明書の発行を受けた事業所で一定期間継続して稼働できない事業所の従業員数が常時使用従業員の総数の20％以上である場合 ③ 中小企業信用保険法に規定する以下の事由による売上高の減少があった場合、災害後6か月間の売上高が前年同期間の売上高の70％以下である場合 ア 取引先の倒産 イ 取引先の事業活動の制限 ウ 事故 エ 災害
緩和要件	① 納税猶予適用後の事業継続要件の緩和 ア 雇用確保要件の免除（一般措置） イ 資産管理会社非該当要件の10年間免除 　（被災事由③の場合は最長10年間） ② 納税猶予の免除事由の追加 経営承継期間内に破産手続開始の決定等があった場合であっても猶予税額を免除 ③ 相続税の納税猶予の適用要件の緩和 ア 資産管理会社非該当要件の免除 イ 役員就任要件の免除

12 租税回避防止規定

(1) 同族会社等の行為又は計算の否認規定[10]

対象となる会社の先代経営者、後継者又はこれらの者と特別な関係にある者の贈与税又は相続税の負担が不当に減少する結果と認められる場合、税務署長は、対象となる会社の行為又は計算を否認し、納税の猶予に係る期限を繰り上げ又は免除する納税の猶予に係る贈与税又は相続税を定めることができる。

(2) 現物出資等に係る租税回避防止規定[11]

贈与前3年以内又は相続開始前3年以内に後継者及びその特別の関係にある者

---

10 贈与税の特例措置（措法70の7の5⑩）、相続税の特例措置（措法70の7の6⑪）、贈与税の一般措置（措法70の7⑭、措令40の8⑳㊸）、相続税の一般措置（措法70の7の2⑮、措令40の8の2㉙㉒）

11 贈与税の特例措置（措法70の7の5㉔）、相続税の特例措置（措法70の7の6㉕）、贈与税の一般措置（措法70の7㉙）、相続税の一般措置（措法70の7の2㉚）

から、現物出資又は贈与により取得した資産の合計額の総資産に占める割合が、70%以上である会社の株式等については、納税猶予の適用を受けることができない。

(3) 資産保有型会社の判定における配当・過大役員給与の除外

「4　法人版事業承継税制の適用要件」の(4)⑤ア参照。

(4) 経営承継期間経過後に事業の継続が困難な一定の事由が生じた場合において対象会社が譲渡、合併、解散等したときの免除における配当・過大役員給与の除外（特例措置）

「9　納税猶予の免除・減免」の(6)参照。

> **トピック**
>
> **大手芸能事務所と事業承継税制**
>
> 　大手芸能事務所の創業者による性加害問題が追及される過程で、後継者が事業承継税制を活用して相続税の納税猶予の適用を受けていることが報道により明らかになった。
>
> 　大手芸能事務所に対して社会的責任が厳しく追及される中、巨額と推定される相続税の納税猶予の期限確定事由をどのように回避して事業を継続していくかに注目が集まった。
>
> 　結局後継者が社会的責任をとって経営承継期間内に代表取締役を退任したことにより納税猶予の打ち切りが確定し、相続税の全額を納付せざるを得なくなった。
>
> 　非上場株式は相続財産に占める割合が大きいので、後継者は巨額の相続税を捻出するためには所有株式を法人に売却することなどにより資金調達することが考えられる。
>
> 　このように事業承継税制は多額の贈与税・相続税額が猶予されるメリットがある一方、納税猶予を維持していくための要件が非常に厳しいことから、想定外の事態が発生した場合に補償資金だけでなく、納税資金も発生することによって事業の存続が危うくなるほどのリスクがあることもデメリットとして知っておくべきである。

事業承継

第11節　民法（相続・贈与関係）

一　相続人・相続分

POINT

◆配偶者は常に相続人になる。

◆第1順位は子、第2順位は直系尊属、第3順位は兄弟姉妹

◆相続分は、配偶者と子、直系尊属、兄弟姉妹の組み合わせで違いがある。

◆配偶者以外の同順位の相続人間では頭割りにより配分される（ただし、兄弟姉妹相続で被相続人と父母の一方のみを同じくする相続人については、父母の双方を同じくする相続人の相続分の2分の1、代襲相続人は被代襲者の相続分をその代襲相続人で頭割りする。）。

1　相続の開始

人が死亡すると、同時に相続が開始する（民法882）。

相続人の範囲、相続分については、以下のとおり、民法で規定されている。

2　相続人

(1) 配偶者

常に相続人となる（民法890）。

(2) 第1順位：子

子は、第1順位の相続人である（民法887①）。

相続開始時に生まれていない胎児は、既に生まれたものとみなされる（民法886①）。

養子も子に含まれる（民法809）。相続税の基礎控除とは異なり、人数を問わない。

(3) 第2順位：直系尊属

子がいない場合には、第2順位として直系尊属が相続人となる。親等が異なる

民法

ものの間では、近いものが優先される（民法889①一）。つまり、父母と祖父母がいる場合には父母が相続人となる。実親も養親も含まれる（民法809）。

(4) 第3順位：兄弟姉妹

子も直系尊属もいない場合には、第3順位として兄弟姉妹が相続人となる（民法889①二）。

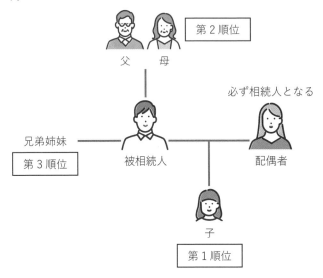

3 相続分（遺言で指定がない場合）

(1) 配偶者がいない場合

単純に人数で頭割り（代襲相続を除く。代襲相続人は被代襲者の相続分を頭割り。）。

ただし、相続人が兄弟姉妹である場合で、被相続人と父母の一方のみを同じくする相続人については、父母の双方を同じくする相続人の相続分の2分の1となる（民法900四）。

（2）配偶者がいる場合（民法900一～三）

相続人		相続分
	第1順位 子	配偶者と子が それぞれ1／2ずつ
配偶者	第2順位 父　　母	配偶者が全体の2／3 親が全体の1／3
	第3順位 兄弟（姉妹）	配偶者が全体の3／4 兄弟姉妹が全体の1／4

被相続人・配偶者

　ただし、配偶者のほかに同順位の相続人が複数いる場合（例えば、配偶者のほかに子が2人いる場合）は、配偶者以外の同順位の相続人間で上記の相続分を頭割りする（先の例では、配偶者2分の1、子は各4分の1）。代襲相続人は被代襲者の相続分を頭割りすることや、兄弟姉妹が複数いる場合については、（1）と同様である（民法901①、900四）。

民法

4　相続分（遺言で指定がある場合）

　遺言で指定された相続分による（民法902①）。

二　代襲相続・二次相続

◆被相続人の本来の相続人（被代襲者）である子が相続開始前に
　亡くなっている場合には、その子が代襲相続する。
◆被相続人の本来の相続人が兄弟姉妹である場合にも、代襲相続
　が生じる。
◆被相続人の死亡後に、相続人が死亡した場合は二次相続とな
　り、代襲相続とは区別される。
◆子については再代襲、再々代襲が認められるが、兄弟姉妹につ
　いては認められない。

1　代襲相続・二次相続

　相続開始前に、生存していれば相続人たるべき人（本来の相続人）が既に死亡
している事例がある。そのような場合には、**本来の相続人（被代襲者）の子が相
続人（代襲相続人）となる場合**がある。これを**代襲相続**という。

　これに対して、**相続開始後に相続人が死亡した場合**には、単なる相続（が続い
ただけ）であるが、**二次相続**と呼ばれる。

2　子の代襲相続

　被相続人の相続開始（死亡）前に、被相続人の子（第1順位の相続人）が死亡
し、相続欠格に該当し、又は相続廃除された場合（代襲事由）に、被相続人の子
の子（被相続人の孫）が相続人となる（民法887②）。これを代襲相続という。

　被相続人の孫が代襲相続人であるべき場合において、同様の代襲事由がある場
合には、孫の子（ひ孫）が再代襲する（民法887③）。

3　兄弟姉妹の代襲相続

　被相続人の兄弟姉妹（第3順位の相続人）が本来の相続人である場合で、同人
について被相続人の相続開始前に、上記の代襲事由がある場合には、被相続人の
兄弟姉妹の子（被相続人の甥、姪）が相続人となる（民法889②）。

　しかし、被相続人の兄弟姉妹の子（甥・姪）について、上記の代襲事由がある
場合には、**再代襲は生じない**。

代襲相続人の範囲

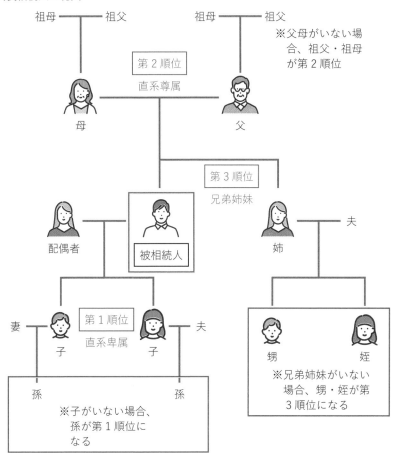

民法

4　二次相続

　被相続人の相続開始後に、相続人が亡くなった場合には、単に相続人について相続（二次相続）が開始したものとして、元の被相続人の相続（一次相続）により、相続人（二次相続の被相続人）が取得した相続分が、二次相続の相続財産となる。

　代襲相続とは、相続人が亡くなった時期が被相続人の相続開始前か後かとの観点で区別される。

5　代襲相続人の相続分

　代襲相続人の相続分は、被代襲者（本来の相続人）の相続分をその代襲相続人の頭数で除した割合である（民法901①ただし書）。

6　養子の子の代襲相続

　被相続人の養子も子であることから、第1順位の相続人である。

　養子が被相続人の相続開始前に亡くなるなどの代襲事由が生じた場合には、養子の子が代襲相続人になりそうだが、養子縁組後に出生した子のみが代襲相続人になる（民法887②ただし書）。

　養子縁組は養子に養親の嫡出子たる身分を取得させるが（民法809）、当事者間の効力に留まり、養親たる被相続人との間で、養子縁組前に出生した子は直系卑属の地位を取得しないためである。

三　相続財産

POINT

◆民法において相続の対象になる財産（相続財産）は、相続開始
時点（死亡時点）で被相続人に帰属していた一身専属権・義務
を除く積極財産・消極財産の一切である。
◆生命保険金・死亡退職金は民法上の相続財産に含まれない。
◆生前の贈与は民法上の相続財産に含まれない。

1　相続財産（遺産）とは

　民法上、相続財産（遺産。いずれでも意味は同じ。）は、**相続開始時点（死亡時点）で被相続人に帰属していた一身専属権・義務**（被相続人にのみ帰属する権利・義務）を**除く積極財産・消極財産の一切**である（民法896）。

　ただし、遺産分割の対象となるのは、遺産分割時点で存在する積極財産で未分割のものに限られるのが原則である。金銭債務は当然に相続分で分割される。

2　相続財産の留意事項

(1) 相続財産の範囲

　相続開始時に帰属していた積極財産・消極財産の一切である。

(2) 一身専属権・義務

　例外的に相続の対象にならない権利・義務である。権利・義務の帰属者のみが行使し、義務を負担することが相当とされるもので、いわゆる人格権（名誉権、プライバシー権等）や扶養義務などが該当する。

(3) 生命保険金・死亡退職金

　生命保険金は、例外的な契約の場合を除き、保険金受取人が保険契約に基づいて取得する契約上の固有の権利であり民法上の相続財産ではない。死亡退職金も遺族の地位に基づいて会社が支給するものであるので、通常は民法上の相続財産ではない。ただし、特別受益（民法903）として具体的相続分の算定において考慮される可能性はある。

(4) 生前の贈与

　相続税の課税財産と異なり、**民法上の相続財産には 7 年内（経過規定あり）の**

民法

生前贈与は含まれない。

　ただし、特別受益（民法903）として、遺産分割の際に考慮される可能性がある。

(5) 生前に、相続人が被相続人の預金を引き出した場合

　相続人が、被相続人の生前に被相続人の預金を引き出し、自己のために費消することがある。

　被相続人が了解していた場合には、当該相続人に対する贈与となる。被相続人に無断で引き出していた場合には、被相続人は、当該相続人に対して不当利得返還請求権（民法703、704）又は不法行為に基づく損害賠償請求権（民法709）を取得したことになり、この権利は相続財産となる。

(6) 相続開始後に、相続人が被相続人の預金を引き出した場合

　相続人が、相続開始後、遺産分割前に被相続人の預金を他の相続人に無断で引き出してしまうことがある。

　この場合には、当該相続人が他の相続人の預金（に対する法定相続分に応じた準共有持分）を侵害したことになるので、他の相続人から当該相続人に対して不当利得返還請求権（民法703、704）又は不法行為の基づく損害賠償請求権（民法709）を取得したことになる。他の相続人は、これらの権利（金銭債権）を単独で行使できる。

　預金については、遺産分割時に存在しなくなった以上、遺産分割協議・調停・審判の対象から外れることになるのが原則である。

　もっとも、他の相続人全員の同意により、預金が存在するものとして遺産分割を行う（すなわち、無断引き出しを行った相続人がその預金を取得したものとし、これにより、当該相続人が遺産分割で他の遺産を取得できない、ないし、取得できるほかの遺産が減る）ことができる（民法906の2①②）。

四　具体的相続分～特別受益、寄与分

◆法定相続分による遺産分割が不公平となる場合の調整規定として、特別受益・寄与分の制度がある。

◆特別受益は、相続人が被相続人から生前に相続分の前渡しといえるような贈与を受けた場合及び遺言により遺産を取得した場合の調整である。

◆寄与分は、被相続人の財産の維持又は増加について相続人に特別の寄与があった場合の調整規定である。

◆法定相続分を特別受益・寄与分により調整した結果の相続分を具体的相続分という。遺産分割の基準となる係数である。

1　具体的相続分

　遺産分割の基準として法定相続分が定められているが、そのまま法定相続分により分割すると不公平になる場合がある。

　このため、法定相続分を調整するのが特別受益（民法903）、寄与分（民法904の2）である。

　法定相続分が調整されて、その結果、遺産分割の基準となる相続分（割合）を具体的相続分という。

2　特別受益

　特別受益とは、遺贈又は婚姻若しくは養子縁組のため若しくは生計の資本としての贈与である（民法903①）。

　特別受益となる遺贈には、「相続させる遺言」（特定財産承継遺言）による取得や死因贈与も含まれる。

　特別受益となる贈与には、全ての贈与（例えば親が子供に与えたお小遣い）が含まれるわけではなく、**婚姻や養子縁組のために与えた贈与や生計の資本としての贈与に限定される**。どのくらいの金額が「生計の資本」となるのかは一概にはいえないが、相続人間の公平を害し、相続分の前渡しといえるような贈与がこれに当たると解される。

民法

特別受益がある場合には、具体的相続分は次のように計算される。このように計算されることを特別受益の「持ち戻し」という。

> 特別受益を受けた者の相続分＝（相続財産＋特別受益）×法定相続分－特別受益
> その他の相続人の相続分＝（相続財産＋特別受益）×法定相続分

特別受益は相続開始時の時価に評価し直す（民法904）。

上記の計算の結果、特別受益を受けた者の相続分がマイナスになる場合には、同人が遺産分割で取得する財産がないのみで、法定相続分を超える部分を返還する必要があるわけではない（民法903②）。ただし、遺留分を侵害している場合には、遺留分侵害額請求を受けることがある。

また、被相続人は特別受益の持ち戻しを行わない旨の意思表示をすること（持ち戻し免除の意思表示）ができる（民法903③）。婚姻期間が20年以上の夫婦間において居住用の建物・敷地を遺贈又は贈与した場合については、持ち戻し免除の意思表示があったものと推定される（民法903④）。

特別受益の持ち戻し計算イメージ

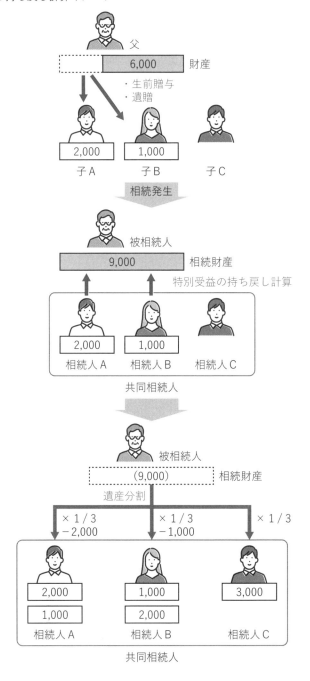

民法

3　寄与分

　被相続人の事業に関する労務の提供又は財産上の給付、被相続人の療養看護その他の方法により被相続人の財産の維持又は増加について特別の寄与をした相続人がいた場合に、その相続分を修正するものである（民法904の2①）。

　寄与分については、相続人間の協議により合意するか、家庭裁判所に寄与分を定める申立てを行い、決定してもらう必要がある（民法904の2②）。

　寄与分が認められた場合の相続分は、次のように計算される（民法904の2①）。

> 寄与した相続人の相続分＝（相続財産−寄与分）×法定相続分＋寄与分
> その他の相続人の相続分＝（相続財産−寄与分）×法定相続分

4　特別受益・寄与分の主張の期間制限

　特別受益・寄与分の主張は、相続開始後10年を経過すると主張することができなくなる（民法904の3）。

　相続開始後10年を経過した場合には、法定相続分による分割のみが可能となる。遺産分割が行われないまま長期に放置される事案があることから、遺産分割を推進する観点から期間制限が行われた（令和5年4月1日施行）。

　例外として、①相続開始の時から10年を経過する前に、相続人が家庭裁判所に遺産の分割の請求をしたとき、②相続開始の時から始まる10年の期間の満了前6か月以内の間に、遺産の分割を請求することができないやむを得ない事由が相続人にあった場合において、その事由が消滅した時から6か月を経過する前に、当該相続人が家庭裁判所に遺産の分割の請求をしたときについては、相続開始後10年を経過していても特別受益・寄与分の主張を行うことができる。

　また、当事者が任意に合意して特別受益や寄与分を考慮して遺産分割を成立させることは妨げられない。

　なお、遺産については、その性質から、相続人が遺産分割手続によらず共有物分割請求を行うことはできないと解されてきたが、上記の期間制限が設けられたことから、このことを明示するとともに（民法258の2①）、相続開始後10年を経過した場合には共有物分割請求を行うことができることとなった（同条②）。

五　遺産分割協議・調停・審判

◆遺産分割は、相続人間の協議により行い、協議がまとまらない
　場合に家庭裁判所の調停、審判によって行うことになる。
◆協議及び調停においては、相続分によらず全ての相続人が納得
　する内容で合意することが可能。
◆審判の場合には、具体的相続分に応じて、裁判所が適切に分割
　する。

1　遺産分割とは

　遺産は、相続開始とともに、相続人全員の共有の状態となる。遺産分割とは、
このように共有状態にある財産を、個別の財産ごとに、どの相続人が取得するか
を決定していく作業である。

2　遺産分割の対象となる財産

　遺産分割の対象となる財産は、①遺産（相続開始時に被相続人に帰属していた
積極財産・消極財産）であって、②遺産分割時に存在する、③積極財産で、④未
分割のものである。

　①は当然だが、このため、**生命保険金・死亡退職金**は通常は相続人の固有の権
利であり、葬儀費用は相続開始後に発生した費用であるので、これらは**遺産分割
の対象とはならない**。

　②については相続開始後、遺産分割時点までに存在しなくなってしまった財産
は分割対象とできない（分割しようがない）ためである。相続開始後に処分され
た場合にも、原則として分割対象とならず、相続人間で分割対象とすることに合
意すれば、分割対象とすることができる。また、相続人全員の合意により、処分
された財産が存在するものとして分割することもできるし（民法906の2①）、特
定の相続人が無断で処分した場合には当該相続人を除いた他の相続人の合意によ
り、処分された財産が存在するものとして分割対象とすることができる（同条
②）。

　③については消極財産（債務・義務）は、相続人間の協議で帰属先を決めるこ

民法

とは、権利者の利益に反する可能性があるためである。**消極財産は金銭債務である**場合が多いが、その場合には**法定相続分ないし指定相続分**（被相続人が遺言により指定した相続分。民法902①）**により当然に分割される**（民法427）。もっとも、指定相続分により分割された場合には、権利者にとって不利益になる場合があるため、権利者は法定相続分に従って各相続人に請求できる（民法902の2）。

④については、分割済みのものは分割できないという当然のこととなる。既に一部分割されてしまったもの、遺言により分割されてしまったもの（相続させる遺言、特定財産承継遺言）がこれに当たるが、中でも**預貯金を除く金銭債権は当然に分割される**と解されるため（民法427）、注意が必要である。

ただし、上記は原則であり、任意の協議や調停において、当事者が金銭債権、債務や葬儀費用を分割の対象とすることに合意した場合には、これを遺産分割の対象とすることができる。

3 遺産分割の方法

遺産分割は、①現物分割、②代償分割、③換価分割、④共有分割がある。

実際には、各方法を組み合わせて分割することになる場合が多い（例：土地Aを相続人αに、土地Bを相続人βに各帰属させる現物分割を行うが、土地ABに価格差があるので、代償金を支払う。）。

分割方法	内容
①現物分割	各財産を特定の相続人に割り振る。土地や預金のように物自体を分割することが可能である場合には、物自体を分割して帰属させることもできる。遺産の大半が不動産であるような場合には、この方法のみで相続人間で平等に分割することが難しいことが多くなる。
②代償分割	特定の相続人が遺産を余分に取得する代償として、取得が少ない相続人に代償金を支払う。代償金の支払いが可能である必要がある。小規模宅地等の特例の適用などを考慮して、採用されることもある。
③換価分割	遺産を全員で換価して代金を分割する。
④共有分割	遺産を相続人の共有状態とする。遺産分割前も共有状態であるが、遺産としての性質を失わせ、通常の共有状態とする。財産の処分・賃貸において、相続人間で同意する必要があり、分割後の処分・管理が困難になることがある。

4　遺産分割協議

　相続人全員の合意により遺産分割を行うものが、遺産分割協議である。遺産に属する物又は権利の種類及び性質、各相続人の年齢、職業、心身の状態及び生活の状況その他一切の事情を考慮して行うものとされるため（民法906）、法定相続分・具体的相続分に拘束されることなく、自由に決定することができる。当該相続人を含めて全員が合意できるのであれば、特定の相続人が一切財産を取得しないという協議も可能である。

　相続人全員の合意が必要であるため、1人でも欠けている合意は無効である。

5　遺産分割調停

　遺産分割調停とは、遺産分割協議がまとまらない場合に、家庭裁判所に申し立て、調停委員会の指導の下、相続人間で合意をまとめる手続である。

　一般に、①相続人の範囲の確定、②遺産の範囲の確定、③遺産の評価、④特別受益・寄与分の主張、⑤分割方法の合意の手順で進められる。

　①は、相続人が誰なのかを確認するもので、通常は、戸籍を確認すれば解決するが、戸籍に誤りがあるという主張が出てきた場合には、人事訴訟などで相続人を確定する必要がある。

　②は、遺産でなければ分割することができないためである。遺産であるのか、相続人又は第三者の固有財産であるのかが争われるような場合には、遺産の範囲確認などの民事訴訟により解決する必要がある。

　③は、遺産が現金や預貯金のように価額がハッキリしている場合には問題がないが、非上場株式や土地のように価額が明らかではない（様々な意見があり得る場合）には、相続人間で価額について合意する必要がある。裁判所が最終的に審判により遺産を分割するとはいえ、価額が不明では、具体的相続分に従って公平に分割することができないためである。当事者間で合意がまとまらない場合には、裁判所の選任する鑑定人の鑑定によって決定されるが、その費用は当事者が負担することになる。

　具体的相続分の判断の基準時は相続開始時であるが（遺産の評価額、特別受益・寄与分の評価額の基準時）、分割方法・内容を決める基準時は分割時である（分割時の遺産の価額を基準に公平に配分する。例えば、相続開始時に100の価値があった有価証券が、その後暴落して分割時には1の価値しかないのに、100と評

民法

価しては不公平になる。）ため、厳密には遺産を2時点で評価する必要があることになる。もっとも、単純に法定相続分で分割する場合（特別受益、寄与分の主張がない場合）は分割時の評価のみで足りるし、当事者が2時点評価をするほど差額が生じないと判断する場合には相続開始時又は分割時の1時点評価で当事者が合意する場合もある。

　④は、上記四を参照されたい。

　⑤は、上記3のとおりである。

6　遺産分割審判

　調停によっても遺産分割がまとまらない場合には、裁判所が、当事者の意向、事情を考慮して、適切と判断する方法（遺産分割審判）により、遺産分割を行う。

　どの分割方法がよいかという優先順位があるわけではないが、通常は、当事者の意思に反して現物分割を行う（その財産を取得したくないと希望している相続人に押し付ける）、支払能力のない相続人に代償金支払い債務を負担させるなどの方法はとられない。また、共有分割は将来の紛争を残す恐れがあるので、やはり、相続人全員が同意しない場合には通常は選択されない。

六　相続放棄、相続欠格、相続廃除

◆相続放棄がされ、相続欠格に該当し、又は、相続廃除があった場合には、相続開始時から相続人とはならない又は相続開始時に遡って相続人たる地位を失う。

◆相続欠格及び相続廃除は、代襲相続の事由となるが、相続放棄は、代襲相続の事由とならない。

1　制度の概要

　相続放棄を行い（民法938、939）、相続欠格（民法891）に該当し、相続廃除（民法892、893）が行われた場合には、相続開始時から相続人ではなかったものとして扱われる。相続財産を取得することもなければ、相続債権者から請求を受けることもない。

2　相続放棄・単純承認・限定承認

　相続放棄は、相続人が、相続開始を知った時から**3か月（熟慮期間）以内**に（民法915①）、**家庭裁判所にその旨を申述して行う**（民法938）。これにより、相続開始時から相続人とならなかったものとみなされる（民法939）。この場合に、同順位の相続人がいない場合には次順位の相続人が相続人となる。このため、被相続人に債務がある場合には、相続放棄により次順位の相続人に（積極財産のみならず）債務を負担させることになる。

民法

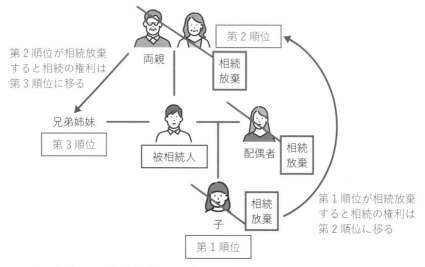

　民法の規定する「相続放棄」は、「相続分の放棄」（相続人となった上で、相続分を放棄して遺産分割手続から離脱すること）や、「事実上の相続放棄」（遺産分割協議で遺産を取得しない協議を成立させること）とは区別される。相続分の放棄や事実上の相続放棄では、相続債権者に対する責任を免れることはできない。

　なお、熟慮期間内に放棄の申述をしない場合には、単純承認となり（民法921二）、相続人として権利義務を承継する（民法920）。

　また、相続放棄前に相続財産を処分した場合には単純承認をしたことになり（民法921一）、家庭裁判所で放棄の申述が受理されても放棄の効果は発生しない。さらに、放棄の申述の受理後であっても、相続財産の全部若しくは一部を隠匿し、私的にこれを消費し、又は悪意でこれを相続財産の目録中に記載しなかったときには、放棄の効果が失われる（民法921三本文）。

　そのほか、熟慮期間内に、相続人が、相続によって得た積極財産の限度においてのみ被相続人の債務及び遺贈をする責任を負う限定承認の申述をすることもできる（「限定承認」という。）が（民法922、924）、複数の相続人がいる場合には相続人全員で行わなければならない（民法923）。

3　相続欠格

　相続人に故意に被相続人を死亡させて刑に処せられる等の事由がある場合には、相続欠格として相続人になることができない（民法891）。

　相続欠格の事由に該当した場合に、代襲相続人たるべき者がいる場合には、代襲相続人が相続人となり（民法887②）、代襲相続人も同順位の相続人もいない場合には次順位の相続人が相続人となる。

4　相続廃除

　被相続人の意思で、相続人の地位を失わせる制度が相続廃除である。

　（推定）相続人に、被相続人に対して虐待をし、若しくはこれに重大な侮辱を加えたとき、又は推定相続人にその他の著しい非行があったときに、被相続人が家庭裁判所に請求し（民法892）又は遺言に基づいて遺言執行者が家庭裁判所に請求して（民法893）、家庭裁判所の審判により行われる。なお、遺留分を有する相続人についてのみ廃除は可能である。すなわち、遺留分を有しない兄弟姉妹（及びその代襲相続人たる甥・姪）については、単に相続分を0とする内容の遺言を作成すれば足りるためである。

　なお、被相続人は、廃除後においても、推定相続人の過去の非行を宥恕することができ、その場合には取り消しを請求する（民法894①）。

　廃除の場合も、代襲相続人たるべき者がいる場合には、代襲相続人が相続人となり（民法887②）、代襲相続人も同順位の相続人もいない場合には次順位の相続人が相続人となる。

5　遺留分制度との関係

　自己の意思で相続人の地位を放棄する相続放棄はもちろん、相続欠格や相続廃除のように（推定）相続人の意思に拘らず相続人の地位を失わせる場合においても、相続人の地位を失った以上、遺留分制度の適用はなく、遺留分侵害額請求を行うことはできない。

民法

七　相続分の譲渡・放棄

POINT

◆相続人は、自己の相続分を、有償又は無償で、別の相続人又は
　第三者に譲渡することができる（相続分の譲渡）。
◆相続人は、自己の相続分を放棄して、相続の手続から離脱する
　ことができる（相続分の放棄）

1　相続分の譲渡

相続人は、自己の相続分に応じて、相続財産を取得することができる。

相続人は、自ら遺産分割に参加して財産を取得することもできるが、その相続
分を別の相続人又は第三者に譲渡することもできる（民法905参照）。この場合、
相続分の譲受人が譲渡人に代わって遺産分割に参加する。なお、譲渡先（譲受人）
が相続人であるか、第三者であるかにより、税負担に差異がある。相続分が第三
者に譲渡された場合には、他の相続人は、その価額及び費用を償還して取り戻す
ことができるが（民法905①）、期間制限が厳しく（1か月以内。同条②）、あま
り事例はないものと思われる。

被相続人の債権者に対しては、相続人（相続分の譲渡人）は相続分を譲渡して
も法定相続分に応じて責任を負担する。

相続分の譲渡は、本人の意思であることを確保するため、実印を押して、印鑑
登録証明書を添付して行う。

2　相続分の放棄

相続人は、相続手続に関与しないために、相続分を放棄することもできる。

その意思を確認するため実印を押して印鑑登録証明書を添付することにより行
う。

ただし、相続分の放棄は家庭裁判所の遺産分割調停手続では認められている
が、明文の規定がないため、家庭裁判所の調停手続外で行った場合には、登記手
続において法務局との間で効力について議論になることがあるようなので、注意
が必要である。

法律上の相続放棄（民法938、939）との違いは、①熟慮期間内に行う必要がな

いこと、②家庭裁判所の手続を経る必要がないこと、③相続債権者には効力が及ばず、債権者から請求を受ける恐れがあることである。

　相続分を放棄した場合には、一般的には、残りの相続人が元々の相続分の比率に従って、財産を取得する（配偶者、子2人の場合に、子1人が相続分放棄をした場合には、1/2：1/4＝2：1の割合で取得する）と解されている。

	相続分の譲渡	相続分の放棄	相続放棄
民法の規定	905条	なし	938条、939条
家裁の手続	不要	不要	必要
相続債権者との関係	責任を免れない	責任を免れない	責任を免れる
相続分の取得者	選べる	選べない	選べない
期間制限	なし	なし	相続開始を知った時から3か月（熟慮期間）以内

八　相続人の不存在、特別縁故者

> **POINT**
>
> ◆被相続人に相続人がおらず、又は、相続放棄等により相続人が
> いなくなった場合には、相続財産清算人により、清算が行われ
> る。
> ◆被相続人と特別の縁故があった者（特別縁故者）は、裁判所に
> 請求し、裁判所が相当と認めた場合には、財産の全部又は一部
> を取得できる。

1　相続人の不存在

　被相続人に身寄りがなく、相続人がない場合がある。また、相続人がある場合
でも相続放棄等により相続人がいなくなる場合がある。

　このような場合には、相続財産は法人とみなされ（民法951）、利害関係人又は
検察官の請求により、家庭裁判所が相続財産清算人を選任する（民法952①）。

　相続財産清算人が選任された場合、家庭裁判所は相続人を探索する公告を行い
（民法952②）、同時に、相続財産清算人は、相続債権者及び受遺者に対し、請求
の申し出をするよう公告する（民法957①）。

　その後、相続財産清算人は、相続債権者、受遺者の順に弁済し（民法957②、929、
931）、残余財産は国庫に帰属する（民法959）。

2　特別縁故者に対する分与

　残余財産は国庫に帰属するのが原則だが、**相続人ではないものの、①被相続人
と生計を同じくしていた者、②被相続人の療養看護に努めた者、③その他被相続
人と特別の縁故があった者（特別縁故者）に対して、相続財産を取得させること
が相当な場合**がある。

　このため、**特別縁故者は、家庭裁判所が相続人を探索する公告期間の満了後3
か月以内**（民法958の2②）**に、家庭裁判所に請求することにより、家庭裁判所
が相当と認める場合には、家庭裁判所が相続財産の全部又は一部を与える（分与
する）ことできる**（民法958の2①）。

　なお、裁判所はそれほど厳しく分与を限定していないものの裁量的判断である

ため、家庭裁判所の分与額に不服があるものとして抗告した場合に、かえって高等裁判所で分与額を減らされる事例もある（東京高裁平成27年2月27日決定）。

特別縁故者になるまでの流れ

家庭裁判所に申し立てをする

相続財産清算人が選任される

6か月以上の期間で公告され
相続人が現れるのを待つ

法定相続人が 見つかる	法定相続人が 見つからない
法定相続人が 相続となり 特別縁故者には なれない	特別縁故者の 申し立てが 認められ 財産分与請求が 可能となる

九　遺言

POINT

◆遺言には普通方式として自筆証書遺言、公正証書遺言、秘密証
　書遺言、特別方式として危急時遺言等がある。
◆遺言を行うには遺言能力が必要。
◆遺言は方式に従わねば無効となる。
◆遺言は明確な文言・内容として記載するべきである。

1　制度の概要

　被相続人が自己の意思とし相続財産の処分に関する事項等について書面により
意思を実現するものが遺言である。

　遺言の方式には、普通方式として、自筆証書遺言、公正証書遺言及び秘密証書
遺言があり（民法967）、特別方式として、危急時遺言（民法976）、伝染病隔離者
の遺言（民法977）、在船者の遺言（民法978）、船舶遭難者の遺言（民法979）が
ある。

　もっとも、このうち、現実的に利用されているのは、自筆証書遺言及び公正証
書遺言であり、秘密証書遺言や危急時遺言は僅かな例があるに過ぎない。

2　遺言能力

　遺言は法律行為であるので、法律行為を行うための判断能力である意思能力を
有することが必要である。遺言の場合には遺言能力といわれる（民法963）。

　**15歳以上であれば未成年者でも遺言を行うことができ（民法961、962）、成年
被後見人、被保佐人、被補助人でも遺言を行うことができる**（民法962）。成年被
後見人が遺言をする場合には、医師2名以上の立会いが必要である（民法973）。

　現実的に議論になるのは認知症の事案が多いが、**「認知症」と「遺言能力がな
い状態」は同義ではなく、どの程度の意思能力が必要かは遺言内容によっても左
右され、一概に長谷川式スケールやMMSE等の認知能力テストの点数で決まる
ものではない。遺言能力がなかったと判断された場合には、遺言は無効となる。**

3　遺言事項

　遺言で行うことができるのは、遺贈、遺産分割方法の指定（特定財産承継遺言＝相続させる遺言は分割方法の指定となる。）、相続分の指定、遺産分割の禁止、特別受益の持ち戻し免除、遺言執行者の指定など、相続財産に関する事項が中心である。ほかに認知、相続人の廃除、未成年後見人の指定等も可能である。なお、これらの法定の事項以外については効力を有しない。

4　自筆証書遺言と公正証書遺言

（1）自筆証書遺言

　自筆証書遺言は、相続財産の目録部分を除き、遺言者が、その全文、日付及び氏名を自書し、押印する必要がある（民法968①）。相続財産の目録については自書する必要がないが（ＰＣなどで作成することなどが認められる。）、各ページに署名、押印する必要がある（同条②）。訂正する場合にも、その場所を指示して変更した旨を付記して署名、押印する必要がある（同条③）。

　自筆証書遺言は、遺言者が単独で作成することができ、費用もかからないという意味で簡易な遺言である。また、（推定）相続人に遺言をしたことや遺言内容を知らせる必要もない。

　なお、自筆証書遺言については、形式を誤ることによる無効になるリスク、内容が不明確で意図した効力を発生させることができないリスク（そもそも意味がわからない、多義的でその意味が特定できないなど）、第三者による改ざん・隠匿のリスク、単純に相続開始時に遺言が発見されないリスクなどがある。

　また、自筆証書遺言については、遺言書の保管者、遺言の発見者は、相続開始後、家庭裁判所で検認を受けなければならない（民法1004①。検認を受けなかった場合には過料の制裁もある。民法1005）。検認は、家庭裁判所において、遺言の現状を確認し、記録するための手続で、検認を経たか否かにより遺言の効力に影響はない。検認を受けても遺言が有効であることが確定したことにはならない。

　新たに創設された自筆証書遺言書保管制度（法務局における遺言書の保管等に関する法律1）を利用すると、法務局において、保管申請時に自筆証書遺言の形式に沿っているか否かを外形的に確認して、遺言書を保管してもらうことができ、また、相続発生時に指定した相続人に通知してもらうこともできる。このため、形式不備による無効、紛失・不発見のリスク、改ざんのリスクを回避するこ

とができ、かつ、検認を要さない（同法11）というメリットがある。

　もっとも、内容面について、法務局は関与しないため、矛盾、抵触、文言の意味がはっきりせず内容が確定できないなどのリスクは残る。

(2) 公正証書遺言

　公正証書遺言は、公証人により作成される公正証書によって遺言を行う方法である。

　公正証書遺言は、①証人2人以上の立会いの上、②遺言者が遺言の趣旨を公証人に口授し（口頭で伝える）、③公証人がこれを筆記して遺言者及び証人に読み聞かせ又は閲覧させ、④遺言者及び証人が、筆記の正確なことを承認した後、各自これに署名、押印し、⑤公証人が、これらの方式に従って作ったものである旨を付記して、これに署名・押印して作成する（民法969）。

　なお、公正証書遺言は、公証役場でその存否を確認することができ、遺言書が紛失・改ざんされる恐れはなく、検認も必要ない。

　また、公正証書遺言は、法律の専門家である公証人が遺言者と面談して作成するものであり、遺言能力の有無を公証人の視点で確認していることから、遺言能力の欠如による無効の可能性は低く、内容の不備（不明瞭）といった事由による無効の可能性も低いものとなる。

(3) 両者の対比

	自筆証書遺言	公正証書遺言
作成方法	本人が全文自書 ただし、目録のみＰＣによる作成やコピーの利用ができる	公証人が作成 証人2名が必要
意思確認・遺言能力の確認	なし	公証人が行う
形式確認	なし ただし、自筆証書遺言書保管制度を利用する場合には、形式については最低限の確認をしてもらえる	公証人が行う（公証人が形式・手続を具備して作成）
内容確認	なし	公証人が行う
保管	遺言者（ないし依頼を受けた人）が私的に保管 ただし、自筆証書遺言書保管制度を利用する場合は、法務局で保管	公証役場で保管

検認	必要 ただし、自筆証書遺言書保管制度を利用する場合は不要	不要
遺言能力の欠如による無効の可能性	あり	低い
形式不備による無効の可能性	あり	極めて低い
隠匿・偽造・不発見の可能性	あり ただし、自筆証書遺言書保管制度を利用する場合はなし	なし
遺言内容の不備（意味が不明であるなど）の可能性	あり	低い

5　遺言の撤回

　遺言者はいつでも遺言を撤回して作成し直すことができる（民法1022）。

　複数の遺言があり矛盾抵触する場合には後（新しい方）の遺言が効力を有し、矛盾・抵触する限度で前の遺言は撤回されたものと解される（民法1023①）。また、遺言後の法律行為が遺言に矛盾抵触する場合にも、同様に、その限度で撤回されたものと解される（同条②）。

6　遺言の解釈

　遺言も文章なので、その意味が曖昧であったり多義的であったりする場合がある。特に専門家の関与がないまま、遺言者が作成した自筆証書遺言では、このような問題が顕在化することがある。

　遺言は、財産の所有者である遺言者が最後に行う財産の処分であるため、可能な限り遺言者の「真意」を探求し、意味を確定するものとされている（最高裁昭和58年３月18日判決）。このため、遺言書の文言や構成・文脈などはもちろん、遺言時の遺言者の状況、当時のメモ、発言などを参考にして、その「真意」を確定することになる。

　しかし、遺言者は既に亡くなっているため、本人に確認することもできないので、結果的に**遺言の意味が解釈によっても特定できない場合には、遺言として効力を発生させることができない。**

民法

十　遺贈・特定財産承継遺言

◆遺贈には特定遺贈と包括遺贈がある。
◆特定遺贈は特定の財産を承継させるもの、包括遺贈は遺産全体
　の全部又は一部を承継させるものである。
◆包括遺贈の受遺者は相続人とみなされる。
◆特定財産承継遺言は、相続人に特定の財産を承継させる遺産分
　割方法の指定である。

1　遺贈と特定財産承継遺言

　遺贈には特定遺贈と包括遺贈がある（民法964）。受遺者は、相続人でも第三者
でも構わない。
　特定財産承継遺言（民法1014②）は、特定の相続人に特定の財産を承継させる
遺産分割方法の指定となる。
　いずれも遺言により特定の財産を承継させるという意味で、特定遺贈と特定財
産承継遺言は機能が類似するが、特定遺贈の受遺者は相続人でも第三者でもあり
得るのに対し、特定財産承継遺言は遺産分割方法の指定であるため、財産を承継
する主体は相続人でなければならない。

2　特定遺贈

　特定遺贈は、遺言により目的物を特定して財産を受遺者に承継させるものであ
る。
　特定遺贈の場合には、受遺者は遺言者の死亡後、いつでも遺贈を放棄すること
ができる（民法986①）。遺贈が放棄された場合、遺贈の対象であった財産につい
ては、相続人の遺産分割により取得者を定めることになる（民法995）。一度遺贈
を承認した場合には、撤回することができない（民法989①）。
　遺贈は、遺言者の死亡時に効力が発生するものなので、遺言者の死亡以前に受
遺者が死亡した場合には効力は発生しない（民法994①）。これに対して、遺言者
の死亡後、受遺者が遺贈の承認又は放棄をしないで死亡した場合には、その相続
人が遺贈の承認又は放棄をすることができる（民法988本文）。

　不動産の特定遺贈の場合には、受遺者と相続人全て（登記義務者）の共同申請により登記を行うことが原則であるが（不登法60）、受遺者が相続人である場合には、令和5年4月1日から受遺者が単独で登記を申請することができることになった（不登法63③）。

3　包括遺贈

　包括遺贈は、遺言により債務も含めて包括的に遺産の遺贈を行うものである（民法964）。遺産の全部を包括遺贈することもできるし（全部包括遺贈）、一定割合として（例えば、遺産の3分の1）包括遺贈することもできる（割合的包括遺贈）。

　このため、包括受遺者は相続人と同一の権利義務を有するものとされている（民法990）。包括受遺者が遺贈による権利義務の承継を阻止するためには、相続人と同様に、熟慮期間中の相続放棄の手続が必要となる。

4　特定財産承継遺言

　遺言者は遺産分割の方法を定めることができる（民法908①）。この**遺産分割方法の指定として、遺産に属する特定の財産を共同相続人の1人又は数人に承継させる旨の遺言のことを、特定財産承継遺言**という（民法1014②）。いわゆる「相続させる」遺言がこれに当たる。

　特定財産承継遺言が行われた場合には、遺言者の死亡により、その相続人が当然に当該財産を取得することになり、遺産分割協議を経ることなく、取得者が単独で不動産の登記や預金の払い戻しができる。特定財産承継遺言では不動産の登記について取得者が単独で申請できる点で（不登法63②）、特定遺贈と異なるとされてきたが、前述のように受遺者が相続人である場合には受遺者が単独で登記申請できることになったため、その差は埋められた。

民法

遺言と異なる遺産分割協議

　遺言は、遺言者の死亡と同時にその効力を発生させ、特定遺贈についても特定財産承継遺言についても、直ちに受遺者・相続人にその財産が帰属すると解されている。

　しかし、一般に、相続人間の合意があれば遺言と異なる遺産分割協議ができることと解されている（東京地裁平成13年6月28日判決、さいたま地裁平成14年2月7日判決、東京地裁平成29年2月17日判決、東京地裁平成31年4月25日判決等）。

　遺言が特定遺贈である場合には、受遺者が遺贈を放棄し、遺贈の対象から外れて未分割の遺産となったため遺産分割協議の対象となると解することができる。ところが、特定財産承継遺言については令和2年民法改正の際の立法担当者は「遺言の利益」を放棄できないとの解釈を採用したと考えられ（このため、配偶者居住権の設定方法から特定財産承継遺言は除かれた。もっとも、特定財産承継遺言の利益の放棄の可否については、学説上は争いがある。東京地裁平成31年4月25日は遺言の利益の放棄を認めている。）、この立場からすると、特定財産承継遺言が行われている場合に、遺言と異なる遺産分割ができる理論的根拠は明らかではない。もちろん、遺言どおりの法的効果が発生した上で、遺産分割の名目のもとで、私法的に財産を交換・贈与したものと解することは可能であるが（東京地裁平成13年6月28日判決は、遺言執行者を無視して遺産分割協議をした事案であるが、そのような立場に立つようである。）、そのように解した場合には、税法上の問題が生じる恐れがある。もっとも、国税当局は、遺言の内容と異なる遺産分割について、贈与税が課されることはないとの立場を公表している（国税庁タックスアンサーNo.4176「遺言書の内容と異なる遺産分割をした場合の相続税と贈与税」https://www.nta.go.jp/taxes/shiraberu/taxanswer/sozoku/4176.htm）。

　また、遺言により第三者に特定遺贈が行われている場合には、相続人のみの合意では第三者に対する遺贈部分を含めて遺言と異なる遺産分割協議をすることはできないと考えられる。さらに、受遺者たる第

三者と相続人全員が合意したとしても、受遺者たる第三者が遺贈を放棄したことを前提として遺言と異なる遺産分割協議をするならば、第三者は財産を取得できない（遺贈を放棄し、かつ、相続人ではない以上、遺産分割協議で財産を取得するべき理由がない）と考えられる（仮に第三者が財産を取得した場合には、相続人から贈与を受けた、又は、遺贈を受けた財産と交換した等の遺産分割以外の法律構成が必要になると考えられる。）。

十一　遺留分

◆遺留分は、被相続人の意思によっても侵害されない、相続によっ
て最低限取得することが保障されている財産的価値である。

◆配偶者、子、直系尊属については遺留分がある。

◆兄弟姉妹には遺留分はない。

1　遺留分制度

　被相続人は自分の財産を自分の意思で自由に処分することができる。このた
め、被相続人は、生前に自由に財産を贈与することができ、また、自己の死亡後
についても、遺言により誰に財産を取得させるか（遺贈、特定財産承継遺言）を
自由に決定することができる。

　しかし、**一定の相続人については**、そのような被相続人の意思によっても侵害
されず、**一定の財産を取得することができる権利**が保障されており、これが**遺留
分制度**である。

　一定の相続人は、遺留分が侵害された場合には、侵害者に対して侵害額の支払
いを求めることができる（民法1046①）。

　遺留分額は、遺留分の計算の基礎となる財産に、遺留分割合を乗じて計算する。

2　遺留分を有する相続人、遺留分割合

　遺留分を有する相続人は、配偶者、子（代襲相続人を含む）、直系尊属である。
兄弟姉妹は遺留分がない（民法1042）。

　遺留分割合は、直系尊属のみが相続人である場合には3分の1、それ以外の場
合（要するに、配偶者、子が相続人に含まれる場合）には2分の1（民法1042①）
となる。遺留分権利者（相続人）が複数ある場合には、これに遺留分権利者の法
定相続分を乗じた割合となる。

遺留分の割合

相続人区分	①総体的遺留分	②法定相続分	③個別的遺留分 （①×②）
配偶者のみ	1/2	1	1/2
直系卑属のみ	1/2	1※1	1/2
配偶者＋直系卑属	1/2	配偶者1/2	1/4
		直系卑属1/2※1	1/4
配偶者＋直系尊属	1/2	配偶者2/3	1/3
		直系尊属1/3※1	1/6
直系尊属のみ	1/3	1※1	1/3

※1　複数人いる場合には、各人ごとの相続分を乗じる。

※2　総体的遺留分とは遺留分権利者全員が有する遺留分の割合の合計を、個別的遺留分は個々の遺留分権利者が有する割合をいう。

※3　兄弟姉妹は遺留分を有しない。

3　遺留分の計算の基礎となる財産

遺留分計算の基礎となる財産の算出方法は次のとおりである。

遺留分計算の基礎となる財産

被相続人の相続開始時の財産の価額（時価）	＋	相続人以外の者に対する相続開始前1年以内の贈与の価額※1	＋	相続人が相続開始前10年以内に受けた婚姻・養子縁組・生計の資本としての贈与の価額※1※2	－	被相続人の債務の金額	＝	遺留分計算の基礎となる財産

※1　被相続人及び受遺者が遺留分を侵害することを知って行った贈与は、上記より前の期間の贈与も加算する（民法1043、1044）。

※2　被相続人による持ち戻し免除の意思表示は認めらない（民法903③参照）。

民法

4　遺留分侵害額の計算方法

遺留分侵害額の算出方法は次のとおりである。

遺留分侵害額の計算方法

遺留分計算の基礎となる財産×遺留分割合	−	遺留分権利者が取得した財産（遺贈・特別受益にあたる贈与・遺産分割により取得すべき財産）	+	遺留分権利者の負担する債務額	=	遺留分侵害額

5　遺留分侵害を請求する相手方

受遺者（遺贈を受けたもの）、受贈者（贈与を受けたもの）の順とし、受贈者が複数あるときは、後の贈与にかかる受贈者から順次前の受贈者に請求する。

受遺者が複数あるとき、又は、同時に贈与を受けた受贈者がいる場合には、遺贈又は贈与の目的の価額の割合に従って負担する。

ただし、侵害者が負担するのは、遺贈又は贈与の目的の価額を限度とし、かつ、受遺者や受贈者が相続人である場合には、当該相続人の遺留分額を超える部分の価額を限度とする（複数の侵害者がいる場合の分担額についても、遺留分額を超える部分の価額の割合によって負担する。以上につき、民法1047①）。

6　遺留分侵害額請求権の行使、期間制限

遺留分侵害額請求権は、行使によって、その支払請求権が発生する（形成権）。このため、権利行使をしなければ、その請求権は発生せず、また、複数の侵害者がいる場合に、どの侵害者に対して請求するかは、権利者の自由である。ただし、遺留分侵害者の負担額は上記5のとおり法定されているため、特定の侵害者にのみ請求したからといって、当該侵害者に対して請求できる金額が増えるわけではない（要するに、権利者が全部の侵害者に対して請求しないのであれば、侵害額の全額を回収できない結果となる。）。

遺留分侵害額請求権の行使については期間制限が設けられており、**相続開始及び遺留分侵害を知った時から１年以内に行使しなければ、時効により消滅する。また、相続開始の時から10年を経過したときもやはり時効により消滅する**（民法1048）。

十二　配偶者居住権

◆相続において、配偶者が遺産である居住建物における居住を継続することができる制度として、遺贈、遺産分割協議・調停、審判により配偶者居住権を設定することができる。

◆遺産分割の成立前においても、配偶者が遺産である建物に居住することができるよう配偶者短期居住権の制度がある。

1　配偶者短期居住権

　被相続人の配偶者が相続開始時において遺産である建物に無償で居住していた場合に、当該建物を相続又は遺贈により所有権を取得した第三者により、配偶者が直ちにその建物から退去させられるとすると、配偶者の生活に支障が生じる。

　このため、上記の場合には、配偶者は、当該建物を相続又は遺贈で所有権を取得した第三者に対し、**一定の期間、無償で建物**（一部のみを使用していた場合には、その部分のみ）**を使用する権利を有する**こととし、これを**配偶者短期居住権**という。

　配偶者短期居住権の存続期間は、①当該建物が遺産分割の対象である場合には、遺産分割により所有権の帰属が確定した日又は相続開始時から6か月を経過する日のいずれか遅い日まで、②当該建物が遺産分割の対象ではない場合（遺贈、特定財産承継遺言、死因贈与により第三者が所有権を取得した場合）には、所有権を取得した者が配偶者短期居住権の消滅を申し入れた日から6か月を経過する日とされている（民法1037①③）。

　配偶者は、配偶者短期居住権に基づき、当該建物を使用できるが、それまでと同様の方法に基づき、善管注意義務をもって使用する必要があり、配偶者短期居住権を譲渡することはできず（民法1041、1032②）、また、建物取得者の承諾を得なければ第三者に建物を使用させることはできない（民法1038①②）。

2　配偶者居住権

　被相続人の配偶者が相続開始時に遺産である建物に居住していた場合に、その後も居住を継続するには、遺産分割により当該建物（及びその敷地）を取得する

方法が考えられる。

　しかし、配偶者が建物（及び敷地）の所有権を取得してしまうと、その評価額が大きくなり、配偶者の相続分の大半を占めてしまい、その余の遺産を取得できず、現金が不足するなどの問題が生じる恐れがある。

　このため、**所有権そのものではなく、配偶者の終身の間**（ただし、遺産分割協議等で別段の定めは可能。民法1030）、**存続する無償で使用及び収益する権利（配偶者居住権）を取得することも認められている。**

　配偶者居住権を取得するには、①遺産である建物が被相続人の所有であったこと（共有である場合には配偶者との共有の場合に限る。）、**②遺贈、遺産分割協議・調停、又は審判により設定されることが必要である。**

　配偶者は、相続開始前と同様の方法で善管注意義務をもって建物を使用収益する必要がある（民法1032①）。配偶者居住権は譲渡することはできない（民法1032②）。配偶者短期居住権と異なり、配偶者居住権は従前の居住部分だけではなく、建物の全体に権利が及び（民法1028①本文、1032①ただし書参照）、収益することもできるため、建物で事業を営んだり、建物所有者の承諾を得れば第三者に賃貸することもできる（民法1032③）。

　配偶者居住権は、当初定められた期間の満了又は配偶者の死亡によって消滅する（民法1036、597①③）。そのほか、一定の場合（用法義務違反、無断増改築、無断での第三者使用）の場合には、所有者は是正を催告し、相当期間内に是正がされない場合には配偶者居住権を消滅させることができる（民法1032④）。

　配偶者居住権が消滅した場合には、配偶者は居住建物を原状に復して返還する必要がある（民法1035①②、621）。

　※配偶者居住権の相続税評価については第9節二13を参照。

十三　所有者不明土地（建物）管理命令制度、管理不全土地（建物）管理命令制度

◆所有者が不明又はその所在を知ることができない土地・建物について、当該不動産のみを管理する制度が所有者不明土地・建物管理命令制度である。

◆所有者による土地・建物の管理が不適当であることによって他人の権利・利益が侵害される場合に、当該土地・建物を管理する制度が管理不全土地・建物管理命令の制度である。

◆そのほか、不動産の共有者に所在等不明の者がいる場合に、裁判所の決定により、その共有持分を他の共有者が有償で取得し、又は、その共有持分を含めて第三者に譲渡することができる。

1　所有者不明土地（建物）管理命令制度

　土地（建物）の所有者（共有者を含む。）を知ることができず又はその所在を知ることができない場合であって、必要性がある場合には、裁判所は、利害関係人の請求により、所有者不明土地（建物）管理人による管理を命ずる処分をすることができる（民法264の2①、264の8①）。

　管理人の権限は、土地管理命令では土地及び土地上の動産（民法264の2②）、建物管理命令では建物並びに建物にある動産及び建物の敷地に対する権利（民法264の8②）にも及ぶ。

　管理人が選任された場合は、上記の土地・建物、動産及びその管理処分により得た財産についての管理・処分権は管理人に専属し、土地・建物に関する訴訟における当事者も管理人となる。ただし、管理人は、善管注意義務を負い、保存行為及び性質を変えない範囲内の利用・改良行為を超える行為をする場合には裁判所の許可を得る必要がある（民法264の3①②、264の4、264の6、264の8⑤）。

　本制度は、不在者の全財産を管理する不在者財産管理人（民法25）の制度とは異なり、管理人は当該土地又は建物についてのみ管理する権限及び義務を負うことになる。

民法

2 管理不全土地（建物）管理命令制度

　土地(建物)の所有者による土地の管理が不適当あることによって他人の権利・利益が侵害され又は侵害される恐れがある場合であって、必要性がある場合には、裁判所は、利害関係人の請求により、管理不全土地（建物）管理人による管理を命ずる処分をすることができる（民法264の9①、264の14①）。

　管理人の権限の及ぶ範囲、管理人の権限、義務などについては、おおむね所有者不明土地（建物）管理制度と同様であるが（民法264の10、264の11、264の14④）、所有者が不明ではないことを前提とする制度であるため、所有者にも管理・処分権があり（民法264の10①「権限を有する。」。これに対して民法264の3①「専属する。」）、管理人が土地（建物）を処分する場合には、所有者の同意が必要であり（民法264の10③、264の14④）、また、当該土地（建物）に関する訴訟における当事者とすることは想定されていない（民法264の4参照）。

3 所在等不明共有者の持分の取得、譲渡

　不動産（及び不動産の使用又は収益をする権利。民法262の2⑤、262の3④）が共有の場合において、共有者が他の共有者を知ることができず、又はその所在等を知ることができないとき（「所在等不明共有者」）に、裁判所の決定により、他の共有者に所在等不明共有者の持分を有償で取得させること、又は、他の共有者以外の第三者にその共有持分を含めて全部の持分を譲渡することができる（民法262の2①、262の3①）。

　所在等不明共有者の共有持分を他の共有者が取得して整理したり、所在等不明共有者がいる場合にも不動産全体を譲渡することができることになる。

第12節　不動産相続登記義務化

◆令和6年4月1日以降、不動産の相続登記が義務化される。

◆相続等により不動産を取得した相続人は、自己のために相続の開始があったことを知り、かつ、当該不動産を取得したことを知った日から3年以内に、相続登記を申請しなければならない。

◆遺産分割により不動産を取得した相続人についても、遺産分割の日から3年以内に、相続登記を申請しなければならない。

◆正当な理由がないのに相続登記の申請を怠ったときは、10万円以下の過料の適用対象になる。

◆令和6年4月1日より前に開始した相続によって不動産を取得した場合であっても、相続登記をしていない場合には、相続登記の申請義務の対象となる。ただし、3年間の猶予期間が設けられており、猶予期間中に相続登記を行えば、過料の適用対象とはならない。

◆不動産の登記名義人が死亡し、当該不動産の所有権（共有持分を含む。）を取得した相続人は自分が相続人であることを申告することによって、相続登記申請義務を履行したものとみなされる。

相続登記

1　制度の概要

　相続登記がされないため、「所有者不明土地」[1]が全国で増加し、周辺の環境悪化や公共工事の阻害など、社会問題になっている。

　この問題を解決するため、令和3年に不動産登記法が改正され、これまでは任意だった相続登記の申請が義務化されることになった[2]。

1　①不動産登記簿により所有者が直ちに判明しない土地、若しくは、②所有者が判明しても、その所在が不明で連絡がつかない土地（平成28年度国土交通省地籍調査）

2　相続登記の申告義務（不登法76の2）

(1) 申請義務の対象者

① 対象者

不動産の所有権の登記名義人が死亡した場合において、**相続によって所有権を取得した相続人**

② 対象者でない者

死因贈与、相続人以外の者への遺贈

(2) 相続登記を申請しなければならない期限

① 相続等により不動産を取得した相続人は、自己のために**相続の開始があったことを知り、かつ、当該不動産を取得したことを知った日から3年以内に**、相続登記を申請しなければならない。

② **令和6年4月1日より前に開始した相続によって不動産を取得した場合であっても、相続登記をしていない場合には、相続登記の申請義務の対象**となる。

ただし、**3年間の猶予期間**が設けられており、猶予期間中に相続登記を行えば、過料の適用対象とはならない。

相続登記の申請の義務化に関する経過措置について

＜施行日前に相続が発生していたケース＞【改正法附則第5条第6項】

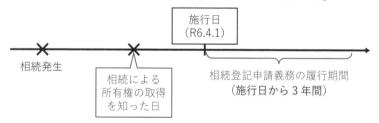

出典：法務省民事局「令和3年民法・不動産登記法改正、相続土地国庫帰属法のポイント（令和6年1月版）」より一部加工して作成

(3) 相続登記の申請の方法

① 登記名義人から特定財産承継遺言[3]又は遺贈によって所有権を取得した相続

2　建物については、建物の所有者が建物完成後1か月以内に建物表題登記を申請しなければならず（不登法47）、これを怠ったときは10万円以下の過料に処するという規定が以前から存在していた（不登法164）。しかし、これまでは、市区町村長に固定資産税を納付していれば問題にされることはなかった。

3　遺産分割方法の指定として、遺産に属する特定の財産を特定の相続人に承継させる旨の遺言（民法1014②）

人は、その旨の登記を申請期間内に申請しなければならない（不登法76の2①前段・後段）。

② 遺言がない場合において、単独相続をした相続人は、相続による取得を相続登記申請期間内に登記しなければならない（不登法76の2①前段）。

③ 遺言がない場合において、共同相続人があるときは、相続登記申請期間内に遺産分割をし、不動産を取得した相続人は、相続登記申請期間内に登記することにより、相続登記申請義務を完全に果たすことができる（不登法76の2①前段）

④ 遺言がない場合において、共同相続人があるときは、遺産分割をしないまま、ひとまず法定相続分に従った相続登記を申請期間内にすることによっても、相続登記申請義務を果たすことができる（不登法76の2①前段）。

　　ただし、この場合には、法定相続分による登記がされた後に遺産分割が行われ、法定相続分を超えて所有権を取得した共同相続人は、遺産分割の日から3年以内に所有権移転登記を申請する義務を負う（不登法76の2②）。

⑤ 不動産の登記名義人の死亡によって所有権を取得した相続人は、相続登記申請期間内に、自分が相続人であることを申告することによって、相続登記申請義務を履行することができる（相続人申告登記・後述3参照）。

3　相続人申告登記による相続登記申請義務のみなし履行

(1) 相続人申告登記（不登法76の3）

① 不動産の登記名義人の死亡によって所有権を取得した相続人は、相続登記の申請期間内に、自分が相続人であることを申告することによって、相続登記の申請義務を履行したとみなされる。

② 法務局の対応

　　相続人申告登記の申出があった場合、登記官は職権で、不動産登記簿の甲区（所有権に関する事項）の「権利者その他の事項」欄に、相続を原因として、当該申出があった旨、当該申出をした者の氏名及び住所、その者が所有権の登記名義人の「申告相続人」であること、その他法務省令で定める事項を所有権の登記に付記する方法で登記する[4]ことになる（不登法76の3③）。

③ 添付書類

4　付記登記：独立の登記ではなく既存の登記に付記する形で登記事項の一部を変更・構成する登記の形式

登記名義人の法定相続人であることを証する情報を提供しなければならない。しかし、持分の割合を証する情報まで提供する必要はない。

例えば、被相続人の配偶者は自分の現在の戸籍謄本（被相続人の死亡及び被相続人の配偶者であることが記載されたもの）、登記名義人の子は、被相続人の死亡が記載された戸籍と被相続人（親）の氏名が記載された自分の現在の戸籍謄本を提出すればよい。

④ 登録免許税

非課税（予定）

（2）みなし履行が認められない場合

相続人申告登記の申出をした場合であっても、その後の遺産分割協議によって所有権を取得したときは、当該遺産分割の日から3年以内に相続登記を申請する義務を負う。

4 相続登記申請義務を免れる場合（不登法76の2③）

次の場合には、不動産の所有者が登記簿に公示されるため、相続人は相続登記の申請義務を負わない。

① 自分以外の共同相続人の1人が保存行為として法定相続分で法定相続人全員名義の相続登記を申請した場合

② 嘱託によって相続登記がされた場合（不登法116①）

③ 相続人の債権者等が、債権者代位権を行使して、相続人を代位して法定相続分での相続登記を申請した場合（不登法59七）

5 相続登記申請義務を怠った場合の制裁

（1）過料通知に先立つ催告

登記官が過料通知を行うのは、申請義務に違反した者に対し、相当の期間を定めてその申請をすべき旨を催告したにもかかわらず、正当な理由なく、その申請がされないときに限る。

（2）過料通知

登記官は、相続登記の申請義務に違反したことにより過料に処せられるべき者があることを職務上知ったときは、遅滞なく、管轄地方裁判所にその事件を通知するものとする。

（3）登記官による相続登記の申告義務に違反した者の把握方法

登記官が行う催告の前提となる、相続登記の申請義務に違反した者の把握は、登記官が登記申請の審査の過程等で把握した情報により行うこととする。

（具体例）

① 相続人が遺言書を添付して遺言内容に基づき特定の不動産の所有権の移転登記を申請した場合において、当該遺言書に他の不動産の所有権についても当該相続人に遺贈し、又は承継させる旨の記載がされていたとき

② 相続人が遺産分割協議書を添付して協議の内容に基づき特定の不動産の所有権の移転の登記を申請した場合において、当該遺産分割協議書に他の不動産の所有権についても当該相続人が取得する旨の記載がされていたとき

(4) 相続登記を申請しないことに「正当な理由」があると認められる場合

登記官が過料に先立つ催告をしたにもかかわらず、当該催告に係る登記の申請が相当の期間内にされない場合であっても、当該登記の申請をしないことに「正当な理由」があると認められるときには、過料通知は行わない。

「正当な理由」の有無は、登記官が個別の事案における具体的な事情に応じて判断する。一般的に、次のような事情がある場合には、相続登記の申請をしないことについて「正当な理由」があると考えられる。

（具体例）

① 数次相続が発生して相続人が極めて多数に上り、かつ、戸籍関係書類等の収集や他の相続人の把握等に多くの時間を要する場合

② 遺言の有効性や遺産の範囲等が争われているために不動産の帰属主体が明らかにならない場合

③ 相続登記の申請義務を負う者自身に重病等の事情がある場合

④ 相続登記の申請義務を負う者がＤＶ被害者等であり、その生命・身体に危害が及ぶ恐れがある状態にあって避難を余儀なくされている場合

⑤ 相続登記の申請義務を負う者が経済的に困窮しているために相続登記に要する費用を負担する能力がない場合

出典：法務省「相続登記の申請義務化の施行に向けたマスタープラン（概要）」より抜粋

相続登記

6　相続登記手続の簡略化等

相続登記申請義務の実効性を確保するため、一部の手続について簡略化や登録免許税を非課税とする等の環境整備策が取られている。

(1) 登記申請の単独申請が可能な場面の拡充

① 単独申請が認められる場面[5]

　ア 「相続」を原因とした所有権移転登記[6]

　イ 相続人に対する「遺贈」を原因とした所有権移転登記（不登法63③）

② 単独申請が認められない場面

　ア 相続人以外の者への「遺贈」を原因とした所有権移転登記

(2) 登録免許税の免税措置

① 相続により土地（建物は対象外）を取得した者が相続登記をしないで死亡した場合の登録免許税の免税措置

　相続（相続人に対する遺贈を含む。）により土地の所有権を取得した場合において、その者が相続による土地の所有権移転の登記を受ける前に死亡したときは、平成30年4月1日から令和7年3月31日までの間、登録免許税が課されない（措法84の2の3①）。

相続登記の登録免許税の免税措置

該当する場合は登録免許税を免税

② 不動産の価額が100万円以下の土地に係る登録免許税の免税措置

　土地（建物は対象外）について相続（相続人に対する遺贈を含む。）による所有権の移転又は表題部所有者の相続人が所有権保存の登記を申請する際に、不動産の価格（登記申請年度の固定資産税評価額）が100万円以下の土地であ

5　登記の申請は、当該登記手続によって登記上直接の利益を受ける登記権利者と登記上直接の不利益を被る登記義務者が共同して申請することが原則（不登法60）。共同申請による所有権移転登記手続では、登記義務者が権利を取得した際の登記識別情報通知（登記済権利証）及び印鑑証明書が添付書面となる。また、登記簿上の所有者に住所氏名の変更が生じていた場合には、前提としてこれらの変更登記を申請しなければならない。

6　単独相続、遺産分割協議による相続、特定財産承継遺言による不動産の取得を含む。

るときは、平成30年11月15日から令和 7 年 3 月31日までの土地の相続による所有権移転登記又は令和 3 年 4 月 1 日から令和 7 年 3 月31日までの当該土地の所有権の保存の登記については、登録免許税が課されない（措法84の 2 の 3 ②）。

(3) 所有不動産記録証明制度

　登記官が、所有権の登記名義人ごとに登録されている不動産を一覧的にリスト化[7]して証明書として交付する制度が創設された[8]（不登法119の 2 ・令和 8 年 2 月 2 日施行）。

① 　交付請求権者

　ア　所有権の登記名義人本人

　イ　所有権の登記名義人の相続人その他の一般承継人

② 　申請先

　　法務局

> **トピック**
>
> **登記名義人の氏名・名称及び住所の変更の登記義務**
>
> 　登記名義人の氏名・名称及び住所の情報の更新を図るため、令和 8 年 4 月 1 日以降、所有権の登記名義人の氏名・名称又は住所に変更があった日から 2 年以内に、氏名・名称又は住所についての変更登記の申請義務を負うこととされた（不登法76の 5 ）。そして、「正当な理由」なしに申請義務の履行を怠ったときは、5 万円以下の過料に処されることになった（不登法164②）。

相続登記

7 　現在も「名寄帳」という固定資産課税台帳を所有者ごとにまとめた不動産の一覧表は存在するが、名寄帳は市区町村ごとに編成されるため、市区町村ごとに請求を行う必要があり、また、不動産の所在地がわからない場合には調査することができなかった。

8 　もととなる登記記録の登記名義人の氏名・住所が最新の情報に更新されているとは限らないため、注意を要する。また、登記記録上の所有者が真の所有者であることを証明するものではない。

相続登記の申請義務化に伴う必要な対応（令和6年4月1日より前に相続開始）

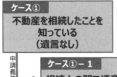

| ケース① 不動産を相続したことを知っている（遺言なし） | 相続した不動産の有無や、相続した不動産がどれだけあるか分からない場合、**所有不動産記録証明書**により把握することが可能（令和8年4月までに施行） |

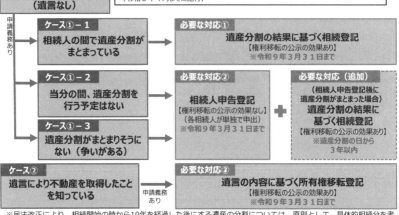

申請義務あり

ケース①－1
相続人の間で遺産分割がまとまっている

必要な対応①
遺産分割の結果に基づく相続登記
【権利移転の公示の効果あり】
※令和9年3月31日まで

ケース①－2
当分の間、遺産分割を行う予定はない

ケース①－3
遺産分割がまとまりそうにない（争いがある）

必要な対応②
相続人申告登記
【権利移転の公示の効果なし】
（各相続人が単独で申出）
※令和9年3月31日まで

必要な対応（追加）
（相続人申告登記後に遺産分割がまとまった場合）
遺産分割の結果に基づく相続登記
【権利移転の公示の効果あり】
※遺産分割の日から3年以内

ケース②
遺言により不動産を取得したことを知っている

申請義務あり

必要な対応③
遺言の内容に基づく所有権移転登記
【権利移転の公示の効果あり】
※令和9年3月31日まで

※民法改正により、相続開始の時から10年を経過した後にする遺産の分割については、原則として、具体的相続分を考慮せず、法定相続分又は指定相続分により行うこととされた。
(注)このフロー図は、不動産の相続に関する典型的なケースにおいて、通常想定される対応を示したものである。

相続登記の申請義務化に伴う必要な対応（令和6年4月1日以降に相続開始）

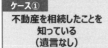

| ケース① 不動産を相続したことを知っている（遺言なし） | 相続した不動産の有無や、相続した不動産がどれだけあるか分からない場合、**所有不動産記録証明書**により把握することが可能（令和8年4月までに施行） |

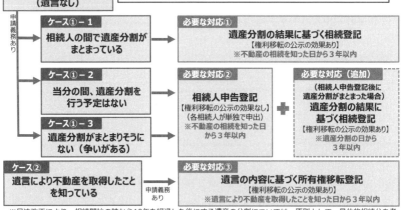

申請義務あり

ケース①－1
相続人の間で遺産分割がまとまっている

必要な対応①
遺産分割の結果に基づく相続登記
【権利移転の公示の効果あり】
※不動産の相続を知った日から3年以内

ケース①－2
当分の間、遺産分割を行う予定はない

ケース①－3
遺産分割がまとまりそうにない（争いがある）

必要な対応②
相続人申告登記
【権利移転の公示の効果なし】
（各相続人が単独で申出）
※不動産の相続を知った日から3年以内

必要な対応（追加）
（相続人申告登記後に遺産分割がまとまった場合）
遺産分割の結果に基づく相続登記
【権利移転の公示の効果あり】
※遺産分割の日から3年以内

ケース②
遺言により不動産を取得したことを知っている

申請義務あり

必要な対応③
遺言の内容に基づく所有権移転登記
【権利移転の公示の効果あり】
※遺言により不動産を取得したことを知った日から3年以内

※民法改正により、相続開始の時から10年を経過した後にする遺産の分割については、原則として、具体的相続分を考慮せず、法定相続分又は指定相続分により行うこととされた。
(注)このフロー図は、不動産の相続に関する典型的なケースにおいて、通常想定される対応を示したものである。

出典：法務省「相続登記の申請義務化の施行に向けたマスタープラン（令和5年3月22日）」

トピック

相続土地国庫帰属制度（令和5年4月27日施行）

・相続等によって、土地の所有権又は共有持分を取得した者等は、法務大臣に対して、その土地の所有権を国庫に帰属させることについて承認を申請することができる。

・法務大臣は、承認の審査をするために必要と判断したときは、その職員に調査をさせることができる。

・法務大臣は、承認申請された土地が、通常の管理や処分をするよりも多くの費用や労力がかかる土地として法令に規定されたものに当たらないと判断したときは、土地の所有権の国庫への帰属を承認する。

・土地の所有権の国庫への帰属の承認を受けた者が一定の負担金を国に納付した時点で、土地の所有権が国庫に帰属する。

※次頁の「相続土地国庫帰属制度の審査フローの概要」を参照。

※参考：法務省ウェブサイト「相続土地国庫帰属制度の統計」

　（https://www.moj.go.jp/MINJI/minji05_00579.html）

相続登記

相続土地国庫帰属制度の審査フローの概要

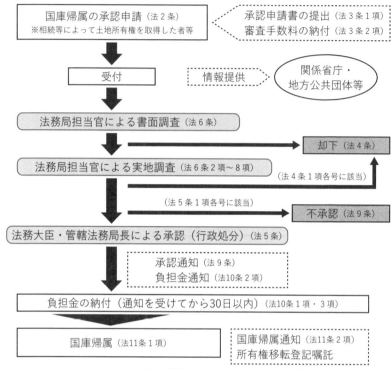

出典：法務省ウェブサイト「相続土地国庫帰属制度の概要」
（https://www.moj.go.jp/MINJI/minji05_00457.html）より一部加工して作成

第13節　不動産取得税・登録免許税（相続税・贈与税関係）

◆不動産取得税は、不動産を取得した場合に課される税金である。相続による取得の場合は非課税となるが、贈与による取得の場合は課税される。

◆登録免許税は、不動産等の登記や登録を受ける場合に課される税金である。相続や贈与により取得した不動産を登記する場合は課税される。

◆住宅の取得については、不動産取得税及び登録免許税について、各種の特例措置がある。

◆二次相続を見据えた遺産分割案を検討する際には、相続税額のみならず、登録免許税の負担も併せて検討することで、より節税効果を高めることができる。

◆令和７年３月31日まで、相続に係る所有権の移転登記等の免税措置がある。

1　不動産取得税

（1）概要

　不動産取得税とは、不動産（土地及び家屋）を取得した場合に課される税金である。有償又は無償の別、登記の有無にかかわらず課税され、また、家屋を改築したことにより、当該家屋の価格が増加した場合には、その改築をもって家屋の取得とみなし、課税される（地法73の２）。

　相続（包括遺贈及び相続人に対する遺贈を含む。）による取得の場合には非課税となる（地法73の７）が、贈与による取得の場合には課税される。

（2）計算方法

　課税標準×税率

（3）課税標準

① **課税標準**（地法73の13）

不動産取得税の課税標準は、不動産を取得した時における不動産の価格をいう。これは、固定資産税課税台帳に登録されている価格をいい、固定資産税評価額をいう。

② **課税標準の特例措置**

ア **宅地等の特例（地法附則11の5）**

宅地等を取得した場合の課税標準は、価格の2分の1の額となる。

※令和9年3月31日までに取得した場合

イ **家屋の特例（地法73の14、地法附則11⑧）**

住宅を取得した場合には、家屋の課税標準から一定の金額を控除する。

区分		建築時期	控除額
新築住宅	一般住宅	―	1,200万円
	認定長期優良住宅※1	―	1,300万円
中古住宅 ※2	―	平成9年4月1日以後	1,200万円
		平成元年4月1日から 平成9年3月31日まで	1,000万円
		昭和60年7月1日から 平成元年3月31日まで	450万円
		昭和56年7月1日から 昭和60年6月30日まで	420万円
		昭和51年1月1日から 昭和56年6月30日まで	350万円
		昭和48年1月1日から 昭和50年12月31日まで	230万円
		昭和39年1月1日から 昭和47年12月31日まで	150万円
		昭和29年7月1日から 昭和38年12月31日まで	100万円

※1　令和8年3月31日までに取得した場合
※2　昭和56年12月31日以前の新築は新耐震基準に適合していることの証明が必要である。

（4）税率（地法73の15）

4%

※令和9年3月31日までに住宅又は土地を取得した場合には3%（地法附則11の

２）

（5）住宅用土地の減額（地法73の24）

住宅用土地を取得し、一定の要件を満たす場合、土地に係る税額から一定額が減額される。

次の①と②のいずれか高い金額

① 150万円×税率

② 土地１㎡あたりの価格×住宅家屋の床面積×２（200㎡を限度）×税率

（6）免税点（地法73の15の２）

土地		10万円
家屋	建築による取得	23万円
	その他	12万円

2　登録免許税

（1）概要

登録免許税とは、不動産等の登記や登録を受ける場合に、課される税金である。相続又は贈与により不動産を取得した場合には、その登記を受けるにあたり、登録免許税を納める義務がある（登法２、３）。

（2）計算方法

課税標準×税率

（3）不動産に係る登録免許税の課税標準

課税標準は、登記の時における不動産の価額、固定資産税評価額による（登法10）。なお、固定資産課税台帳に登録された価格がない場合には、登記官が認定した価額となる。

（4）税率

①　土地の所有権の移転登記

内容	税率	軽減税率（措法72）
売買	1,000分の20	令和８年３月31日までの間に登記を受ける場合1,000分の15
相続、共有物の分割	1,000分の４	－
贈与等	1,000分の20	－

登免税等

287

② 建物の登記

内容	税率	軽減税率(措法72の2〜措法75)
所有権の保存	1,000分の4	住宅用家屋の軽減税率あり
売買による所有権の移転	1,000分の20	住宅用家屋の軽減税率あり
相続による所有権の移転	1,000分の4	—
贈与等による所有権の移転	1,000分の20	—

③ 配偶者居住権の設定登記

内容	税率
設定の登記	1,000分の2

(5) 相続に係る所有権の移転登記等の免税措置（措法84の2の3）

令和7年3月31日までに受ける登記に限り、以下の免税措置がある。

① 死亡した者を登記名義人とするための登記に係る免税

相続（相続人に対する遺贈を含む。）により土地の所有権を取得した場合において、当該個人が当該相続による土地の所有権の移転の登記を受ける前に死亡した場合には、当該個人を土地の所有権の登記名義人とするために受ける登記については、登録免許税は課されない。

② 少額土地の登記に係る免税

個人が、土地について所有権の保存の登記又は相続による所有権の移転の登記を受ける場合において、これらの登記に係る登録免許税の課税標準である不動産の価額が100万円以下であるときは、登録免許税は課されない。

誤りやすい事項

相続登記の登録免許税

相続による所有権の移転登記に係る登録免許税は、相続開始時点ではなく、登記申請を行う年度の固定資産税評価額を課税標準として計算する。

第14節　生命保険・死亡退職金

◆「本来の相続財産」のほか、生命保険金や死亡退職金、定期金に関する権利などの「みなし相続財産」も相続税の対象。

◆生命保険金及び死亡退職金は、それぞれ「500万円×法定相続人」の非課税限度額がある。

◆保険事故が発生していない場合（被相続人≠被保険者）や家族名義の保険契約（被相続人≠契約者）であっても、被相続人が保険料を負担したものは相続税の対象。

◆保険料負担者と保険金受取人の関係に応じた課税関係（相続税・贈与税・所得税）に注意。

◆契約者と実際の保険料負担者が異なる場合は、保険料負担者が誰かによって課税関係を判断。

1　概要

(1) 生命保険金等の概要

　被相続人の死亡により相続人等が取得する生命保険金等は、民法上の相続財産ではないが、その経済的実質に着目して、相続又は遺贈により財産を取得したものとみなして[1]相続税が課税される。契約者、保険料負担者、被保険者、保険金受取人により課税関係が異なるため、特に注意を要する。

(2) みなし相続財産とされる生命保険金等

①　生命保険金等（相法3①一）

②　退職手当金等（相法3①二）

③　生命保険契約に関する権利（相法3①三）

④　定期金給付事由が発生していない定期金に関する権利（相法3①四）

⑤　定期金給付事由が発生している定期金に関する権利（相法3①五）

1　相続人が取得した場合には相続により取得したものとみなし、相続人以外の者が取得した場合には遺贈により取得したものとみなす（相法3①）。

⑥ 契約に基づかない定期金に関する権利（相法3①六）

2 生命保険金

(1) 課税関係（相法3①一）

課税要件	被相続人の**死亡**により、生命保険契約の保険金又は偶然な事故に起因する**死亡**に伴い支払われる損害保険契約の保険金を取得した場合
課税対象者	保険金受取人
取扱い	相続又は遺贈により取得したものとみなして相続税が課税
課税対象額	保険金の額[2] × $\dfrac{\text{被相続人が負担した保険料}}{\substack{\text{被相続人の死亡時までに払い} \\ \text{込まれた保険料の全額}}}$

(2) 生命保険金の非課税（相法3、12①五、15②、相基通12-9）

① 非課税限度額

生命保険金のうち、次の算式により計算した金額は非課税となる。

> 非課税限度額 ＝ 500万円 × 法定相続人の数（※）
> ※相続を放棄した相続人がいる場合は、放棄がなかったものとした場合における法定相続人の数
> ※法定相続人の数に含めることができる養子の数は、実子がいる場合は養子1人まで、実子がいない場合は養子2人まで

各相続人が取得した生命保険金の総額が、非課税限度額を超える場合は、次の算式により計算した金額が非課税となる。

> 各相続人の非課税金額＝非課税限度額× $\dfrac{\text{各相続人が取得した保険金}}{\text{各相続人が取得した保険金の総額}}$

② 非課税の適用可否

ア 相続人以外の者が保険金を取得した場合

非課税の適用を受けられるのは法定相続人のみであり、相続人以外の者（孫など）が受取人である場合は非課税の適用がない。

イ 相続を放棄した者が保険金を取得した場合

非課税限度額の計算上は放棄がなかったものとして計算されるが、**放棄した者が取得した保険金については非課税の適用がない。**

---

2 退職手当金等（相法3①二）及び定期金給付事由が発生している定期金に関する権利（相法3①五）又は契約に基づかない定期金に関する権利（相法3①六）に該当するものを除く。

トピック

死亡保険金の受取人を孫としている場合の思わぬ課税

　孫が受け取る死亡保険金については、非課税の適用がなく、その全額が相続税の課税対象とされる。その場合、孫も他の相続人と共同して相続税申告をする必要が生じ、それだけでなく、相続税額の2割加算の適用も受けることとなる。加えて、遺贈により財産を取得したものとみなされることから、被相続人から孫が生前贈与を受けていた場合、相続開始3年（令和6年1月1日以後の贈与の場合は7年）前までの贈与について相続財産への加算対象となる。

---

(3)　誤りやすい事項

① **契約上の保険金受取人**

　保険金受取人とは、その保険契約の約款等の規定に基づいて保険事故の発生により保険金を受け取る権利を有する者をいう（相基通3-11）。ただし、「契約上の受取人」以外の者が現実に保険金を取得することについて相当な理由があると認められるときは、その者を保険金受取人とする（相基通3-12）。

〔留意点〕

・受取人が指定されているにもかかわらず、相当な理由なく「契約上の受取人」以外の者が保険金を取得した場合には、**贈与税の対象**となる可能性や**他の相続人等とトラブル**になる可能性があるため注意が必要である。

　　例1：複数の受取人が指定されている保険契約の保険金であるにもかかわらず、代表者が一括して受け取ったまま、他の相続人へ分配していない場合

　　例2：保険金は受取人固有の財産であるにもかかわらず、他の相続人へ平等になるように分配している場合

・保険金支払通知書では代表受取人の名前のみが記載されていることがある。

・「契約上の受取人」を確実に確認するために、保険証券や契約内容のお知らせ等を併せて確認すべきである。

② **保険金受取人の以前死亡**

　受取人が保険事故の発生前に既に死亡している場合は、**その相続人の全員が**受取人となる（保険法46）。この場合の受取割合は、原則として、**各人均等の**

割合（※法定相続割合ではない）とされている（民法427）。ただし、保険契約の約款に別段の定めがある場合は、約款の規定が優先される。

③ **死亡保険金とともに支払われるもの等**

ア **剰余金（配当金）、割戻金、払戻しを受ける前納保険料**

保険金の額に含めて計算する（相基通3-8）。

イ **保険金から控除される契約者貸付金、未払込保険料**

契約者貸付金等の額を控除した金額を保険金の額として計算する（相基通3-9）。

ウ **入院給付金、疾病給付金**

傷害、疾病等を保険事故として支払われる保険金等は、死亡後に支払われたものであっても、生命保険金の**非課税の対象にならない**（相基通3-7）。

被相続人＝被保険者・保険料負担者の場合

保険事故	保険金の種類	受取人	取扱い
死亡以外	傷害・疾病保険金	被相続人	本来の相続財産 保険金の非課税の適用なし
		相続人等	受取人固有の財産 非課税（相法5①）

エ **かんぽ生命保険の簡易保険の「特約還付金」**

終身型の積立保険について、保険料の積立部分が死亡に伴って「特約還付金」として返還された場合、死亡保険金とは性質が異なり**非課税の対象とはならず**、本来の相続財産として相続税の課税対象となる。

〔留意点〕

・保険金支払内容のお知らせには、支払事由が「死亡」という名目で記載されていることがある。

・契約番号が同一で支払金額の異なる書類が届いている場合は、一方が「特約還付金」である可能性が高い。

④ **死亡保険金を分割して受け取る場合**

相続又は遺贈により取得したものとみなされる死亡保険金には、一時金により受け取る保険金のほか、年金の方法により受け取る保険金も含まれる（相基通3-6）。

⑤　外貨建て生命保険の邦貨換算

円支払特約	円換算	相続税評価額
特約なし	必要	相続開始日のＴＴＢ（対顧客電信買相場）をもとに円換算した金額（評基通4‑3）
特約あり	不要	実際に受け取った金額

〔留意点〕

・保険金支払通知書には「保険金請求時」における為替レートが記載されていることや「ＴＴＭ（仲値）」レートが記載されていることがあるため、別途「**相続開始日**」における「**ＴＴＢ**」レートを確認する必要がある。

・相続開始日から保険金請求時までの間に生じた**為替差益**は、受取人の**所得税**（**雑所得**）の対象となる。

・円支払特約は契約時に特約を付けていなくとも、保険金支払時に付すことができる保険もある。

⑥　無保険車傷害保険金等

損害賠償金としての性格を有するものは、相続又は遺贈により取得したものとみなされる保険金には含まれず、相続税の対象とならない（相基通3‑10）。

（4）保険事故が発生した場合の課税関係（相続税・所得税・贈与税）

保険事故が発生した場合（被相続人＝Ａ）は、保険料負担者と保険金受取人の関係に応じて、課税される税目が異なる。

契約者	保険料負担者	被保険者	受取人	受取人に対する課税関係
Ａ	Ａ	Ａ（被相続人）	Ｂ	相続税
Ｂ	Ａ			相続税（※）
Ｂ	Ｂ			所得税（一時所得）
Ｃ	Ｃ			贈与税

※契約者と実際の保険料負担者が異なる場合、**保険料負担者**が誰かによって課税関係を判断する。

生保・退職金

3 退職手当金等

(1) 課税関係（相法3①二）

課税要件	相続人等が被相続人に支給されるべきであった退職手当金等[3]（被相続人の死亡後3年以内に支給が確定したもの）の支給を受けた場合
課税対象者	支給を受けた者
取扱い	相続又は遺贈により取得したものとみなして相続税が課税
課税対象額	退職手当金等の額

(2) 退職手当金等の非課税（相法3、12①六、15②、相基通12-10）

① 非課税限度額

退職手当金等のうち、次の算式により計算した金額は非課税となる。

非課税限度額　＝　500万円　×　法定相続人の数（※）
※相続を放棄した相続人がいる場合は、放棄がなかったものとした場合における法定相続人の数
※法定相続人の数に含めることができる養子の数は、実子がいる場合は養子1人まで、実子がいない場合は養子2人まで

各相続人が取得した退職手当金等の総額が、非課税限度額を超える場合は、次の算式により計算した金額が非課税となる。

$$\text{各相続人の非課税金額} = \text{非課税限度額} \times \frac{\text{各相続人が取得した退職手当金等}}{\text{各相続人が取得した退職手当金等の総額}}$$

---

② 非課税の適用可否

ア 相続を放棄した者が退職手当金等を取得した場合

生命保険金の非課税と同様に、**相続を放棄した者が取得**した退職手当金等については**非課税の適用がない**。

イ 生命保険金と退職手当金等の両方がある場合

それぞれの非課税規定の**重複適用が可能**（制限規定なし）。

(3) 弔慰金等

弔慰金、花輪代、葬祭料等は、通常は相続税の対象とならない。ただし、その

3　退職手当金、功労金その他これらに準ずる給与で相続税法施行令第1条の3に規定されるものをいい、その名義のいかんにかかわらず実質上、被相続人の退職手当金等として支給される金品をいう（相基通3-18）。

弔慰金等が実質的に退職手当金等に該当する場合は、相続税の対象となる。

　退職手当金等であるか弔慰金等であるかが明確でないものは、次の金額までが弔慰金となり、それを超える部分は退職手当金等となる（相基通3-20）。

| 業務上の死亡[4] | 賞与以外の普通給与（月額）×36か月 |
| 業務外の死亡 | 賞与以外の普通給与（月額）×6か月 |

(4) 退職手当金等に該当するもの

・小規模企業共済の共済金（相令1の3十）

・確定拠出年金の死亡一時金（相令1の3七）

(5) 死亡後に支払われる給与・賞与

　支給期の到来していない給与及び被相続人が受けるべきであった賞与の額が死亡後確定したものは、**退職手当金等には該当せず**、本来の相続財産となる（相基通3-32、3-33）。

4　生命保険契約に関する権利

(1) 概要

　保険事故が発生していない場合（被相続人≠被保険者）であっても、被相続人が保険料を負担したものは、生命保険契約に関する権利として相続税の課税対象となる。

(2) 課税関係（相法3①三、評基通214）

課税要件	相続開始時において**まだ保険事故が発生**していない生命保険契約[5]で、**被相続人が保険料を負担**し、かつ、被相続人**以外**の者が契約者であるものがある場合
課税対象者	契約者
取扱い	相続又は遺贈により取得したものとみなして相続税が課税
課税対象額	〔その契約に関する権利の額（相続開始時においてその契約を解約するとした場合に支払われることとなる解約返戻金の金額[6]）〕 $\times \dfrac{\text{被相続人が負担した保険料の額}}{\text{相続開始時までに払い込まれた保険料の全額}}$

4　「業務」とは、被相続人に遂行すべきものとして割り当てられた仕事をいい、「業務上の死亡」とは、直接業務に起因する死亡又は業務と相当因果関係があると認められる死亡をいう（相基通3-22）。

5　返還金等の支払いがないものを除く。

6　解約返戻金のほかに支払われることとなる前納保険料、剰余金の分配額等がある場合にはこれらの金額を加算し、解約返戻金の額につき源泉徴収されるべき所得税額がある場合にはその金額を減算した金額による（評基通214）。実務上は、保険会社へ解約返戻金証明書等を依頼する。

生保・退職金

（3）「本来の相続財産」と「みなし相続財産」の整理

契約者	保険料負担者	被保険者	取扱い
被相続人	被相続人	被相続人以外	本来の相続財産 （相基通 3 –36(1)）
被相続人以外 （※）			みなし相続財産 （相法 3 ①三）

※いわゆる**名義保険**はこれに該当する。

> **誤りやすい事項**
>
> **生命保険金の「受取」はありませんか？**
>
> 　死亡保険金を受け取っていない保険契約（まだ保険事故が発生していない場合）であっても相続税の対象となる。そこで、相続人等へのヒアリングの際、実際に「受け取った」保険金だけを確認すると、申告漏れに繋がってしまうため注意を要する。同様に、家族名義で加入した保険契約や被相続人名義で加入後に家族名義に契約者変更している場合も考えられるため、契約者の名義にかかわらず、「被相続人が保険料を負担した」保険契約がないかを確認する。生命保険の申告漏れを防ぐためには、「生命保険契約照会制度」（後述の9参照）の利用を含め、確認する必要がある。

5　定期金に関する権利

（1）概要

　年金形式で支払いを受ける保険契約の**年金受給権**など、定期金給付契約により、一定期間定期的に金銭その他の給付を受けることを目的とするものは、定期金に関する権利として相続税の対象となる。

（2）定期金給付事由が発生していない定期金に関する権利

① **課税関係（相法 3 ①四、相法25）**

課税要件	相続開始時においてまだ定期金給付事由が発生していない定期金給付契約[7]で、**被相続人が保険料を負担**し、かつ、**被相続人以外**の者が契約者である場合

7　生命保険契約を除く。

課税対象者	契約者
取扱い	相続又は遺贈により取得したものとみなして相続税が課税
課税対象額	〔定期金に関する権利の額（相続税法第25条の評価方法）〕 $\times \dfrac{被相続人が負担した保険料の額}{相続開始時までに払い込まれた保険料の全額}$
定期金に関する権利の額 （相法25、評基通200-4）	1　解約返戻金を支払う旨の定めがあるもの 　　解約返戻金の金額 2　解約返戻金を支払う旨の定めがないもの ①　保険料が一時払いの場合 　　〔保険料の払込金額〕×〔経過期間[8]に応ずる予定利率による複利終価率〕×0.9 ②　保険料が一時払い以外の場合 　　〔経過期間に払い込まれた保険料の1年当たりの平均額〕×〔経過期間に応ずる予定利率による複利年金終価率〕×0.9

② 「本来の相続財産」と「みなし相続財産」の整理

契約者	保険料負担者	取扱い
被相続人	被相続人	本来の相続財産（相基通3-42）
被相続人以外		みなし相続財産（相法3①四）

(3) 定期金給付事由が発生している定期金に関する権利（保証期間付定期金）

① 課税関係（相法3①五、24）

課税要件	定期金給付契約で定期金受取人に対し**その生存中又は一定期間にわたり定期金を給付**し、かつ、その者が死亡したときにはその遺族等に対して定期金又は一時金を給付するものに基づいて、被相続人（＝定期金受取人）の死亡後、相続人等が定期金又は一時金の受取人となった場合
課税対象者	定期金の継続受取人又は一時金の受取人となった者
取扱い	相続又は遺贈により取得したものとみなして相続税が課税
課税対象額	〔定期金に関する権利の額（相続税法第24条の評価方法）〕 $\times \dfrac{被相続人が負担した保険料の額}{相続開始時までに払い込まれた保険料の全額}$
	定期金が給付される期間に応じて次の区分により評価する。 1　有期定期金 　　次の①～③のいずれか多い金額

8　保険料の払込開始時からその契約に関する権利を取得した時までの期間。

生保退職金

定期金に関する権利の額 （相法24、相基通24-3）	① 解約返戻金の金額[9] ② 定期金に代えて一時金の給付を受けることができる場合には、一時金として受け取ることができる金額 ③ 〔給付を受けるべき金額の1年当たりの平均額〕×〔残存期間に応ずる予定利率による複利年金現価率〕 2 無期定期金 　次の①～③のいずれか多い金額 ①、②は1の有期定期金と同じ ③ 〔給付を受けるべき金額の1年当たりの平均額〕÷〔予定利率〕 3 終身定期金 　次の①～③のいずれか多い金額 ①、②は1の有期定期金と同じ ③ 〔給付を受けるべき金額の1年当たりの平均額〕×〔目的とされた者の余命年数に応ずる予定利率による複利年金現価率〕 4 **一時金** 　その給付金額

② **具体例**

保証据置年金契約[10]又は保証期間付年金保険契約[11]の年金給付事由又は保険事故が発生した後、保証期間内に年金受取人（被相続人）が死亡した場合（相基通3-45）

保険料負担者	課税対象者	取扱い
年金受取人（被相続人）	年金継続受取人	保険料負担者から**相続又は遺贈**により取得したものとみなす。
年金受取人（被相続人）以外	年金継続受取人	保険料負担者から**贈与**により取得したものとみなす。
年金継続受取人	―	課税関係は生じない。

9　解約返戻金とともに支払われることとなる剰余金の分配額等がある場合にはこれらの金額を加算し、解約返戻金の金額につき源泉徴収されるべき所得税額がある場合にはその金額を減算した金額をいう（相基通24-3）。

10　年金受取人が年金支払開始年齢に達した日からその死亡に至るまで年金の支払いをするほか、一定の期間内に年金受取人が死亡したときは、その残存期間中、年金継続受取人に継続して年金の支払いをするものをいう。

11　保険事故が発生した場合に保険金受取人に年金の支払いをするほか、一定の期間内に保険金受取人が死亡した場合には、その残存期間中、継続受取人に継続して年金の支払いをするものをいう。

(4) 定期金に関する権利の評価方法

　国税庁ホームページに「定期金に関する権利の自動計算」ツールが用意されており、所定の事項を入力することで評価額を自動計算することができる。ただし、評価に必要な解約返戻金相当額、一時金の額、予定利率等については保険会社へ問い合わせる必要がある。なお、複雑な保険商品や相続税額への影響が大きい場合等には、保険会社からの書面により課税関係や評価額を確認することが望ましい。

> **トピック**
>
> **平成22年度税制改正による定期金に関する権利の評価方法の見直し**
> 　改正前は、年金保険の相続税評価額が不合理に低く評価されていたことを逆手に取った保険商品が数多く出回っていた。この改正前に相続税対策のために加入した保険商品が現在では所期の相続税対策になっていない。

6　契約に基づかない定期金に関する権利

(1) 概要

　契約に基づかない定期金に関する権利は、相続の効果として被相続人から承継するものではなく、法律、条例、就業規則等の規定等の**契約以外の事由**により相続人等が取得するものである[12]。

(2) 課税関係（相法3①六）

課税要件	被相続人の死亡により、相続人等が、定期金（これに係る一時金を含む。）に関する権利で**契約に基づくもの以外**のもの[13]を取得した場合
課税対象者	定期金の受取人又は一時金の受取人となった者
取扱い	相続又は遺贈により取得したものとみなして相続税が課税
課税対象額	定期金に関する権利の額（※保険料負担割合は考慮不要）

12　例えば、適格退職年金等は、事業主と保険（信託）会社との契約であり、従業員（被相続人）やその遺族が直接その契約をしているわけではないため、契約に基づかない定期金に関する権利に該当する。

13　恩給法の規定による扶助料に関する権利を除く。

(3) 具体例

被相続人が受け取っていた退職年金の継続受取人となった遺族が取得する残存期間分の年金受給権（相基通３-29）	契約に基づかない定期金に関する権利（相法３①六）
年金受給開始前に被相続人の死亡を起因として退職手当金等を遺族が定期金として取得する場合（相基通３-47）	退職手当金等（相法３①二） 非課税限度額の適用あり
厚生年金保険法等の規定による**遺族年金**等（相基通３-46）	契約に基づかない定期金に関する権利（相法３①六）に該当するが**課税なし** （それぞれの法律に非課税規定あり）

(4) 退職年金と「退職手当金等受給者別支払調書」（相法59①二）

遺族が受け取る退職年金が「契約に基づかない定期金に関する権利」と「退職手当金等」のいずれに該当するかの判断材料の一つとして、**「退職手当金等受給者別支払調書」が作成・提出されているか否か**により判断することができる。これは同調書の提出要件として「退職手当金等」に該当することが挙げられており、「契約に基づかない定期金に関する権利」に該当する場合には提出されないためである[14]。

退職手当金等受給者別支払調書

受給者	住所		氏名	
			個人番号	
退職者			氏名	
			個人番号	

退職手当金等の種類	退職手当金等の給与金額	退職年月日
	円	年　月　日
退職時の地位職務	受給者と退職者との続柄	支払年月日
		年　月　日

(摘要)

（　年　月　日提出）

支払者	営業所又は事務所等の所在地	
	営業所又は事務所等の名称又は氏名	(電話)
	個人番号又は法人番号	

整理欄	①	②

325

○「個人番号又は法人番号」欄に個人番号（12桁）を記載する場合には、右詰で記載します。

14　相続税法第59条第４項に規定する税務署長の請求が別途あった場合には、請求を受けた法人に調書の作成及び提出義務が生じるため、実際に評価を行う際にはその法人に対し、同規定に基づいて作成・提出したものでないか確認することが望ましい。

7　被相続人の被相続人が負担した保険料（相法3②）

　被相続人（A）の被相続人（B）が負担した保険料は、**被相続人（A）が負担した保険料とみなす（祖父（B）が負担した保険料は、父（A）が負担した保険料とみなす）。** ただし、生命保険契約に関する権利（相法3①三）又は給付事由発生前の定期金に関する権利（相法3①四）を相続又は遺贈により取得したものとみなされた場合は、この限りでない。

8　みなし贈与財産

（1）概要

　通常の贈与により取得した財産でなくとも、その経済的実質に着目して、贈与と同様の効果が得られる一定の場合には、贈与により財産を取得したものとみなして贈与税が課税される。

（2）贈与により取得したものとみなす保険金等

①　課税関係（相法5）

課税要件	①　保険金受取人**以外**の者が保険料を負担した場合 ②　生命保険契約の保険事故（傷害、疾病その他これらに類する保険事故で**死亡を伴わないものを除く**。）又は損害保険契約の保険事故（偶然な事故に基因する保険事故で**死亡を伴うものに限る**。）が発生した場合
課税対象者	保険金受取人
取扱い	保険料負担者から贈与により取得したものとみなして**贈与税**が課税
課税対象額	〔受け取った保険金の額[15]〕 $\times \dfrac{\text{受取人以外の者が負担した保険料の額}}{\text{保険事故発生時までに払い込まれた保険料の全額}}$

②　具体例

　契約者：父　保険料負担者：父　被保険者：父　受取人：子

　満期保険金又は生存給付金を子（受取人）が取得した場合は、子（受取人）に対して贈与税が課税される。

（3）贈与により取得したものとみなす定期金

①　課税関係（相法6）

15　損害保険契約の保険金については、政令で定めるものに限る。

生保・退職金

課税要件	① 定期金受取人**以外**の者が保険料を負担した場合 ② 定期金給付契約[16]の**定期金給付事由**が発生した場合
課税対象者	定期金受取人
取扱い	保険料負担者から贈与により取得したものとみなして**贈与税**が課税
課税対象額	〔定期金給付契約に関する権利の額〕 $\times \dfrac{受取人以外の者が負担した保険料の額}{定期金給付事由の発生時までに払い込まれた保険料の全額}$

② **具体例**

契約者：父　保険料負担者：父　被保険者：父　年金受取人：子

子（年金受取人）が年金受給を開始した場合は、子（年金受取人）に対して贈与税が課税される。

〔留意点〕

実際に受け取った年金の額のみならず、将来において受け取る権利が確定した年金受給権の評価額も課税対象額に含まれる。

(4) 低額譲受

① **課税関係（相法7）**

課税要件	**著しく低い価額の対価**で財産の譲渡を受けた場合
課税対象者	財産の譲渡を受けた者
取扱い	財産を譲渡した者から贈与[17]により取得したものとみなして**贈与税が課税**[18]
課税対象額	「譲渡対価」と「譲渡財産の時価」との差額

② **具体例**

事業承継のため、非上場株式を時価よりも低い評価額で譲渡する。

〔留意点〕

著しく低い価額の対価であるかどうかは、個々の具体的事案に基づき判定する。この判定基準は、法人に対して譲渡所得の起因となる資産の移転があった場合に時価で譲渡があったものとみなされる「著しく低い価額の対価」の額の基準「**資産の時価の2分の1に満たない金額**」とは異なる（国税庁タックスア

16　生命保険契約を除く。

17　遺言によりなされた場合には、遺贈により取得したものとみなして相続税が課税される。

18　譲渡を受ける者が資力を喪失して債務を弁済することが困難である場合に、扶養義務者から債務の弁済に充てるためになされたものであるときは、この限りでない。

ンサーNo.4423）。よって、財産の時価の8割での譲渡であったとしても、その額によっては「著しく低い価額の対価」での譲渡となり得る。

(5) 債務免除（相法8）

課税要件	**対価を支払わないで、又は著しく低い価額の対価で**債務の免除、引受け又は第三者のためにする債務の弁済による利益を受けた場合
課税対象者	債務の免除、引受け又は弁済による利益を受けた者
取扱い	債務の免除、引受け又は弁済をした者から贈与[19]により取得したものとみなして**贈与税**が課税[20]
課税対象額	債務の免除、引受け又は弁済に係る債務の金額 （対価の支払いがあった場合には、その価額を控除した金額）

(6) その他の利益の享受

① 課税関係（相法9、相基通9-1～9-14）

課税要件	対価を支払わないで、又は著しく低い価額の対価で利益を受けた場合（上記(2)～(5)及び信託に係る特例を除く。）
課税対象者	利益を受けた者
取扱い	利益を受けさせた者から贈与により取得したものとみなして贈与税が課税
課税対象額	利益の価額に相当する金額 （対価の支払いがあった場合には、その価額を控除した金額）

相続税法第9条（みなし贈与）に規定する「利益を受けた」とは、利益を受けた者の財産の増加又は債務の減少があった場合等をいう（相基通9-1）。

② 具体例

同族会社の株式等の価額が増加した場合、財産の名義変更があった場合、無利子の金銭貸与、負担付贈与、共有持分の放棄など

生保・退職金

19　遺言によりなされた場合には、遺贈により取得したものとみなして相続税が課税される。
20　債務者が資力を喪失して債務を弁済することが困難である場合等は、この限りでない。

9 保険契約の探し方

保険証券や保険会社から届く書類を探す	・契約内容のお知らせ ・生命保険料控除証明書　等
預金通帳の入出金履歴を確認する	・保険料の支払い ・保険会社からの入金
所得税確定申告書を確認する	・生命保険料控除の有無 ・個人年金、一時金等の申告収入
生命保険契約照会制度を利用する（一般社団法人生命保険協会）	【申請できる者】法定相続人、代理人等[21] 【費用】3,000円（税込） 【必要書類】戸籍、協会所定の診断書　等 【制度利用の流れ】 ①照会　➡②結果回答（※契約の有無のみ） ➡③相続人等から各保険会社へ連絡

〔留意点〕

・名義預金がある場合は、その名義預金口座の取引履歴も確認する。

・家族名義の保険について被相続人が生命保険料控除を受けていることもある。

> **トピック**
>
> **「生命保険契約照会制度」により生命保険契約の全てを調査できるわけではない！**
>
> 　照会制度の調査対象となる契約は、照会受付日現在、有効に継続している個人保険契約のみである。既に死亡保険金支払済、解約済、失効等であるものは含まれない。また、財形保険・財形年金保険、支払いが開始した年金保険、保険金等が据置きとなっている保険契約は対象外とされている。「生命保険契約照会制度」は、被相続人が契約者又は被保険者である保険契約の全てをカバーしているわけではないことに注意する。

21　法定相続人の任意代理人の範囲は、弁護士、司法書士及び行政書士に限られる（税理士等からの照会は不可）。

「生命保険契約照会制度」の照会結果の回答イメージ

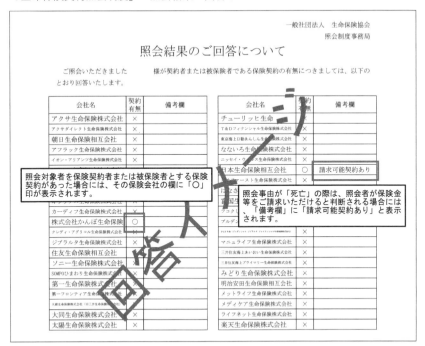

出典：一般社団法人生命保険協会ホームページ「生命保険契約照会制度のご案内」
　　　（https://www.seiho.or.jp/contact/inquiry/pdf/kaitou.pdf）〔令和6年3月現在〕
※最新の内容はホームページをご確認ください。

10　生命保険を活用した生前対策

分類	生命保険の効果・概要
①納税資金対策	・相続税は納期限（10か月）までに現金で一括納付が必要。 ・受取人固有の財産であり遺産分割協議の対象外のため、すぐに受取可能。不動産や有価証券と違い現金化不要。
②争族対策・ 遺産分割対策	・民法上の相続財産に該当しないことから、遺留分侵害額請求への対策となる[22] ・不動産や自社株がある場合の代償分割（代償金）の原資となる。
③節税対策	・生命保険の非課税枠の有効活用 ・生命保険と生前贈与を組み合わせた対策

22　保険金は原則として特別受益に該当しないと解されているが、過度に生命保険に加入すると特別受益の規定が類推適用され、遺留分の対象となり得る。

生前対策の定番！生命保険の活用

1 生命保険の非課税枠の有効活用

　現預金として保有しているよりも、非課税枠まで保険に加入している方が課税財産が圧縮され、相続税対策として有効である。非課税枠が余っている状況であれば、即効性のある生前対策として一時払い終身保険などが活用されている。「持病があっても入院さえしていなければ加入できる」「95歳までであれば加入できる」といった保険商品もある。

2 生命保険と生前贈与を組み合わせた対策

　親から子や孫へ年間一定額の現預金を贈与し、贈与を受け取った子や孫が生命保険に加入する。名義財産認定を避けるには、子や孫に現預金を生前贈与した後に、子や孫がそのお金を自由に使えるようにしなければならないが、無駄遣いせずに将来のために使って欲しいという悩みに応える対策であり、受取保険金は相続税ではなく所得税（一時所得）の課税対象となることから節税効果を得られるケースがある。また、親の相続が発生した際の相続税の納税資金対策にもなる。

契約形態等	通常のケース	対策のケース
契約者（保険料支払者）	親	子（孫）
被保険者	親	親
死亡保険金受取人	子（孫）	子（孫）
子（孫）に対する課税	相続税	所得税（一時所得）

3 円満な相続のために

　様々な思いにより、特定の推定相続人に偏った保険加入をする場合もあるが、他の相続人が不満を抱き争族に発展する可能性もあるため、税金面以外の観点からも丁寧に検討する。

第15節　家族信託

一　家族信託とは

◆信託は、委託者が信託財産を受託者に移転し、受託者がこれを管理・処分し、受益者がその利益を受ける制度である。

◆委託者は、信託行為により、一定の目的を定め信託財産を受託者に移転する。

◆受託者は、委託者の定めた一定の目的のために、信託行為の定めに従い、信託財産を管理・処分、その他の必要な行為を行う。

◆受益者は、信託行為に基づき、受託者に対して受益権を有する。

◆適正な対価を負担せず受益者となる場合、その信託の効力が生じた時において、贈与税又は相続税が課税される。

◆信託のうち、金融機関等を受託者とせず、親族（家族）を受託者とするものは「家族信託（民事信託）」と呼ばれる。

1　制度の概要

　信託は、委託者が、自己の財産を、信頼する受託者に一定の目的で管理・処分等の行為を行うことを依頼して移転し、受託者はその目的に従って財産を管理・処分等を行って、その利益を受益者に帰属させる制度である（信託法2①③④⑤）。

　信託された財産を「信託財産」といい（同条③）、信託財産は受託者名義の財産となるが、受託者の固有財産から区分・独立したものと取り扱われ、受託者の固有の債務の引き当てにはならない（同法23①、25①）。ただし、財産によっては対抗要件を具備することが必要である（同法14）。登記・登録のできる財産について個別に規定がある場合もある（会社法154の2、信託法206等）。

　信託設定時に委託者と受託者は必ず存在するのに対し、受益者は存在しない場合もある（目的信託、公益信託）。

　委託者と受益者が異なる場合を「他益信託」、委託者と受益者が同一である場合を「自益信託」という。

信託のうち、金融機関等ではなく、家族や信頼する知人を受託者とするものが「家族信託」ないし「民事信託」と呼ばれる。

他益信託：委託者 ≠ 受益者

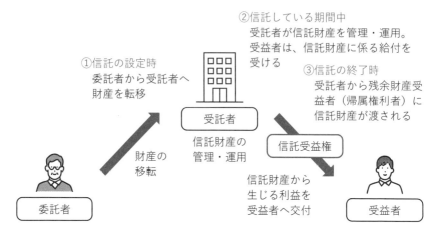

自益信託：委託者 ＝ 受益者

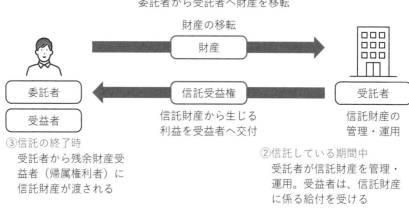

2 信託の成立（信託行為）

信託は、①委託者と受託者の間で信託契約を締結する方法、②委託者の遺言による方法、③信託宣言（自己信託）の方法が法定されている（信託法3）。

信託の対象となる財産は、譲渡性のある積極財産である。このため、譲渡禁止

とされる預金債権は信託の対象とすることができず、引き出した現金を信託するのが通例である。また、債務についても信託することができないため、受託者に、委託者の債務を信託財産により履行させるためには、受託者が債務引受を行った上、信託行為により信託財産責任負担債務（信託法2⑨）とする旨の合意をする必要がある（信託法21①三）。

　信託の形成においては、①の信託契約による事例が多いものと思われる。信託契約は公正証書によることは要件とされていないが、金融機関に信託口口座を作る場合に金融機関は公正証書であることを求めるのが通例である。また、公正証書を作成する際、手続的には代理人により作成することもできるが、委託者が代理人により作成した場合には、金融機関などが委託者本人の意思確認が不十分なものとして対応しない場合があるため、委託者本人により公正証書で作成するのが適切である。

3　委託者

　委託者とは信託を行う者（信託法2④）、すなわち、受託者に財産の譲渡その他の処分を行って信託財産を拠出するものである。

4　受託者

　受託者とは、信託行為の定めに従い、信託財産の所有者・帰属者となり、信託財産に属する財産の管理又は処分及びその他の信託の目的の達成のために必要な行為をすべき義務を負う者をいう（信託法2⑤）。

　受託者は、善管注意義務・忠実義務を負担し（同法29②、30）、利益相反取引の禁止（同法31、32）、分別管理義務（同法34）、報告義務（同法36）、帳簿作成、報告及び保存義務（同法37）等の義務を負担し、信託行為に定められた目的に従って事務処理を行い（同法29）、受益者の利益を図り、受益者に対し信託財産にかかる給付（受益債権。同法2⑦）を行う、信託の中心的な役割を担う者である。

5　受益者

　受益者とは、受益権を有する者をいう（信託法2⑥）。受益権とは、受託者から信託行為に基づいて信託財産に属する財産の引渡しその他の信託財産に係る給付を受ける債権（受益債権）及びこれを確保するための監督権等の権利をいう（同法2⑦）。

家族信託

6 信託監督人、受益者代理人

　信託監督人は、信託が適正に運営されるよう、受益者のために、受益者の主要な監督権限を行使する役割を有する（信託法132）。信託監督人は、信託行為により選任するのが原則である（同法131①）。信託監督人がいない場合に、裁判所によって信託監督人を選任することもできるが、その場合には受益者が受託者の監督を適切に行うことができない「特別の事情」がある場合に限られる（同法131④）。

　受益者代理人は、特定又は全部の受益者に代わって、受益者のために受益者の権利（受託者の損失てん補責任を免除する権限を除く。）に関する一切の行為を行うことができる（同法139①）。受益者代理人は信託行為によって選任する（同法138①）。信託監督人と異なり、裁判所による選任はできない。受益者代理人があるときには、受益者は一定の権利（同法92の権利）を除き、その権利を行使できなくなる（同法139④）。

　信託監督人は、受益者全員のために信託の適正な運営のために監督権限を行使し、受益者代理人はその代理する受益者のために監督権限を含む一切の権利を行使するという違いがある。

二　家族信託の利用方法

POINT

◆家族信託の利用方法には、
①高齢者の認知症対策としての利用
②遺言に代用する利用
③後継ぎ遺贈型受益者連続信託としての利用
が代表的なものといわれている。

1　家族信託の利用方法

① 認知症対策：高齢者が認知症となった場合に財産の管理処分を行うことができなくなることから、この対策として利用する。

② 遺言代用信託：相続人に遺産を分配する遺言の代わりとして利用する。

③ 後継ぎ遺贈型受益者連続信託：相続人に遺産を取得させた後、さらにその相続人が亡くなった後の相続について、遺産の取得先を決定する後継ぎ遺贈の結果を実現するために利用する。

※上記のほかに、障害のある子について親（委託者）の死後の生活保障のために利用する方法等もある。

2　認知症対策としての利用方法

　認知症などにより判断能力を失った場合には法律行為が行えなくなり、自らの財産でありながら適時適切に管理処分を行うことができなくなり、判断能力が不十分な場合には悪徳商法に引っかかったり、不適切な法律行為を行う可能性が生じる。

　このため、判断能力（意思能力）がある間に、委託者兼受益者となって（自益信託）、信頼できる受託者に財産を信託し、受託者に財産を適切に管理してもらうことが考えられる。この場合、委託者兼受益者が判断能力を失っても、受託者に信託財産が帰属することから、受託者が適切に判断し財産を管理処分することができ、また委託者兼受益者は信託財産から利益を享受し続けることができる。

家族信託

311

3 遺言代用信託としての利用

遺言は、被相続人が自己の財産（遺産）を自己の意思に従って承継させる（遺贈、特定財産承継遺言）制度である。

信託によっても、同様の結果を導くことができる。

委託者は、自己の財産（遺産となるべきもの）を信託し、生存中は委託者が自ら受益者となり（自益信託）、委託者の死亡の時に受益者となるべき者として指定された者が受益権を取得する旨の定め、ないし、委託者の死亡の時以後に受益者が信託財産に係る給付を受ける旨の定めをすることができる。これにより、委託者は、自己の死亡時に、自己の希望する者に受益権を取得させ、ないし、受益者に財産給付を受けさせることができ、遺言と同様の結果となる。

このため、遺言が遺言者の自由意思を尊重し、いつでも撤回できること（民法1022）と平仄を合わせ、上記のような信託においては、委託者は受益者を変更する権利を有することとされている（信託法90①）。もっとも、遺言と異なり、信託行為により、この権利を制限することもでき、遺言の撤回が可能であることによる財産承継の不安定な側面を回避する余地がある。

また、遺言の場合には遺言執行のために相続開始から遺産の取得まである程度の時間を要するが（いったんは預金口座が凍結されるなど）、遺言代用信託の場合には、速やかに財産を承継できることになる。

4 後継ぎ遺贈型受益者連続信託としての利用

「後継ぎ遺贈」とは、遺言者が遺言により、自己の遺産を受遺者Aに取得させ、将来、Aが死亡した場合には、次の受遺者であるBに取得させる旨の内容の遺言である。

このような遺言は、民法上、無効であると解するのが有力である。

ところが、信託の場合には、信託行為により、第1次受益者を定め、一定の期間や一定の事由の発生により、第2次受益者が受益権を取得する、以下、順次、後順位の受益者が受益権を取得する旨を定めることが可能である。

このため、委託者が、信託行為により、第1次受益者を委託者自身とし（当初は自益信託）、第1次受益者＝委託者の死亡により受益権を取得する第2次受益者として例えば後妻を指定し、第2次受益者＝後妻の死亡により受益権を取得する第3次受益者として委託者と先妻の子を指定する、というような信託が考えら

れる。

　このような信託を「後継ぎ遺贈型受益者連続信託」という。

　ただし、委託者が「いわば永遠に」自己の財産の取得者を指定することは適切ではないことから、法は、合理的な期間制限を設けることとし、**信託が設定された時から30年を経過した時以後に現に存する受益者が受益権を取得した場合であって、当該受益者が死亡するまで又は当該受益権が消滅するまでの間に限り有効**とされた（信託法91）。

　若干わかりにくい文言であるが、要するに、第１次受益者Ａ、第２次受益者Ｂ、第３次受益者Ｃとした場合、①信託設定後30年以内にＡが死亡してＢが受益権を取得した場合には、Ｂが信託設定後30年を経過した後に死亡しても、Ｃは受益権を取得できるが、②Ａが信託設定後30年経過後に死亡した場合には、Ｂは受益権を取得できるが、信託はＢの死亡により終了し、Ｃは受益権を取得することができない。

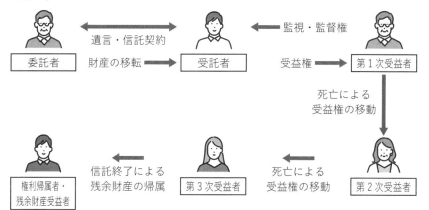

家族信託

三　家族信託の課税関係

◆家族信託は、「自益信託か他益信託か」、「信託効力発生時・信託契約期間中・信託終了時のいずれの時点か」により、その課税関係を整理する。

◆信託効力発生時における課税関係

・自益信託…課税関係は生じない。

・他益信託…適正な対価の負担なく信託の効力が発生した場合、贈与税又は相続税の課税関係が生じる。

◆信託契約期間中の課税関係

　受益者が信託財産を有するものとみなし、信託財産に係る収入及び費用並びに資産の譲渡等及び課税仕入等は受益者に帰属するものとして課税が行われる。

◆信託終了時における課税関係

・受益者＝残余財産帰属者…課税関係は生じない。

・受益者≠残余財産帰属者…適正な対価の負担がない場合、受益者から残余財産帰属者への贈与税又は相続税の課税関係が生ずる。

◆信託受益権の相続税評価は、その信託財産に属する個々の財産の相続税評価額により評価する。いわゆる複層化信託の場合は、収益受益権と元本受益権に分けてその評価を行う。

◆贈与・相続により信託受益権が移転したものとみなされる場合において、信託財産に属する債務があるときには、旧受益者に譲渡所得が生じる場合がある。

◆家族信託の受託者は、信託効力発生時・信託契約期間中・信託終了時において、種々の調書等を所轄税務署に提出する必要がある。また、家族信託の受益者については、信託財産から生ずる収益・費用・資産の譲渡等・課税仕入等が帰属することとなるため、その状況に応じ所得税・消費税の確定申告が必要となる。

1　家族信託の課税関係

(1) 信託効力発生時（自益信託及び他益信託）

　家族信託の課税関係は、「自益信託か他益信託か」、「信託効力発生時・信託契約期間中・信託終了時のいずれの時点か」により、その課税関係を整理する。

　この場合の自益信託とは「委託者＝受益者」の信託をいい、他益信託とは「委託者≠受益者」の信託をいう。

《自益信託》

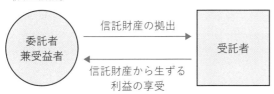

《他益信託》

①　自益信託の課税関係

　自益信託において信託の効力が発生した場合、利益を得る者に移動はなく、その設定時において贈与税又は相続税の課税関係は生じない。

②　他益信託の課税関係

　他益信託において、適正な対価の負担なく信託の効力が発生した場合、信託設定時に委託者から受益者に対してその利益を得る権利が贈与又は遺贈により移転したものとみなされ、贈与税又は相続税の課税関係が生じる（相法9の2①）。

(2) 信託契約期間中（受益者課税の原則）

家族信託により、委託者が信託した財産の所有権は、形式上は受託者に移転する。しかし、課税上は、受益者が信託財産を有するものとみなし、信託財産に係る収入及び費用並びに資産の譲渡等及び課税仕入等は受益者に帰属するものとして課税が行われる（法法12①、所法13①、消法14①）。

(3) 信託終了時

家族信託が終了した場合において、受益者と残余財産帰属者が同一の場合、利益を得る者に移動はなく課税関係は生じない。

一方、いわゆる複層化信託（受益者と残余財産帰属者が異なる信託）において、適正な対価の負担なく、その信託契約が終了する場合には、受益者から残余財産帰属者への贈与又は遺贈とみなされ、贈与税又は相続税の課税関係が生じる（相法9の2④）。

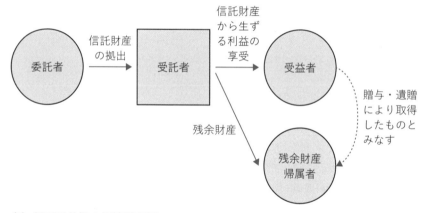

(4) 信託受益権の相続税評価

前述のとおり、他益信託で信託効力が発生した場合及び複層化信託が終了した場合には、その信託受益権の相続税評価を行う必要がある。

① 通常の信託の信託受益権の評価（信託終了時の残余財産の帰属する者＝受益者）

課税時期における個々の信託財産の相続税評価額により、その評価を行うこととなる。なお、受益者が複数いる場合にはその評価額に受益割合を乗じて評価することとなる（評基通202(1)(2)）。

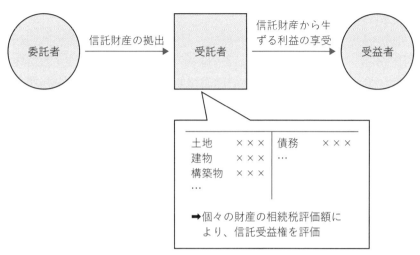

② **複層化信託の信託受益権の評価（信託終了時の残余財産の帰属する者 ≠ 受益者）**

複層化信託（収益の受益者と信託終了時の信託財産の帰属する者が異なる信託）における信託受益権の評価は以下による（評基通202(3)）。

・収益受益権（受益者の取得する財産）…収益受益権については、課税時期の現況において推算した、受益者が将来受けるべき利益の金額ごとに、課税時期から受益の時期までの期間に応ずる基準年利率による複利現価率を乗じて計算した金額の合計額により評価する。

・元本受益権（残余財産帰属者の取得する財産）…元本受益権については、課税時期における信託受益権の相続税評価額から、収益受益権の価額を控除した価額によりその評価を行う。

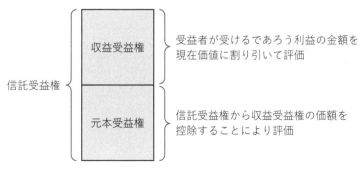

(5) 家族信託の注意点

　贈与・相続により信託受益権が移転したものとみなされる場合において、信託財産に属する債務があるときには、旧受益者は信託財産に属する資産をその債務の金額で譲渡したものとして譲渡所得を計算する必要がある（所基通36-15(5)）。このため、信託財産に属する債務があり、贈与等による信託受益権の移転をプランニングする際には注意を要する。

2　税務署への届出・申告

(1) 受託者が届け出る書類

①　信託効力発生時

　受託者は、信託の効力が生じた場合、当該契約の効力発生月の翌月末日までに次の書類を所轄税務署へ提出する（相法59③）。

・信託に関する受益者別（委託者別）調書
・信託に関する受益者別（委託者別）調書合計表

　なお、これらの調書及び合計表は、次に該当する場合には提出不要である（相規30⑦）。

・自益信託である場合
・受益者別に計算した信託財産の相続税評価額が50万円以下である場合

②　信託契約期間中

　受託者は、信託財産から生じた受益者各人ごとの1年間の収益の合計額が3万円超（計算期間が1年未満の場合には1万5千円超）の場合には、次の書類をその年の翌年1月31日までに所轄税務署に提出する必要がある（所法227、所規96）。

・信託の計算書
・信託の計算書合計表

③　信託契約終了時

　受託者は、信託契約が終了した場合には、その月の翌月末日までに下記の書類を所轄税務署に提出する必要がある（相法59③）。

・信託に関する受益者別（委託者別）調書
・信託に関する受益者別（委託者別）調書合計表

　なお、これらの調書及び合計表は、次に該当する場合には提出不要である（相規30⑦）。

・残余財産がない場合

・信託終了直前の受益者と帰属権利者が同一の場合

・受益者別に計算した信託財産の相続税評価額が50万円以下の場合

(2) 受益者が提出する申告書

　信託財産から生ずる収入及び費用並びに資産の譲渡等及び課税仕入等は、受益者に帰属することとなる。このため、所得税法及び消費税法の定めにより確定申告が必要となる場合には、その申告を行う必要がある。

四　家族信託の注意点

◆預金の信託口口座の開設に対応していない金融機関、信託内融
資を行っていない金融機関がある。事前に関係金融機関と交渉
し、根回しをする必要がある。

◆受託者の義務違反に備える必要がある。

◆長期間の契約となる場合が多いため、委託者、受託者、受益者
の死去及び死去の順序が予想に反した場合の対策など、将来を
見据えた設計が必要。

◆長期間の存続中に予想外の問題が生じる恐れがある。

◆遺言代用信託の場合、遺留分に配慮し、遺留分侵害が生じない
ように設計する必要がある。また、信託外の遺産が残り得るこ
とを考慮する必要がある。

◆税金を考慮する必要があり、税理士の助言が重要である。

◆複雑な制度であるので、当事者のきちんとした理解が必要。

◆家族信託については、裁判例が蓄積されておらず、未解明ない
し顕在化していない問題が伏在している恐れがある。

1　家族信託の注意点

　家族信託については、前述のように様々な活用方法が提案されているが、信託
の制度自体は歴史が古いものの、家族信託としての利用が活発に議論され始めた
のは比較的最近であるため、様々な問題が伏在している恐れがある。

　家族信託でなければ本当に実現できない目的なのか、それ以外の先例の確立し
た法形式でも実現できる目的であるのか、十分に検討し、選択する必要がある。

2　金融機関との関係

　まず、そもそも預金債権は、通常、譲渡禁止とされているため、信託財産には
できない。

　次に、信託行為は公正証書によることが法定されているわけではないが、委託
者の真意を確保するために公正証書によることが望ましく、かつ、金融機関で信

託口口座を開設するためには公正証書である必要があるのが通例である。

　公正証書を作成する際にも、委託者が代理人を選任して作成すること自体は可能であるようだが、遺言公正証書に準じて委託者本人が作成していない場合には金融機関が口座開設を拒むことがあり、これがトラブルになった事案が存在する（東京地裁令和3年9月17日判決）。

　さらに、そもそも単なる一種の屋号付き口座に類する扱い（「広義の信託口口座」と称される。）ではなく、受託者の固有財産と区別された信託口口座（金融機関の内部において、受託者の個人名義の固有財産たる預金口座に係るCIF（Customer Information File。顧客情報ファイル）コードと別のCIFコードが付され、受託者の固有財産とは異なる取扱いがされる旨の規定が設けられるなど、固有財産から分離独立した取扱いがされる預金口座。「狭義の信託口口座」、「倒産隔離機能を有する信託口口座」とも称される。）を開設することに応じていない金融機関も多くある（ただし、次第に減っているといわれている。）ため、信託行為前に信託口口座の開設の可否を金融機関と確認する必要がある。

　また、特に信託財産に不動産が含まれる場合には建物の建設や修繕のための融資を受けることが必要になる可能性があるが、受託者が信託財産のためにその権限により信託財産責任負担債務（信託法2⑨）として融資を受ける（信託内融資）ことが可能であるか否かについては、やはり、信託行為前に金融機関に確認が必要である。

3　受託者の監督

　受託者は、信託財産の所有者となるため、受託者がその義務に反し、信託財産を自己のために費消したり、利益相反取引を行う可能性が想定される。成年後見制度において、成年後見人による横領行為が問題になっていることからも、信託でも同様の事態が懸念される。

　適切な受託者を確保し、受益者代理人ないし信託監督人を選任するなどの方法により、受託者による適切な職務執行を確保する方策を検討する必要がある。

　信託行為で定めない場合には、受益者代理人を選任する方策はなく、信託監督人については「受益者が受託者の監督を適切に行うことができない特別の事情がある」（信託法131④）場合でなければ裁判所に選任してもらうことができない。

　このため、信託の組成時から監督方法については検討し、いずれかを選任することが適切である場合が多いと思われる。

家族信託

4　家族信託の長期性

　家族信託は、内容にもよるが、認知症対策にせよ、遺言代用型にせよ、10年、20年単位の長期になる可能性がある。後継ぎ遺贈型受益者連続信託では、30年以上の長期の継続が予想されている。

　このような長期間に及ぶため、信託行為時には想定していなかった事象が発生する恐れがある。

　典型的には、受託者や受益者の死亡や、その順序である。親→子→孫と年齢の順番で死去することを漠然と前提にしていると、その順序が異なった場合に対応が難しくなる。このため、順序が狂うことも想定して、第2次受託者、第2次受益者なども検討しておく必要がある。

　それでも、信託行為時に全てを予見することは困難であることには留意が必要である。

　信託法は、信託の変更（信託法149、150。なお、同法103①参照）で事後的に信託の変更を行う方法を定めている。

5　遺言との関係

　信託による受益権の取得は、相続によるものではなく、信託行為自体や信託行為で定められた一定の事由（遺言代用信託では、委託者兼受益者の死亡）の発生によるものである。

　しかしながら、相続制度の外にあるわけではなく、民法の遺留分制度を潜脱することはできないと解されている。東京地裁平成30年9月12日判決は、遺留分制度を潜脱しようとした信託行為の一部を公序良俗違反であるとして無効とした上で、有効な部分についても、受益権の取得を遺留分侵害である旨判断した。

　別の観点からの注意点として、遺言代用信託を設定しても、委託者の全ての財産を信託することはできないので（例えば年金受給権など）、委託者の死亡時に信託外の財産（年金として受領した金銭の残り）が残ることが考えられる。このような財産は、遺産分割の対象となるため、遺言を併用することも考えられる。

6　その他

　信託については、予想外の事態が発生し得る上、その場合に私法的な法律関係が整理できても、別途、税金の問題もあり得る。このため、信託行為の設定時か

ら、税務上の問題点については、税理士の助言が重要である。

　また、信託を設定するのは委託者であるが、高齢の委託者(の予定者)に代わって、家族である受託者(の予定者。多くの事案で将来の受益者ないし帰属権利者)が主導して、信託を設計しようとすることがあり得る。しかし、そのような場合でも、委託者が財産を拠出し信託を設定するのであるから、委託者に十分な説明を行い、その理解を求めなければならない。複雑な制度であるので、この点は十分に留意する必要がある。

　さらに、家族信託はまだ裁判例が少なく、未解明ないし顕在化していない問題が伏在している恐れがあるので、専門家と相談して、問題が生じたときにも対応できるよう準備しておくことが必要である。

家族信託

巻末資料

相続開始後に必要となる主な税務・民法関連手続

相続開始前の対策	タックスプランニング策定 ・関係者とその意向の把握 ・財産状況の把握 ・財産状況・意向等に応じたタックスプランニング策定 タックスプランニングの実行 ・生前贈与等の対策を実行 ・受贈財産の運用等
相続開始前7年以内	【相続税】生前贈与加算期間の開始
相続開始	【所得税】 ・個人事業の開業・廃業等届出書の提出 ・青色申告承認申請 ・給与支払事務所等の開設届出 ・青色事業専従者給与届出
3か月	【民法】相続放棄・限定承認の申述
4か月	【所得税・消費税】準確定申告 【消費税】相続人の適格請求書発行事業者の登録申請
5か月	【相続税／事業承継税制】後継者への代表権付与
8か月	【相続税／事業承継税制】円滑化法の認定申請
10か月	【相続税】申告・納税期限
1年	【民法】遺留分侵害請求の期限（別途、10年の時効の定めあり）
相続税の申告期限後、3年を経過する日の翌日〜2か月以内	【相続税】遺産が未分割であることについてやむを得ない事由がある旨の承認申請
分割確定から4か月以内	【相続税】相続税法32条等に定める事由による更正の請求期限

一般的な贈与税計算と相続税計算の体系

贈与税の計算

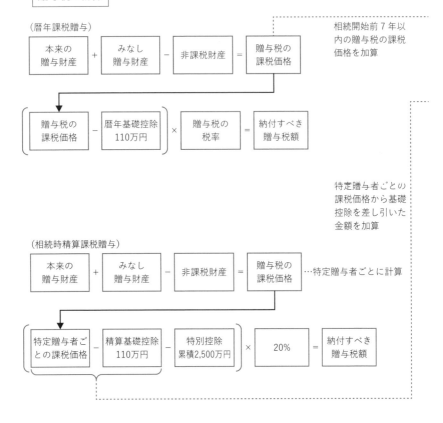

（暦年課税贈与）

本来の贈与財産	+	みなし贈与財産	−	非課税財産	=	贈与税の課税価格

相続開始前7年以内の贈与の課税価格を加算

贈与税の課税価格	−	暦年基礎控除110万円	×	贈与税の税率	=	納付すべき贈与税額

特定贈与者ごとの課税価格から基礎控除を差し引いた金額を加算

（相続時精算課税贈与）

本来の贈与財産	+	みなし贈与財産	−	非課税財産	=	贈与税の課税価格

…特定贈与者ごとに計算

特定贈与者ごとの課税価格	−	精算基礎控除110万円	特別控除累積2,500万円	×	20%	=	納付すべき贈与税額

相続税の計算

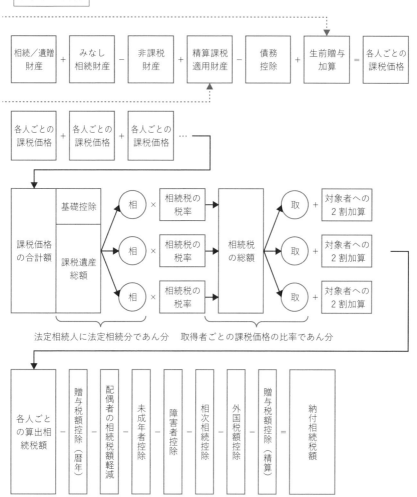

法定相続人に法定相続分であん分　取得者ごとの課税価格の比率であん分

相続開始後に必要とされる税務・民法関連手続

(1) 相続税関連の手続

提出書類・手続名	根拠条文	提出期限・手続期限	提出先
非上場株式の相続税の納税猶予	―	・相続開始日の翌日から5か月以内に後継者が代表権を有している ・相続開始後8か月以内に円滑化法の認定申請	円滑化法の認定申請は、主たる事務所の所在地を管轄する都道府県庁
相続税の申告書	相法27①	相続開始を知った日の翌日から10か月以内	被相続人の住所が法施行地内：被相続人の住所地所轄税務署 上記以外の場合：相法62に定める納税地の所轄税務署
遺産が未分割であることについてやむを得ない事由がある旨の承認申請書	相令4の2② 措令40の2㉓㉕ 措令40の2の2⑧⑪等	申告期限後3年を経過する日の翌日から2か月以内	同上
相続税の更正の請求の特則	相法32 措法69の4⑤等	相法32等に定める事由が生じたことを知った日の翌日から4か月以内	同上
相続税の修正申告の特則	相法31	相法32等に定める一定の事由が生じた場合、すみやかに	同上
相続税の期限後申告の特則	相法30	相法32に定める一定の事由が生じた場合、すみやかに	同上

（2）被相続人に係る所得税等の手続

提出書類・手続名	根拠法令	提出期限・手続期限	提出先
準確定申告書	所法124、125	相続開始を知った日の翌日から4か月以内	被相続人の納税地所轄税務署
国外転出（相続）時課税	所法60の3	相続開始を知った日の翌日から4か月以内	被相続人の納税地所轄税務署
個人事業の開廃業等届出書	所法229	相続開始があった日から1か月以内	被相続人の納税地所轄税務署
事業税の事業廃止等申告書	各都道府県税条例	各都道府県ごとに異なる	被相続人の住所地所管の都道府県税事務所

（3）被相続人に係る消費税の手続

提出書類・手続名	根拠法令	提出期限・手続期限	提出先
準確定申告書	消法45③	相続開始を知った日の翌日から4か月以内	被相続人の納税地所轄税務署
個人事業者の死亡届出書	消法57①四	すみやかに	被相続人の納税地所轄税務署
適格請求書発行事業者の死亡届出書	消法57の3①	すみやかに	被相続人の納税地管轄のインボイス登録センター

（4）相続人に係る所得税等の手続

提出書類・手続名	根拠条文	提出期限・手続期限	提出先
個人事業の開廃業等届出書	所法229	相続開始があった日から1か月以内	相続人の納税地所轄税務署
青色申告承認申請書	所法144	《被相続人＝青色申告の事業を相続人が承継する場合》 ・死亡日＝1月1日〜8月31日…死亡日から4か月以内 ・死亡日＝9月1日〜10	相続人の納税地所轄税務署

提出書類・手続名	根拠条文	提出期限・手続期限	提出先
		月31日…死亡年の12月31日 ・死亡日＝11月1日〜12月31日…翌年2月15日 《上記以外の場合》 ・業務開始日＝1月1日〜1月15日…業務開始年の3月15日 ・業務開始日＝1月16日〜12月31日…業務開始日から2か月以内	
給与支払事務所等の開設・移転・廃止届出書	所法230、所規99	給与支払事務所の開設日から1か月以内	給与支払事務所等の所在地の所轄税務署
青色事業専従者給与に関する届出書	所法57	・相続人の事業開始日＝1月1日〜1月15日…死亡年の3月15日 ・相続人の事業開始日＝1月16日〜12月31日…死亡日から2か月以内	相続人の納税地所轄税務署
源泉所得税の納期の特例の承認に関する申請書	所法216、217	定めなし	給与支払事務所等の所在地の所轄税務署
棚卸資産の評価方法・減価償却資産の償却方法の届出書	所令100、123	その年分の確定申告期限	相続人の納税地所轄税務署
事業税の事業開始等申告書	各都道府県税条例	各都道府県ごとに異なる	相続人の住所地所管の都道府県税事務所

（5）相続人に係る消費税の手続

提出書類・手続名	根拠条文	提出期限・手続期限	提出先
消費税課税事業者届出書、相続・合併・分割等があったことにより課税事業者となる場合の付表	消法57①一	すみやかに	相続人の納税地所轄税務署
適格請求書発行事業者の登録申請書	消法57の2②、消令70の2、消基通1-7-4	相続開始翌日から4か月を経過する日	相続人の納税地管轄のインボイス登録センター
消費税簡易課税制度選択届出書	消法37①、消令56①二	相続開始年の12月31日（課税期間短縮を行っている場合を除く）	相続人の納税地所轄税務署

（6）民法関連の手続

提出書類・手続名	根拠条文	提出期限・手続期限	提出先
相続放棄の申述書	民法938	相続開始があったことを知った時から3か月以内	被相続人の最後の住所地を管轄する家庭裁判所
限定承認の申述書	民法924	相続開始があったことを知った時から3か月以内	被相続人の最後の住所地を管轄する家庭裁判所
根抵当権の指定債務者の合意の登記	民法398の8	相続開始後6か月以内に債務者変更及び指定債務者の合意を登記	―
遺留分侵害額請求	民法1046	相続の開始及び遺留分を侵害する贈与又は遺贈があったことを知った時から1年間 相続の開始等を知らずとも、相続開始時から10年を経過したときに時効となる。	左記期限内に内容証明郵便等で遺留分侵害額請求の意思表示を行う。

相続税申告で一般的に必要となる資料

(1) マイナンバー関係

必要資料	内容説明
相続人・受遺者全員のマイナンバー資料のコピー	・マイナンバーカード（番号記載面） ・住民票（マイナンバー記載のもの）
相続人・受遺者全員の身元確認書類のコピー	・マイナンバーカード（顔写真の面） ・運転免許証　・健康保険証　等
（電子申告で相続税申告を行う場合）相続人・受遺者全員の利用者識別番号	―

(2) 戸籍関係

必要資料	内容説明
法定相続情報一覧図	図形式かつ子の続柄が実子又は養子のいずれかがわかるもの
被相続人の出生から死亡までの戸籍一式	―
被相続人の戸籍の附票	老人ホーム入所で小規模宅地等の特例の適用を受ける場合に必要
被相続人の住民票の除票	被相続人の戸籍の附票を取得している場合は不要
相続人全員の戸籍謄本	―
相続人の住民票	
相続人全員の印鑑登録証明書	相続人が1名の場合や、遺言により申告する場合は不要

(3) 不動産

必要資料	内容説明
不動産登記情報	―
公図・地積測量図	―
固定資産税課税明細書	相続開始年のものを請求

必要資料	内容説明
名寄帳	共有名義のものについては、単独所有のものとは別に請求が必要
賃貸借契約書	被相続人に不動産の賃貸借がある場合に請求
農業委員会の農地台帳等	農業委員会に許可を得て農業を行っていることを示す書類

（4）有価証券（非上場株式を除く）

必要資料	内容説明
証券会社発行の残高証明書	相続税評価に必要な資料も併せて請求
配当金計算書又は議決権行使書	単元未満株の把握に使用
過去7年分の顧客勘定元帳又は顧客口座元帳	被相続人の過去の取引状況を把握するために使用
【必要に応じ取得】株主名簿管理人発行の残高証明書	単元未満株や特別口座預入れ銘柄の把握に使用
【必要に応じ取得】株主名簿管理人発行の株式異動証明書	株主名簿管理人発行の残高証明書を取得する際には、併せて取得
【必要に応じ取得】株主名簿管理人発行の未払配当金明細書	被相続人が配当金領収証方式で配当を受領していた場合に取得

（5）非上場株式（原則的評価方式の場合）

必要資料
定款
法人の登記情報
株主名簿
法人の業務内容のわかる資料（パンフレット等）
過去3期分の法人税及び地方税申告書一式
過去3期分の消費税申告書
過去3期分の決算書一式（B/S、P/L、株主資本等変動計算書、個別注記表）
過去3期分の勘定科目内訳書

必要資料
直前期の法人事業概況説明書
直前期の固定資産台帳
直前期の業種別売上高がわかる資料
法人所有不動産の固定資産税の納税通知書・課税明細書（相続開始年のもの）
（相続開始日前3年以内に不動産購入がある場合）不動産売買契約書
法人契約の不動産賃貸借契約書
土地の無償返還届出書
相当の地代の改訂方法に関する届出書
法人所有の有価証券残高がわかる書類（直前期末時点）
法人契約の生命保険証券
法人契約生命保険の保険金支払通知書
法人契約の保険のうち、保険事故未発生の保険の解約返戻金計算書（相続開始日時点）
死亡退職金支給に関する株主総会議事録及び取締役会議事録
役員退職慰労金規程
倒産防止共済に加入している場合、相続開始時点の解約返戻金証明書
法人契約のゴルフ会員権コピー（表面及び裏面）

(6) 現預金

必要資料	内容説明
預貯金の残高証明書	・相続開始日時点のものを請求 ・定期預金については、相続開始日までの既経過利息の記載を依頼 ・農協・信金については、出資金額も記載を依頼 ・ゆうちょ銀行については現存照会手続も併せて依頼
相続開始前7年分の通帳又は入出金履歴	―
相続開始日の手許現金のメモ書き	―

（7） 生命保険

必要資料	内容説明
保険金支払通知書	代表者に一括して保険金が支払われている場合、各人ごとの保険金受取割合のわかる資料も請求
保険証券コピー	生命保険契約に関する権利を評価する際に請求
相続開始日時点の解約返戻金計算書	同上

（8） その他財産

必要資料	内容説明
火災保険の保険証書及び相続開始日時点の解約返戻金計算書	―
車検証コピー及び走行距離のメモ書き	車両の評価に使用
退職金の源泉徴収票及び勤務先から支給される関連資料	死亡退職金の評価に使用
ゴルフ会員権・リゾート会員権	裏面もコピーを取る
貴金属の関連資料	・金積立等の場合は残高証明書を請求 ・インゴットは刻印番号も控える
書画・骨董の鑑定評価書	高額な書画・骨董がある場合に用意
各種還付金額のわかる資料	所得税、健康保険料、介護保険料、高額療養費、高額介護サービス費、老人ホームの退去清算金など

（9） 生前贈与

必要資料	内容説明
過去7年分の贈与税申告書	―
相続時精算課税制度選択届出書	―
贈与契約書	手元に残っているものは全て請求
教育資金一括贈与の非課税・結婚子育て資金一括贈与の非課税に係る非課税申告書、相続開始時点の管理残額証明書	非課税制度の適用を受けた金融機関に問い合わせ

（10）債務・葬式費用

必要資料	内容説明
借入金残高証明書及び返済予定表	相続開始日時点のものを請求
未納の租税公課・未払費用等の領収証	相続開始年の所得税、住民税、固定資産税、事業税、社会保険料、医療費、老人ホーム費用、クレジットカード利用料、死亡後支払いの各種公共料金・預り敷金の明細　等
葬式費用の領収証	・お布施、心付はメモ書き可 ・石材店に支払う納骨費用も控除可

（11）その他の資料

必要資料	内容説明
被相続人の過去の確定申告書	小規模宅地等の特例（貸付事業用宅地等）の適用の場合は、過去4年分を請求
遺言書	・自筆証書遺言書保管制度を利用している場合は、遺言書情報証明書を請求 ・上記以外の自筆証書遺言については、家庭裁判所の検認証明書を添付
障害者手帳のコピー	相続人に障害者がいる場合に請求
過去の相続税申告書	過去に未成年者控除・障害者控除の適用を受けている場合、相次相続控除の適用がある場合に請求
老人ホームの入居契約書	小規模宅地等の特例の適用可否判定及び敷金精算に関する内容検証に使用
被相続人の介護保険被保険者証	被相続人が老人ホーム入居で小規模宅地等の特例（特定居住用宅地等）の適用を受ける場合に請求
相続人の自宅の賃貸借契約書	小規模宅地等の特例（家なき子）適用の場合に請求

索　引

著者紹介

【監修者】

河合　厚（かわい　あつし）

税理士法人チェスター東京本店代表兼審査部部長。税理士。東京国際大学特任教授。国税庁出身。

主な著書に、『精選Q＆A相続税・贈与税全書』（共著、清文社）、『DHCコンメンタール所得税法』（共著、第一法規）、ほか多数。

【執筆者】（五十音順）

五所　祐典（ごしょ　ゆうすけ）

税理士法人チェスター福岡事務所専門職。公認会計士・税理士。大手監査法人、税理士事務所を経て現職。相続税申告や相続対策業務を担う。

小林　寛朋（こばやし　ひろとも）

税理士法人チェスター所属。税理士。

主な著書に、『関与先から相談を受けても困らない！デジタル財産の税務Q＆A』（共著、ぎょうせい）、『有利・不利の分岐点がわかる！変わる生前贈与とタックスプランニング』（共著、ぎょうせい）、ほか。

西面　壮大（さいめん　そうだい）

税理士法人チェスター新宿事務所部長。税理士。都内大手税理士法人を経て現職。相続税申告業務を担う。

野村　拓真（のむら　たくま）

税理士法人チェスター神戸事務所専門職。税理士。大手総合型税理士法人を経て現職。相続税申告や相続対策業務を担う。

樋口　高行（ひぐち　たかゆき）

税理士法人チェスター東京本店審査部所属。大手総合型税理士法人で相続事業承継・組織再編に従事した後、現職。非上場株式の評価に精通。

主な著書に、『あなたと大切な人のためのライフノート』（清文社）。

本城　静（ほんじょう　しずか）
税理士法人チェスター名古屋事務所部長。税理士。医療関連企業、会計事務所を経て現職。相続税申告業務を担う。

松下　祐貴（まつした　ゆうき）
税理士法人チェスター東京本店部長。税理士。都内税理士法人、資産税専門の都内大手税理士法人を経て現職。相続税申告業務を担う。

松波　愛（まつなみ　あい）
税理士法人チェスター横浜事務所部長。税理士。生命保険会社、複数の会計事務所、都内税理士法人を経て現職。
主な執筆に、「「清算型相続」への対応」（『月刊　税理』2020年12月号）、『精選Q＆A相続税・贈与税全書』（共著、清文社）のほか、チェスター相続税実務研究所に難解な相続税事例に係る記事を執筆。

宮田　喜重（みやた　きじゅう）
税理士法人チェスター審査部所属。税理士。国税出身、東京国税局、名古屋国税局の資産税調査・審理を経て、2022年から現職。相続税申告内容の審査、個別相談、調査立会を担当。

村田　和也（むらた　かずや）
司法書士法人チェスター副代表・パートナー司法書士。横浜・東京・福岡の司法書士事務所及び司法書士法人勤務を経て現職。相続・遺贈を主とした不動産登記、遺言書作成サポート、遺産整理・遺言執行、成年後見業務等、生前の財産管理から相続発生後の手続まで幅広い分野に精通。

山田　庸一（やまだ　よういち）
CST法律事務所パートナー弁護士。遺産分割・会社法務・租税訴訟等を取り扱う。東京大学法学部卒業、1999年4月弁護士登録、元国税審判官（任期付公務員）。「実務家が知っておくべき『最新未公表裁決』」（『週刊税務通信』、執筆者の一人）。

吉原　沙也（よしわら　さや）

税理士法人チェスター横浜事務所部長。国際相続部。税理士。相続税申告業務を担う。

主な著書に『海外財産・海外居住者をめぐる相続税の実務』（共著、清文社）、『精選Ｑ＆Ａ　相続税・贈与税全書』（共著、清文社）、ほか。

サービス・インフォメーション

――――――――――――――――― 通話無料 ――――

① 商品に関するご照会・お申込みのご依頼
　　　　　TEL 0120 (203) 694／FAX 0120 (302) 640
② ご住所・ご名義等各種変更のご連絡
　　　　　TEL 0120 (203) 696／FAX 0120 (202) 974
③ 請求・お支払いに関するご照会・ご要望
　　　　　TEL 0120 (203) 695／FAX 0120 (202) 973

● フリーダイヤル（TEL）の受付時間は、土・日・祝日を除く
　9：00～17：30です。
● FAXは24時間受け付けておりますので、あわせてご利用ください。

令和6年度版　パッとわかる！
相続税・贈与税コンパクトブック
～改正事項をつかみやすく、相談業務に活用できる！～

2024年4月10日　初版発行

著　者　税理士法人チェスター・CST法律事務所

発行者　田　中　英　弥

発行所　第一法規株式会社
　　　　〒107-8560　東京都港区南青山2-11-17
　　　　ホームページ　https://www.daiichihoki.co.jp/

装　丁　コミュニケーションアーツ株式会社

令6相続税ブック　ISBN978-4-474-09424-6　C2033 〔3〕